权威·前沿·原创

皮书系列为
"十二五""十三五""十四五"国家重点图书出版规划项目

湖南蓝皮书

BLUE BOOK OF HUNAN

2022 年湖南经济发展报告

REPORT ON ECONOMIC DEVELOPMENT IN HUNAN (2022)

湖南省人民政府发展研究中心

主　编／谈文胜　钟　君

副主编／侯喜保　蔡建河

社会科学文献出版社

SOCIAL SCIENCES ACADEMIC PRESS（CHINA）

图书在版编目（CIP）数据

2022 年湖南经济发展报告／谈文胜，钟君主编；侯
喜保，蔡建河副主编 . -- 北京：社会科学文献出版社，
2022.6

（湖南蓝皮书）

ISBN 978-7-5228-0140-7

Ⅰ.①2… Ⅱ.①谈… ②钟… ③侯… ④蔡… Ⅲ.①
区域经济发展-研究报告-湖南-2022 Ⅳ.①F127.64

中国版本图书馆 CIP 数据核字（2022）第 086199 号

湖南蓝皮书
2022 年湖南经济发展报告

主　　编／谈文胜　钟　君
副 主 编／侯喜保　蔡建河

出 版 人／王利民
组稿编辑／邓泳红
责任编辑／陈　颖
责任印制／王京美

出　　版／社会科学文献出版社 · 皮书出版分社（010）59367127
　　　　　地址：北京市北三环中路甲 29 号院华龙大厦　邮编：100029
　　　　　网址：www.ssap.com.cn
发　　行／社会科学文献出版社（010）59367028
印　　装／天津千鹤文化传播有限公司

规　　格／开本：787mm×1092mm　1/16
　　　　　印张：18.25　字数：272 千字
版　　次／2022 年 6 月第 1 版　2022 年 6 月第 1 次印刷
书　　号／ISBN 978-7-5228-0140-7
定　　价／168.00 元

读者服务电话：4008918866

主要编撰者简介

谈文胜　湖南省人民政府发展研究中心原党组书记、主任，研究生学历，管理学博士。历任长沙市中级人民法院研究室主任，长沙市房地产局党组成员、副局长，长沙市政府研究室党组书记、主任，长沙市芙蓉区委副书记，湘潭市人民政府副市长，湘潭市委常委、秘书长，湘潭市委常委、常务副市长，湘潭市委副书记、市长。主要研究领域为法学、区域经济、产业经济等，先后主持或参与"实施创新引领开放崛起战略，推进湖南高质量发展研究""对接粤港澳大湾区综合研究""湘赣边革命老区振兴与合作发展研究""创新中国（湖南）自由贸易试验区研究"等多项省部级重大课题，研究成果获 2021 年中国发展研究奖一等奖。

钟　君　湖南省社会科学院（湖南省人民政府发展研究中心）党组书记、院长（主任），中国社会科学院大学教授、博士生导师，文化名家暨"四个一批"人才，享受国务院特殊津贴。2016 年 5 月，作为科学社会主义研究的专家代表在习近平总书记主持召开的哲学社会科学工作座谈会做发言。曾担任中国社会科学院办公厅副主任、中国社会科学杂志社副总编、中国历史研究院副院长，永州市委常委、宣传部长，曾挂任内蒙古自治区党委宣传部副部长。主要研究领域为马克思主义大众化、中国特色社会主义、社会主义意识形态理论等。2006 年工作以来，出版学术专著多部，在各类报刊发表论文、研究报告 60 余篇，先后主持省部级课题多项，多次获省部级优秀科研成果奖励。代表作有《马克思靠谱》《读懂中国优势》《中国特色社会主义政治价值研究》《社会之霾——当代中国社会风险的逻辑与现实》

《公共服务蓝皮书》等，策划制作讲述马克思生平的动画片《领风者》，参与编写《习近平新时代中国特色社会主义思想学习纲要》、中组部干部学习教材。

侯喜保 湖南省社会科学院（湖南省人民政府发展研究中心）党组成员、副院长（副主任），在职研究生。历任岳阳市委政研室副主任、市政府研究室副主任、市委政研室主任，湖南省委政研室机关党委专职副书记、党群处处长，宁夏党建研究会专职秘书长（副厅级，挂职），湖南省第十一次党代会代表。主要研究领域为宏观政策、区域发展、产业经济等，先后主持"三大世界级产业集群建设研究""促进市场主体高质量发展""数字湖南建设"等重大课题研究，多篇文稿在《求是》《人民日报》《中国党政干部论坛》《红旗文稿》《中国组织人事报》《新湘评论》《湖南日报》等央省级刊物发表。

蔡建河 湖南省社会科学院（湖南省人民政府发展研究中心）二级巡视员。长期从事政策咨询研究工作，主要研究领域为宏观经济、产业经济与区域发展战略等。

摘　要

本书是由湖南省人民政府发展研究中心组织编写的年度性发展报告，系统回顾了 2021 年湖南经济发展情况，对 2022 年湖南经济发展形势进行了展望，并针对性地提出对策建议。本书分为主题报告、总报告、行业篇、产业与园区篇、专题篇等。主题报告是湖南省领导关于湖南经济社会发展问题的全局性、战略性论述和思路规划；总报告是对湖南省 2021~2022 年经济、产业形势的分析预测；行业篇是湖南省各市州和部门主要领导从区域和宏观层面对 2021~2022 年湖南经济进行的分析，并提出发展思路；产业与园区篇汇集了省内重点行业领域部门、园区、协会对湖南省重点行业领域的分析和研判；专题篇是专家对湖南省相关行业领域的分析和研判。

2021 年，湖南省 GDP 增长 7.7%，两年平均增长 5.7%，比 2019 年增速低 1.9 个百分点。展望 2022 年，外需增速放缓、内需短期难以补位，经济下行压力加大，形势更为严峻，全年经济增速将呈现"先下后上"的态势。预计全年 GDP 突破 48400 万亿元，但受上年高基数影响，GDP 增速将回落至 6.7% 左右，其中第一、二、三产业增加值分别增长 5%、7%、5.5% 左右。全省规模以上工业将持续趋近于疫情前水平，预计全年增长 7.5% 左右。固定资产投资保持平稳增长，预计全年增长 9% 左右。消费增长逐步恢复正常，预计全年社会消费品零售总额增长 7% 左右。进出口总额整体保持稳定增长态势，增速将从高位逐步回落，预计全年全省出口总额超过 4600 亿元，增长 10% 左右；进口总额达到 1900 亿元，增长 5% 左右。

关键词： 湖南　经济发展　产业发展

Abstract

This book is an annual development report organized and compiled by the development research center of Hunan Provincial People's government. The book systematically reviews the economic development of Hunan in 2021, prospects the problems and situation faced by the economic development of Hunan in 2022, and puts forward countermeasures and suggestions. This book is divided into theme report, general reports, department chapter, industry chapter, park chapter and expert chapter. The theme report is the overall, strategic discussion and thinking plan of Hunan provincial leaders on Hunan's economic and social development; The general reports is the analysis and prediction of the economic and industrial situation of Hunan Province from 2021 to 2022; The Department part is the analysis of Hunan's economy from 2021 to 2022 by the main leaders of cities, prefectures and departments in Hunan Province from the regional and macro levels, and the development ideas put forward; The industry and parks section collects the analysis, research and judgment of the key industries and fields of the departments, parks and associations; the expert chapter is the analysis and judgment of experts on relevant industries and fields in Hunan province.

In 2021, Hunan's GDP grew by 7.7%, with an average growth of 5.7% in two years, 1.9 percentage points lower than that in 2019. Looking forward to 2022, the growth of foreign demand will slow down, and domestic demand will be difficult to fill the position in the short term. The downward pressure on China's economy will increase, and the situation will be more severe than that in 2021. The annual economic growth will show a trend of "down first and then up". It is estimated that the annual GDP will exceed 48400 trillion CNY. However, affected by the high base of last year, the GDP growth rate will fall back to about 6.7%, of which the primary, secondary and tertiary industries will increase by about 5%, 7% and 5.5% respectively. The province's large-scale industries will continue to approach the pre epidemic level, with an expected annual growth of about 7.5%. Investment in fixed assets maintained a steady growth, with an expected annual growth of about 9%. Consumption growth has gradually returned to normal. It is estimated that the total retail sales of consumer goods in the whole year will increase by about 7%. The total import and export volume has maintained a stable growth trend as a whole, and the growth rate will gradually drop from the high level. It is estimated that the total export volume of our province in the whole year will exceed 460billion CNY, an increase of about 10%; The total import volume reached 190billion CNY, an increase of about 5%.

Keywords: Hunan; Economic Development; Industry Development

目 录 ⤵

Ⅰ 主题报告

B.1 致力推动经济社会高质量发展

················ 中共湖南省委副书记、省人民政府省长 毛伟明 / 001

B.2 扎实抓好"三农"工作 做出"农业大省"新贡献

························· 中共湖南省委副书记 朱国贤 / 010

B.3 多维判断形势 精准应对挑战 努力推动高质量发展

················ 湖南省委常委、常务副省长 李殿勋 / 020

B.4 聚势而为 加快打造内陆地区改革开放高地

························ 湖南省人民政府副省长 何报翔 / 029

B.5 抓党建 抓重点 抓落实 为建设社会主义现代化新湖南做出新贡献

························ 湖南省人民政府副省长 陈 飞 / 036

Ⅱ 总报告

B.6 2021~2022年湖南经济发展研究报告

················ 湖南省人民政府发展研究中心课题组 / 043

B.7 2021~2022年湖南产业形势分析及对策建议

　　………………………… 湖南省人民政府发展研究中心课题组 / 060

Ⅲ 行业篇

B.8 2021年湖南发展改革情况及2022年展望 ……………… 周海兵 / 072

B.9 2021年湖南财政运行情况及2022年展望 ……………… 石建辉 / 080

B.10 2021年湖南工业和信息化发展情况及2022年展望

　　…………………………………………………… 毛腾飞 / 090

B.11 2021年湖南省住房城乡建设情况及2022年展望 …… 鹿　山 / 099

B.12 2021年湖南交通事业发展情况及2022年展望 ……… 赵　平 / 107

B.13 2021年湖南农业农村发展情况及2022年展望 ……… 袁延文 / 117

B.14 2021年湖南商务和开放型经济发展情况及2022年展望

　　…………………………………………………… 沈裕谋 / 127

B.15 2021年湖南旅游发展状况及2022年分析展望 ……… 禹新荣 / 135

B.16 2021年湖南国资国企改革发展情况及2022年展望

　　…………………………………………………… 丛培模 / 145

B.17 2021年湖南金融形势分析及2022年展望 ………… 张　奎 / 152

Ⅳ 产业与园区篇

B.18 2021年湖南装备工业发展状况及2022年展望

　　………………………… 湖南省工业和信息化厅装备工业处 / 160

B.19 2021年湖南人工智能产业发展状况及2022年展望

　　……………… 湖南省工业和信息化厅人工智能和数字产业处 / 172

B.20 2021年湖南智能网联汽车产业发展状况及2022年展望

　　………………………… 湖南湘江智能科技创新中心有限公司 / 176

B.21 2021年湖南钢铁产业发展状况及2022年展望

　　　　　　　　　　　　……… 湖南省工业和信息化厅原材料工业处 / 182

B.22 2021年湖南湘江新区发展报告及2022年展望

　　　　　　　　　　　　　　……………… 湖南湘江新区党工委 / 190

B.23 2021年浏阳经开区发展报告及2022年展望

　　　　　　　　　　　　　　…………………… 浏阳经开区管委会 / 198

B.24 2021年宁乡高新区发展报告及2022年展望

　　　　　　　　　　　　　　……………………… 宁乡高新区管委会 / 207

B.25 2021年江华高新区发展报告及2022年展望

　　　　　　　　　　　　　　……………………… 江华高新区管委会 / 215

B.26 岳阳自贸片区2021年工作情况及2022年展望

　　　　………… 中国（湖南）自由贸易试验区岳阳片区管理委员会 / 222

Ⅴ　专题篇

B.27 湖南打造"三个高地"的战略重点及路径…… 周　婷　刘茂松 / 229

B.28 关于开发性金融支持湖南林业碳汇发展的研究与思考

　　　　　　　　　　　　……………………………………… 宋　征 / 237

B.29 加速将湖南金融中心打造成湖南金融的"陆家嘴"…… 谭　勇 / 243

B.30 做大做强政府引导基金 长沙市推动实施强省会战略

　　　　　　　　　　　　……………………………………… 王启贤 / 249

B.31 住房公积金转型发展：现状、路径与对策

　　　　　　　　　　　…………… 住房公积金转型发展研究课题组 / 256

Ⅵ　附录

B.32 参考文献 ………………………………………………… / 267

皮书数据库阅读**使用指南**

CONTENTS ↙

I   Keynote Reports

B.1   Strive to Promote High-quality Economic and Social Development

Mao Weiming / 001

B.2   Make Great Efforts to "Agriculture, Rural Areas and Farmers",

Make New Contributions to "A Major Agricultural Province"

Zhu Guoxian / 010

B.3   Multidimensional Judging the Situations and the Challenges, Strive to

Promote High-quality Development   *Li Dianxun* / 020

B.4   Gathering Momentum to Build a Highland of Reform and

Opening up in Inland Areas   *He Baoxiang* / 029

B.5   Focus on the Party Building,the Key and the Implementation,

Making New Contributions to the Construction of a Socialist

Modern New Hunan   *Chen Fei* / 036

II General Reports

B.6   Research Report on Hunan's Economic Development From 2021 to 2022
Research Group of Development Research Center of Hunan
Provincial People's Government / 043

B.7   Research Report on Hunan's Industrial Situation and Countermeasures
From 2021 to 2022   *Research Group of Development Research*
Center of Hunan Provincial People's Government / 060

III Industry Reports

B.8   Development and Reform of Hunan in 2021 and Prospect for 2022
Zhou Haibing / 072

B.9   Hunan Financial Operation in 2021 and Prospect for 2022 109
Shi Jianhui / 080

B.10   The Development of Hunan's Industry and
Informatization in 2021 and Prospect for 2022   *Mao Tengfei* / 090

B.11   Hunan's Housing and Urban Rural Construction in 2021 and
Prospect for 2022   *Lu Shan* / 099

B.12   The Development of Hunan Transportation in 2021 and
Prospect for 2022   *Zhao Ping* / 107

B.13   Hunan's Agricultural and Rural Development in 2021 and
Prospect for 2022   *Yuan Yanwen* / 117

B.14   Hunan's Business and Open Economy in 2021 and
Prospect for 2022   *Shen Yumou* / 127

B.15   HunanTourism Development in 2021 and Analysis and
Prospect in 2022   *Yu Xinrong* / 135

B.16 Reform and Development of State-owned Enterprises in
Hunan in 2021 and Prospect for 2022   *Cong Peimo* / 145

B.17 Analysis of Hunan's Financial Situation in 2021 and Prospect for 2022
      Zhang Kui / 152

Ⅳ   Industry and Park Reports

B.18 Development of Hunan Equipment Industry in 2021 and
Prospects for 2022
      Department of Equipment Industry,Hunan Provincial Department of
      Industry and Information Technology / 160

B.19 Development of Hunan Artificial Intelligence
Industry in 2021 and Prospects for 2022
      Artificial Intelligence and Digital Industry Division of Hunan Provincial
      Department of Industry and Information Technology / 172

B.20 Development of Hunan Intelligent Networked Vehicle
Industry in 2021 and Prospects for 2022
      Hunan Xiangjiang Intelligent Technology Innovation Center Co.Ltd. / 176

B.21 Development of Hunan Iron and Steel Industry in 2021 and
Prospects for 2022
      Department of Industry and Information Technology of Hunan Province / 182

B.22 Development of Hunan Xiangjiang New Area in 2021 and
Prospects for 2022
      Hunan Xiangjiang New Area Management Committee / 190

B.23 Development of Liuyang Economic Development
Zone in 2021 and Outlook for 2022
      Liuyang Economic Development Zone Management Committee / 198

B.24 Development of Ningxiang High Tech Zone in 2021 and
Outlook for 2022   *Ningxiang High Tech Zone Management Committee* / 207

B.25 Development of Jianghua High Tech Zone in 2021 and
Outlook for 2022   *Jianghua High Tech Zone Management Committee* / 215
B.26 Development of Yueyang Free Trade Zone in 2021 and
Outlook for 2022   *Yueyang Free Trade Zone Management Committee* / 222

V Topic Reports

B.27 The Path for the Strategic of Hunan's "Three Highlands Building"
Zhou Ting, Liu Maosong / 229
B.28 The Research of Finance Supporting of Forestry Carbon
Sequestration in Hunan   *Song Zheng* / 237
B.29 Accelerating the Building of Hunan Financial Center
Into the "Lujiazui" of Hunan   *Tan Yong* / 243
B.30 Expand and Strengthen the Government Guidance Fund and
Promote the Implementation of the Strategy of
"Strengthening the Provincial Capital"   *Wang Qixian* / 249
B.31 Transformation and Development of Housing Provident
Fund: Current Situation, Path and Countermeasures
Research Group on the Transformation and Development of Housing Provident Fund / 256

VI Appendix

B.32 Bibliography   / 267

主题报告
Keynote Reports

B.1
致力推动经济社会高质量发展

中共湖南省委副书记、省人民政府省长　毛伟明

　　2021年是党和国家历史上具有里程碑意义的一年。在以习近平同志为核心的党中央坚强领导下，全省上下坚决贯彻党中央、国务院决策部署，认真落实习近平总书记对湖南重要讲话重要指示批示精神，全面落实"三高四新"战略定位和使命任务，统筹疫情防控和经济社会发展，扎实做好"六稳"工作，全面落实"六保"任务，全省经济社会发展呈现发展速度保持平稳、发展动力持续增进、发展质量不断提高、发展环境气象更新的特点，在"十四五"开局之年见到了新气象、迈开了第一步。

　　一是咬定一个目标，努力实现全年全程出彩。工作中，我们紧部署，针对2020年湖南经济恢复较快、基数较高的运行态势，开局就加速、起步就起势，实现了第一季度"开门红"；在年中适时提出经济要"前高后稳"要求，做出"上半年开局精彩纷呈，下半年收尾浓墨重彩，争取全年全程出彩"的系列部署；进入第四季度，针对经受两轮疫情冲击、能源供应紧张等多重影响，提出力争主要经济指标两年平均增速高于全国平均水平、处于

中部前列的要求，结好顶、收好官、开好局，决战第四季度、决胜全年度。强调度，省委、省政府每季度召开经济形势分析会，召开市州委书记、市州长视频会议和专题会议进行工作部署，尤其是在第四季度，省领导带队深入市州和企业解难题、鼓干劲、增信心。抓关键，抓项目集中开工、抓消费稳定恢复、抓生产要素保障、抓农业"压舱石"稳定，提早编制实施"十四五"规划和78个专项规划，成功举办第二届中非经贸博览会、民营企业500强峰会、世界计算大会、北斗规模应用国际峰会等重大经贸活动，各方投资者关注湖南、看好湖南、拥抱湖南。严督查，对照年初部署的重点任务、重点工作、重点事项，健全部署、安排、检查、落实的闭环工作机制。

二是抓好两个统筹，创造稳定安全的发展环境。一方面，统筹常态化疫情防控和经济社会发展。我们在精准精细、落小落实上下功夫，全面打赢散发疫情歼灭战。疫情形势平稳后，立即出台支持张家界增信心、补短板和促进全省消费领域企业发展的战疫"双十条"，确保了消费、投资等主要经济指标平稳运行。回过头看，我们既没有使疫情"失控"，又没有让发展"失速"，统筹了两者的平衡。另一方面，统筹发展与安全两件大事。贯彻习近平总书记关于安全生产重要论述，提出最根本的是紧盯安全生产目标、最基本的是落实安全生产责任制、最关键的是善于发现解决各类风险隐患、最要紧的是完善和发挥应急体系作用的要求，生产安全事故起数和死亡人数实现"双下降"，多年来首次实现杜绝重特大事故。同时，夯实了防汛抗旱基础，打出了长短结合的电力保供"组合拳"，超额完成前三年政府性债务化解任务，解决了大批信访突出问题，社会治安保持稳定。

三是打造"三个高地"，培塑经济发展新优势。坚持顶层设计与分层衔接相结合，实施科技创新"七大计划"、先进制造业"八大工程"、改革开放"九大行动"，出台财源建设、金融支持、"小巨人"企业培育、职业教育等政策措施。坚持战略目标与战术落地相结合，抓紧抓实企业、产业、产业链、产业生态，落实一链一名省领导、一链一行对接融资机制，做强领军企业、做优"小巨人"企业，巩固和提升三个世界级和三个国家级产业集群优势，布局信创工程、车联网、人工智能等未来产业。坚持平台建设与人才招引相结合，抢占产业、技术、人才、平台制高点，加快建设岳麓山实验室，新获批国家耐盐碱水稻技术创新中心等 4 个国家级创新平台，引进高层次人才 676 名、创新团队 19 个，突破了一批关键技术。坚持深化改革与扩大开放相结合，突出"两端、两有、两带动、一环境"，推动国企、财税、能源、交通等领域改革，高标准推进自贸试验区改革建设，集中力量招大引强，积极拓展外贸平台，全省开放型经济发展势头良好。

四是提升发展质量效益，夯实高质量发展基础。以服务"三高四新"财源建设工程为抓手提升财政收入质量，以巩固拓展脱贫攻坚成果为基础继续推进乡村振兴，以长株潭一体化建设为龙头加快构建"一核两副三带四区"发展格局，以深入实施污染防治攻坚战为支撑加快绿色发展步伐，经济发展的"含金量""含新量""含绿量"显著提升。针对园区集约节约不够、经济贡献度不高、产业特色不明显、体制机制不活等问题，提出创建"三生融合""三态协同"的"五好"园区目标，实施"1+3"政策体系及配套措施，突出"以亩产论英雄"，园区技工贸收入增长 15%。

五是推进重点项目建设，支撑带动全省高质量发展。坚持省领导联系重点项目制度，分 3 批集中开工 10 亿元以上项目 229 个。尤其是在年初，从产业、技术攻关、基础设施、民生等四个方面，分别明确十个标志性强、影响力大的项目。紧盯振兴实体经济，完成"十大产业项目"投资计划，三一智联重卡、三安半导体、中联智慧产业城等重大项目稳步推进。紧盯关键领域、核心技术，布局十大技术攻关项目，目前已取得楚微半导体 8 英寸集成电路成套装备、铁建重工大型掘进机主轴承等项目的重大技术突破。紧盯"四张网"，着力打基础、补短板，张吉怀高铁、"两山铁路"开通运营，永州电厂投产，长沙机场改扩建、常益长铁路建设进展顺利，南昌—长沙1000 千伏特高压交流工程投产运营。紧盯群众"急难愁盼"问题，在继续办好十件重点民生实事的基础上，新办十件重点民生实事，全省民生支出占比保持在 70% 以上，用真金白银保障和改善了民生。

六是优化发展环境，激发市场主体活力。围绕深化"放管服"改革，大力开展优化营商环境攻坚行动，推进营商环境评价市县全覆盖，推动审批服务"四减"、政务服务"好差评",企业开办时间平均压缩至 1.5 个工作日以内。以"一榜一奖一中心、一册一办一平台"等"六个一"工作为抓手,综合施策解决民营企业发展难题,民营经济对全省经济贡献度进一步提高。省人大、省政协把营商环境作为法律监督、民主监督、参政议政的重要建议提案,形成了上下一心、同向发力的浓厚氛围。

2022 年将召开党的二十大,做好经济工作意义重大。我们要始终保持清醒头脑,坚持稳字当头、稳中求进,坚持统筹兼顾、找准平衡,坚持实事求是、务实进取,坚持改革创新、提质增效,始终坚持以经济建设为中心,坚定不移地办好湖南的事情,推动经济实现质的稳步提升和量的合理增长。

第一,坚持稳字当头,保持经济平稳发展。发展是应对一切风险挑战的前提和基础,必须一如既往、一以贯之地抓紧、抓实。

稳步扩大有效投资。要着眼国家宏观政策落实,谋划好、争取好、推进好、创造好项目,抓在建、促开工、保竣工,形成更多实物工作量。要着眼夯实经济发展基础,适度超前布局一批基础设施项目,尤其是要围绕现代化综合交通运输体系建设,围绕多式联运、"零距离换乘"等目标,推动铁路拓展成网、机场强枢增支、公路加密提质、水运通江达海。同时,做好水利项目谋划安排。

稳健恢复升级消费。消费对稳增长具有基础作用。要制定释放消费潜力的政策措施,促进传统实物消费恢复、提档、升级。推动服务业模式创新和跨界融合,拓展消费新场景,发展新兴消费。实施县域商业建设行动,完善社区商业配套和农村物流配送。

稳固畅通产业链供应链。强化对重点行业的运行监测,全面实施"链长制",分行业编制产业链全景图和现状图,发挥"链主"企业作用,支持首台、首套、首批应用,促进产业链供应链贯通发展。利用人工智能、大数据、云计算等高新技术,对优势产业进行全方位、全链条升级。

稳定供给生产要素。完善周转地、标准地、弹性地政策,促进企业和产业用工需求与职业技能培训有效衔接,持续关注大宗原材料市场供需和价格变化,积极引导新增信贷资金流向制造业。全力以赴抓好煤、电、油、气、运调度。要继续做好电力迎峰度冬各项工作，持续促进电力供需平衡，加快推进宁电入湘、荆门—长沙特高压交流等工程建设。

稳住农业基本盘。落实耕地保护、高标准农田建设、农业生物育种等重点任务，巩固提升粮食安全保障能力，推动生猪产业稳产保供、转型升级。深入实施"六大强农"行动，打造农业优势特色千亿产业。

第二，坚持壮大实体，增强经济发展内生动力。实体经济是立省之基、兴业之本、富民之源，必须大力倡导抓实体、兴实体、帮实体。

大力培育市场主体。把培育市场主体摆到更加突出的位置，实施优质企业梯度培育行动、市场主体倍增工程，持续推动个转企、小升规、规改股、股上市，培育一批领航企业、上市企业，打造一批专精特新"小巨人"企业。

大力落实助企纾困政策。国家将实施新的组合式减税降费政策，要加大政策落实力度，大力推行"免申即享"，开展"纾困增效"专项行动，促进中小微企业融资增量、扩面、降本，有效治理拖欠中小微企业账款现象。

大力创建"五好"园区。园区是实体经济发展的重要载体，是县域经济的重要支撑。要提升政策引领力，全面落实深化"放管服"改革助推"五好"园区建设二十条措施，突出绿色发展和亩均效益导向，推动园区争先进位、提档升级。要提升园区承载力，科学布局园区空间和产业，依法有序推进调区扩区。

第三，坚持打造"三个高地"，培塑经济发展动能。保持定力，紧盯目标，久久为功，不断增强经济创新力和竞争力。

提升制造业核心竞争力。习近平总书记指出，要提升制造业核心竞争力，保持制造业占比基本稳定，实施国家战略性新兴产业集群发展工程。提高制造业核心竞争力，必须做大做强制造业，力争到2025年，制造业占地区生产总值比重达到30%以上。做强制造业，既要靠总量，更要靠质量。要精耕细作"3+3+2"优势产业集群，大力培育新兴优势产业链，实施产业基础再造工程、"卡脖子"技术攻关揭榜挂帅，推进工业"五基"攻关，提升产业链现代化水平。要实施产业发展"万千百"工程，持续培育一批万亿产业、千亿企业、百亿项目。

强化科技创新支撑作用。以创新型省份建设为统揽，以企业、高校、科研院所为主战场，抓好关键核心技术攻关，力争在种业、信息、航空航天、新材料等领域取得技术突破。加强与"大院大所大企"合作，加快"三区两山两中心"建设，高标准建设好岳麓山实验室等科技创新平台。要深入实施芙蓉人才行动计划，培养引进战略科学家、科技领军人才、创新团队、青年科技人才。

扩大高水平开放。深入推进规则、规制、管理等制度型开放，大力发展跨境电商、市场采购等外贸新业态。高标准建设自贸区，加快中非经贸深度合作先行区建设，统筹推进海关特殊监管区、跨境电商综合试验区等开放平台发展。深度融入共建"一带一路"。深入开展"迎老乡回故乡建家乡"活动，以更大的力度、更大的热情推动湘商回归，让有志于回乡创业的企业家有更多的发展空间、更好的发展机会建设家乡。

第四，坚持统筹协调，提高发展的韧性和平衡性。要强化系统观念，加强统筹协调，牢牢守住底线，实现多重目标的动态平衡。

统筹疫情防控和经济发展。2022年一个重大的考验就是疫情防控的不确定性。要坚持常态防控，落细落实外防输入、内防反弹措施。要坚持精准处置，一旦出现疫情，就必须迅速打好歼灭战，以最快速度、最短时间、最小代价，取得最好结果；疫情平稳后，及时恢复经济社会秩序。要坚持补好短板，做好疫苗接种，提高流调溯源、核酸检测、隔离管控能力。

统筹防范各类风险隐患。落实"六个一批"化债措施，加强政府债务风险监测和管控。要扎实整改中央交办生态环境问题，持续开展"夏季攻势"，着力整改群众反映强烈的突出问题。要做好社会治安、群众信访等工作，强化安全生产工作、责任和措施落实，统筹防范气象、地质、森林火灾等自然灾害。

统筹区域协调发展。目前，在湖南"一核两副三带四区"发展格局中，"一核"作用还不充分、"两副"支撑还不强劲、"三带"发展还没成大的气候、"四区"协调还有差距。下一步，长株潭都市圈要以强省会战略为引领，在提升自身实力的同时，充分发挥对其他地区的示范带动作用，即使研发在长株潭、转化也要面向全省，即使主链在长株潭、配套也要面向全省，即使平台总部在长株潭、服务也要覆盖全省，以增强省会城市的辐射力、影响力、带动力。衡阳、岳阳副中心城市要找准定位、抬高坐标，增强资源聚合力、核心竞争力。

统筹城乡融合发展。以特色产业为支撑、以产业园区为引擎、以县域城镇化为载体，推动县域经济提质提量提速。以打赢脱贫攻坚战的劲头巩固脱贫成果，以工业化的理念打造优势农业产业，以蹄疾步稳的节奏深化农村改革，以久久为功的耐心推进乡村建设，加快推动村庄规划全覆盖，努力实现新房、新村、新貌相统一。

统筹环境保护与生态修复。不负"守护好一江碧水"殷殷嘱托，深入推进碳达峰行动，推行清洁生产、绿色制造，以"一江一湖三山四水"为主战场，推进山水林田湖草沙系统保护修复，加快建设长株潭绿心中央公园，做实"河湖林长制"。要使绿色成为普遍形态，充分彰显绿色生态之美、绿色产业之美、绿色文化之美、绿色制度之美，各美其美、美美与共。

第五，坚持优化环境，激发发展和创造活力。 营商环境是经济软实力的重要体现，是综合竞争力的重要方面。

深入推进"放管服"改革。善于从服务对象的角度改进服务方式，把企业和群众更多操心事、烦心事、揪心事纳入"一件事一次办"清单，推动更多事项"全省通办""跨省通办""一网通办"，让"身在湖南办事不难"成为常态。

完善现代化市场监管机制。强化"制度+科技赋能"，纵深拓展"证照分离"改革全覆盖，普遍推行告知承诺制、市场主体信用承诺制，发挥"互联网+监管"平台作用，做到对企业有事必应、无事不扰。

优化民营经济发展环境。要始终坚持"两个毫不动摇"，扎实推进民营经济"六个一"工作，破除制约民营企业发展的各种壁垒。大力弘扬企业家精神，营造亲商、扶商、安商、富商的良好环境，支持企业家不断以恒心办恒业。

第六，坚持深化改革，释放经济发展红利。依靠改革破除体制机制障碍，激发内生发展动力。

深化重点领域改革。要以全面实施股票发行注册制为契机，支持更多湘企走向资本市场。深入实施建设高标准市场体系行动，争取长株潭要素市场化配置国家综合改革试点。

提升国资国企改革成效。充分发挥国有企业顶梁柱、顶得住的作用，深入推进国企改革三年行动，健全现代企业制度，完善国资监管体制，重点抓好混合所有制改革，增强国企在产业链供应链中的骨干作用。

深化财税金融体制改革。大力实施财源建设工程，进一步深化预算管理制度改革，增强基层"三保"保障能力和发展活力。健全政府性融资担保体系，加快湖南金融中心和湘江基金小镇建设，统筹发展供应链金融、科创金融、绿色金融、普惠金融。

第七，坚持共同富裕，推动发展成果共享。我们既要加快高质量发展步伐，把"蛋糕"做大做好，又要通过合理的制度安排把"蛋糕"切好分好，加快缩小与先进地区的差距，缩小省内城乡、区域之间的差距，一步一个脚印实现共同富裕。

强化就业优先导向。"六稳"的首稳就是稳就业，有就业就有收入，就能改善民生、促进消费、拉动增长。要落实落细稳就业举措，统筹做好高校毕业生、退役军人、农村转移劳动力等重点群体就业，推进脱贫人口稳岗就业，加大对就业困难人员帮扶。要促进创业带动就业，广泛开展职业技能培训，培养更多高素质技术技能人才。

提升公共服务水平。坚持尽力而为、量力而行，不断补齐公共服务领域短板。教育方面，落实"双减"政策，加快实施"楚怡"行动计划，提高本科录取率。卫生方面，加快国家医学中心与国家区域医疗中心建设，建成一批达到三级医院水平的县级医院。文化体育方面，充分发挥文化引领风尚、教育人民、服务社会、推动发展作用，实施公共文化服务体系高质量发展五年行动，高水平建设长沙奥体中心、改扩建省科技创新馆。养老托幼方面，推动新的生育政策落地见效，加快"一老一小"服务设施建设。

提升社会保障水平。社会保障是民生安全网、社会稳定器。要建制度，落实医保待遇清单制度，健全低收入人口监测预警机制，兜住困难群众基本生活底线。要保待遇，稳步提高退休人员基本养老金、居民医保财政补助、居民低保救助、残疾人"两项补贴"标准和水平。要严监管，全天候、全过程、全方位监管社保基金，守护好群众每一分"养老钱""保命钱"。要继续加大民生投入，在就业、教育、社保、住房、环保、基础设施、公共安全等方面，继续办好一批重点民生实事，让人民群众有更多的获得感、幸福感和安全感。

做好 2022 年经济工作责任重大、任务艰巨。让我们更加紧密地团结在以习近平同志为核心的党中央周围，认真贯彻党中央、国务院决策部署，全面落实省第十二次党代会要求，扎实做好经济社会发展各项工作，以优异的成绩迎接党的二十大胜利召开！

B.2
扎实抓好"三农"工作
做出"农业大省"新贡献

中共湖南省委副书记　朱国贤

　　2021年以来，湖南省认真贯彻习近平总书记对湖南重要讲话重要指示批示精神，有效应对各类风险挑战，有力有序推进脱贫攻坚与乡村振兴有效衔接，农业农村发展保持稳中有进、稳中向好的态势，实现了"十四五"良好开局。一是粮食生产和重要农产品供给保障有力。粮食总产量达到614.9亿斤，创近6年新高。生猪出栏6121.8万头，居全国第2位。蔬菜、水产品等"菜篮子"产品供应充足。累计建成高标准农田3805万亩。种业振兴行动启动实施。二是脱贫攻坚成果得到巩固和拓展。建立防止返贫监测和帮扶机制，推动"三保障"和饮水安全问题动态清零，消除返贫致贫风险8.8万户22.3万人，脱贫人口人均纯收入达到13628元，守住了不发生规模性返贫的底线。三是乡村产业发展来势喜人。4个县市被纳入国家农业现代化示范区创建，新增"湘九味""五彩湘茶"两个国家级农业产业集群，新增20家农业产业化国家重点龙头企业，农产品加工业销售收入达到1.99万亿元，同比增长7%，居全国第7位。四是乡村建设取得新成效。完成6774个村庄规划编制任务；全国农村厕所革命现场会在湖南省举办，"首厕过关制"向全国推介；农村基础设施建设和公共服务持续加强；河湖林长制纵深推进，长江"十年禁渔"成效初显。五是乡村治理效能得到新提升。圆满完成村（社区）"两委"换届选举，选派了新一轮驻村工作队。新时代文明实践中心建设全面铺开，清单制、积分制、网格化管理等乡村治理经验逐步推广。六是农村改革深入推进。农村集体产权制度改革整省试点任务基本完成，第二轮土地承包到期后再延长30年试点、农村宅基地制度改革试点稳慎推进，供销合作社综合改革、集体林权制度改革等取得新成效。这些成绩的取得是以习近平同志为核心的党中央坚强领导的结果，全省"三农"战线特别是广大农村基层干部为此付出了艰辛努力。

2022 年是党的二十大召开之年，是贯彻落实省第十二次党代会精神的开局之年，做好"三农"工作、稳住"三农"这个基本盘，具有特殊重大意义。全省各地各部门要胸怀"国之大者"，自觉把思想和行动统一到党中央、国务院和省委、省政府的决策部署上来，坚决守住"三农"战略后院，为全面落实"三高四新"战略定位和使命任务提供有力支撑。

一　深入学习贯彻习近平总书记关于"三农"工作重要论述，牢牢把握做好新时代"三农"工作的根本遵循

党的十八大以来，习近平总书记从党和国家事业全局出发，对做好"三农"工作提出了一系列新理念、新思想、新战略，科学回答了新时代"三农"工作的重大理论和实践问题，我们要认真学习领会。一是关于"三农"工作的历史方位和战略定位。习近平总书记指出，民族要复兴，乡村必振兴，没有农业农村现代化，就没有整个国家现代化；强调要坚持把解决好"三农"问题作为全党工作重中之重，走中国特色社会主义乡村振兴道路，持续缩小城乡区域发展差距，让低收入人口和欠发达地区共享发展成果。二是关于保障粮食等重要农产品供给安全。习近平总书记指出，粮食安全是"国之大者"，抓农业农村工作，首先要抓好粮食生产，中国人的饭碗任何时候都要牢牢端在自己手上，饭碗应该主要装中国粮；强调要抓好种子和耕地两个要害问题，实现种业科技自立自强、种源自主可控，要像保护大熊猫那样来保护耕地，牢牢守住 18 亿亩耕地红线。三是关于巩固拓展脱贫攻坚成果。习近平总书记指出，脱贫摘帽不是终点，而是新生活、新奋斗的起点，接下来要做好乡村振兴这篇大文章；强调要切实做好巩固拓展脱贫成果同乡村振兴有效衔接，压紧压实各级党委和政府巩固脱贫攻坚成果责任，牢牢守住不发生规模性返贫底线。四是关于推进乡村产业振兴。习近平总书

记指出，要紧紧围绕发展现代农业，围绕农村一、二、三产业融合发展，突出抓好农民合作社和家庭农场两类农业经营主体发展，构建乡村产业体系；强调要把农业发展落实到促进农民增收上来，让广大农民都过上幸福美满的好日子。五是关于加强乡村建设。习近平总书记指出，要牢记亿万农民对革命、建设、改革做出的巨大贡献，把乡村建设好；强调要把乡村建设摆在现代化建设的突出位置，发挥农民主体作用，真正把好事办好、把实事办实；要把县域作为城乡融合发展的重要切入点，推进空间布局、产业发展、基础设施等县域统筹；强调绿水青山就是金山银山，要以钉钉子的精神推进农业面源污染治理和农村生态环境保护各项工作。六是关于加强和改进乡村治理。习近平总书记指出，乡村是我们党执政大厦的地基，治理有效是乡村振兴的重要保障；强调农村工作千头万绪，抓好农村基层组织建设是关键，要健全党组织领导下的自治、法治、德治相结合的乡村治理体系；强调乡村振兴既要塑形，也要铸魂，要坚持物质文明和精神文明一起抓。七是关于深化农村改革。习近平总书记指出，解决农业农村发展面临的各种矛盾问题，根本要靠深化改革；强调新形势下深化农村改革，主线仍然是处理好农民和土地的关系，最大政策就是坚持和完善农村基本经营制度决不能动摇。八是关于加强和改善党对"三农"工作的领导。习近平总书记指出，办好农村的事情，实现乡村振兴，关键在党；强调全面推进乡村振兴，必须坚持五级书记抓乡村振兴，把农业农村优先发展的要求落到实处，在干部配备上优先考虑，在要素配置上优先满足，在资金投入上优先保障，在公共服务上优先安排。

习近平总书记关于"三农"工作重要论述是我们抓好"三农"工作的根本遵循和行动指南。全省各地各部门要把学习贯彻习近平总书记关于"三农"工作重要论述作为重大政治任务来抓，组织开展大学习大轮训。"三农"系统广大干部要认认真真读原著、学原文、悟原理，准确领会精神实质和核心要义，深刻感悟习近平总书记关于"三农"工作重要论述中蕴藏的人民立场、大历史观、底线思维和系统观念。特别是对于新进入"三农"工作领域的领导干部，要抓紧时间补好课、充好电，学懂弄通、学以致用，真正把握做好"三农"工作的根本遵循和前行方向。

习近平总书记对"三农"工作历来高度重视，对农民怀有深厚感情，考察调研每到一个地方都要走进农家，与农民促膝谈心、嘘寒问暖。习近平总书记2013年11月3日到湘西十八洞村看望贫困群众，2020年9月16日又到郴州沙洲瑶族村考察，让湖南省干部群众倍感温暖。在2022年的新年贺词中，习近平总书记亲切地说："我也是从农村出来的。"春节前总书记还惦记着广大农民的生活，2022年1月26日到山西省汾西县看望村民，提出要使农村的生活奔向现代化，越走越有奔头。我们一定要对标对表，深刻感悟习近平总书记的"三农"情怀，带着感情和责任把"三农"工作扎实做好。

二　坚决抓好不容有失的底线任务，切实稳住农业基本盘、夯实"三农"压舱石

习近平总书记在对做好2022年"三农"工作的重要讲话重要指示中，突出强调了粮食安全、耕地保护、不发生规模性返贫三件大事。我们要不折不扣地贯彻习近平总书记重要讲话重要指示精神，切实把底线任务抓紧抓实抓好。

一要毫不放松抓好粮食生产和重要农产品供给。习近平总书记强调，保障好初级产品供给是一个重大战略性问题。湖南省作为产粮大省，要为保障国家粮食安全作出应有贡献。要严格落实粮食安全责任制。2021年是实施粮食安全党政同责考核的第一年。习近平总书记强调，党政同责要真正见效。要层层压实责任，细化分解任务，一季接着一季督促抓落实，确保粮食面积稳定在7135万亩以上，产量稳定在600亿斤以上。要研究制定激励农民务农种粮和基层重农抓粮的政策措施，让农民种粮有利可获、让基层抓粮有积极性。要调整优化储备粮规模和区域布局，深化粮食购销领域监管体制机制改革。要加大力度落实"菜篮子"市长负责制。深入实施优质湘猪工程，确保生猪出栏量稳定在5700万头以上。抓好蔬菜基地建设，确保蔬菜

等农副产品供给充足。要扩大粮油和大豆生产。中央强调，2021年要实打实地调整结构，扩种大豆和油料，见到考核的成效。我们要坚决完成国家下达的油菜增加100万亩、大豆带状复合种植增加100万亩、棉花恢复和稳定在100万亩以上的任务。同时，作为油茶大省，要加大低产林改造提升力度，提高油茶产能。

二要较真碰硬落实耕地保护建设措施。"寸土寸金关乎国计，一垄一亩承载民生。"习近平总书记强调，耕地保护要求要非常明确，18亿亩耕地必须实至名归，农田就是农田，而且必须是良田。我们要深刻领会"两个必须"的深刻内涵，落实"长牙齿"的耕地保护措施，守好数量、质量"双红线"。要落实耕地保护党政同责。下达带位置带责任的耕地保有量和永久基本农田保护目标任务，并签订耕地保护目标责任书，作为刚性指标实行严格考核、一票否决、终身负责。推动建立"田长制"，建立起"横到边、纵到底，网格化、全覆盖"的耕地保护格局。要强化耕地用途管制。现在一些地方占用大量优质耕地种植林果、挖塘养鱼、绿化造林、挖湖造景，经济上局部上可行，但战略上全局上不行。必须落实耕地利用优先序，耕地主要用于粮食和棉、油、糖、蔬菜等农产品及饲草饲料生产，永久基本农田重点用于粮食生产，高标准农田原则上全部用于粮食生产。严厉查处违法占用耕地，坚决遏制耕地"非农化"、防止"非粮化"。落实耕地占补平衡政策，不仅要从数量上补回来，更要确保补充耕地与所占耕地质量相当，防止用劣地、坡地、生地滥竽充数。要加大耕地建设力度。统筹规划建设好高标准农田，严格执行建设标准，坚决保质保量完成460万亩建设任务。加大中低产田改造力度，加强小型农田水利设施建设，提高耕地地力等级。

三要坚持不懈巩固拓展脱贫攻坚成果。巩固脱贫攻坚成果是乡村振兴的重要前提。湖南省脱贫人口基数比较大，部分脱贫地区基础还不够牢固，巩固拓展脱贫攻坚成果任务仍然比较重。要聚焦重点人群，进一步完善和落实防止返贫致贫动态监测和帮扶机制，做到精准监测、精准帮扶，持续推动"三保障"和安全饮水问题动态清零，坚决守住不发生规模性返贫的底线。要聚焦重点工作，抓好就业和产业"两个关键"，通过提升帮扶车间、优化公益岗位、加强劳务协作等多种方式促进脱贫群众就业；因地制宜地发展乡村产业，完善联农带农机制，提高脱贫群众家庭经营性收入，让脱贫群众生活更上一层楼。要聚焦重点区域，切实落实好对 13 个重点帮扶县的支持政策，推动财政、金融、土地等帮扶政策倾斜。要强化易地搬迁后续扶持，完善集中安置区配套基础设施和公共服务，落实搬迁群众过渡时期生活、户籍管理、合法权益保障、社会融入等工作举措，确保搬迁群众稳得住、能安心融入、逐步能致富。要做好脱贫攻坚同乡村振兴有效衔接，在巩固脱贫攻坚成果的同时，在乡村振兴中走在中部前列。

三　统筹抓好乡村发展、乡村建设、乡村治理重点工作，推动乡村振兴取得新进展

乡村振兴涉及方方面面，既要统筹兼顾、协调推进，又要突出重点、抓住关键，切实增强工作的针对性和精准性。

一要聚焦兴产业，扎实推进乡村发展。习近平总书记指出，"产业兴旺，是解决农村一切问题的前提"。要按照精细化的理念，加快推进农业现代化，着力提高农业的质量效益。要培育壮大农业优势特色产业。湖南作为农业大省，农产品非常丰富，我们要胸有大局，稳稳端牢中国粮；心有所系，做优做香湖南饭。湖南省第十二次党代会提出，未来五年要基本形成十大农业优势特色产业。我们要咬定目标不放松，深入实施"六大强农"行动，按照全产业链思维，在延长产业链、提高附加值上下功夫，在打造农业品牌上下功夫，大力建设标准化原料基地、发展精细化综合加工、推动一体化融合发展、开展品牌化市场营销、搭建体系化物流网络、推进社会化全程服务，高质量打造农业优势特色千亿产业。要按照"粮头食尾""农头工尾"的思路，做大做强农产品加工业。要抓好产业平台建设，新建一批农业现代化示范区、现代农业产业园、农业产业强镇和特色小镇。要高度重视做好农副产品的宣传推介，充分发挥长沙作为网红城市的优势和湖南广电传媒优势，进一步做好湖南特色农产品的营销和品牌打造，提升"湘味"农

产品的知名度和美誉度。要支持有条件、有实力的企业上市融资和上市企业
再融资，做强一批龙头企业。要大力实施种业振兴行动。种业是农业的
"芯片"。湖南省拥有杂交水稻这张金名片，农业领域拥有8位院士、40多
所科研院所、近4000名科研育种人员。要把这一优势发挥好，高标准推进
岳麓山实验室和岳麓山种业创新中心建设，争取种业创新国家实验室落户湖
南，建立健全联合育种创新机制，培强商业化育种企业，强化种业知识产权
保护，努力把种业培育壮大为湖南省新的千亿产业。要加快智慧智能农机产
业链发展。中央农村工作会议强调，要提高农机装备研发应用水平。湖南省
工程机械实力雄厚，要把工程机械优势转化为农机产业发展优势。要引导和
支持工程机械、人工智能等领域龙头企业进入农机装备产业，加大对丘陵山
区机具、高端智能机械等研发制造，培育一批农机领域专精特新"小巨人"
企业，努力将湖南省打造成为智慧智能农机产业链发展高地。

二要聚焦优环境，扎实推进乡村建设。中央农村工作会议提出，要扎实
推进乡村建设，逐步使农村具备基本现代生活条件。实施乡村建设行动，要
聚焦短板，因地制宜，精准施策。要抓紧编制乡村规划。乡村规划具有全局
性、战略性、先导性等特点，编制好乡村规划是抓好乡村建设的前提条件。
湖南省有条件有需求的村庄，2023年要全面完成村庄规划编制，2022年是
关键的一年。各地要按照"多规合一"的理念和务实管用的原则，抓紧做
好村庄规划编制工作。要大力实施农村人居环境整治提升五年行动。统筹推
进农村改厕、生活垃圾治理、生活污水治理和村容村貌整体提升等重点工
作。针对一些地方"有新房没新村、有新村没新貌"等问题，要着力改善
村庄整体环境，推进美丽乡村建设扩面提质，创建一批美丽乡村示范村。鼓
励办好农家乐、民宿，发展观光农业，使美丽山乡成为文旅融合的新亮点。
要严格规范宅基地管理。严格落实"一户一宅"要求，坚决遏制新增违法
乱占耕地建住房。2020年7月，国务院召开农村宅基地改革与管理电视电
话会议，提出一定要把增量控制好，绝不能出现新的问题。要完善农村基础
设施。统筹抓好农村水、电、路、气、讯、广电、物流等基础设施建设和管
护。大力实施"快递进村"工程，加快农村物流快递网络布局，推动农村

客货邮融合发展。加快推进数字乡村建设，建设农业农村大数据平台，提升农民数字素养与技能。

三要聚焦保稳定，扎实推进乡村治理。2022年将召开党的二十大，我们要着眼于营造安全稳定的社会环境，进一步加强和改善乡村治理，确保农村社会稳定。要坚持党建引领。充分发挥党的领导在乡村治理中的显著优势，持续建强村党组织带头人队伍，强化村级后备力量建设，建立选派第一书记长效机制，常态化抓好软弱涣散村党组织排查和整顿提升工作，健全党组织领导下的自治、法治、德治相结合的乡村治理体系。要涵养文明乡风。深入开展"听党话、感党恩、跟党走"宣传教育活动，积极开展"欢乐潇湘""戏曲进万村"等品牌文化活动。持续推动农村移风易俗，发挥乡贤积极性，树立乡村文明新风。要维护乡村稳定。深入推进平安法治乡村建设，深化"一村一辅警"建设，推动"枫桥式派出所"创建，常态化开展农村扫黑除恶斗争，依法严厉打击农村制售假冒伪劣农资、非法集资、电信诈骗等违法犯罪行为，持续抓好农村疫情常态化防控。

四要聚焦增活力，扎实推进农村改革。按照习近平总书记提出的"扩面、提速、集成"要求，积极稳妥地深化农村改革。要落实农村改革重点任务。稳步开展第二轮土地承包到期后再延长30年试点，稳慎推进农村宅基地制度改革试点，稳妥推进农村集体经营性建设用地入市改革，持续深化粮食收储、供销合作、集体林权、农业领域综合行政执法等各项改革。要把握农村改革正确方向。坚决落实习近平总书记的重要指示，牢牢守住"四条底线"，即农村改革无论怎么改，不能把农村土地集体所有制改垮了，不能把耕地改少了，不能把粮食生产能力改弱了，不能把农民利益损害了。比如，在农村基本经营制度问题上，要防止打着发展集体经济的旗号收回农民承包地搞"返租倒包"，也要防止打着共同富裕的名号走"归大堆"的老路。比如，在发展适度规模经营问题上，土地流转必须坚持依法自愿有偿的原则，不能依靠行政手段去揠苗助长，人为搞大规模甚至超大规模经营。

五要聚焦惠民生，扎实推进共同富裕。习近平总书记指出，共同富裕是社会主义的本质要求，是中国式现代化的重要特征。打赢脱贫攻坚战，全面建成小康社会，为促进共同富裕创造了良好条件。现在，已经到扎实推动共同富裕的历史阶段。促进共同富裕最艰巨最繁重的任务仍然在农村。我们要积极探索积累共同富裕的经验。要千方百计增加农民收入。多年来，湖南省农村居民收入一直低于全国平均水平，2021年全省农村居民人均可支配收入是18295元，全国是18931元，相差636元。同时，湖南省城乡居民收入还相差26571元。所以，我们要想方设法大力提高农村居民收入。要加快发展现代农业，带动农民家庭经营净收入不断增长；持续提升农村劳动力职业技能，组织服务农民外出务工，促进农民工资性收入稳定增长；加快释放农村资源资产增收活力，持续增加农民财产净收入；加大强农、惠农、富农政策支持力度，促进农民转移净收入合理增长。要促进城乡基本公共服务均等化。强化农村基本公共服务供给县乡村统筹，着力提高农村教育、医疗卫生、社会保障、养老、文化、体育等公共服务水平和质量。特别是要重视振兴乡村教育，持续改善乡村办学条件，推动优质教育资源下沉到乡村学校，努力让每个农村孩子都能享有公平而有质量的教育。要逐步提高城乡最低生活保障水平，兜住基本民生底线。要壮大新型农村集体经济。发展村级集体经济，是促进农民农村共同富裕的重要途径。湖南省农村集体经济实力整体上还不强，经营净收入5万元以下的村占比达17.8%。要按照"薄弱村提升、一般村壮大、富裕村做强"的思路，实施新型农村集体经济发展五年行动计划，盘活集体资产，增强造血功能，建立健全集体经济薄弱村结对帮扶机制，做大做强村级集体经济。

四　切实抓好"三农"领域作风建设，努力提升
"三农"工作的质量和水平

"三农"工作具有全局性、复杂性、长期性等特点，做好这项工作不容易。要遵循"三农"工作规律，坚决反对形式主义、官僚主义，以优良的作风确保湖南省"三农"工作有力有序有效推进。

第一，要坚持因地制宜，防止搞一刀切。"十里不同音，百里不同俗。"

全省各地农村情况千差万别，若是以"一把尺子量到底"的方式搞统一标准、平衡推进，不仅不符合地方要求，在实践中也容易走偏走样，与中央精神背道而驰。做好"三农"工作，必须坚持一切从实际出发，把中央的要求和地方实际很好地结合起来，因地制宜、分类推进，创造性地开展工作。

第二，要坚持求真务实，防止形式主义。推进乡村振兴，需要典型带动、以点带面，但是必须在当地财力、物力允许的前提下实事求是、量力而行。倘若一味追求"造景""树牌"，不仅会造成巨大的资源浪费，还会加剧乡村社会发展的不平衡。做好"三农"工作，必须沉下心来办实事、求实效，多干雪中送炭的民生实事，少做锦上添花的表面文章。

第三，要坚持稳扎稳打，防止急功近利。推动乡村振兴，是一项长期工程，不可能一蹴而就。要树立正确的政绩观，遵循乡村建设规律，坚持数量服从质量、进度服从实效，切忌贪大求快、刮风搞运动，防止走弯路、翻烧饼。防止急功近利并不是无所作为，不能存在松劲歇脚、等待观望的思想，而要以钉钉子的精神狠抓落实，小步快跑，一点点改变，一年年进步，最终实现乡村振兴的宏伟目标。

第四，要坚持农民主体，防止大包大揽。农民是决定乡村前途命运的根本力量。推进"三农"工作党委、政府责无旁贷，但不是"大包大揽"，若是撇开农民群众自己闷头干，"剃头挑子一头热"，吃力还不讨好。要突出农民主体地位，尊重农民群众意愿，维护群众合法权益。做好"三农"工作，要多和农民交朋友，既要善于从书本网络中学习真理，也要善于从田间地头求得真知。要充分调动各方积极性，汇聚各方人才下乡回乡。

提升"三农"工作水平，要进一步加大对干部的培训力度。"三农"工作是一门大学问。全省"三农"领域各级干部要学深悟透习近平总书记关于"三农"工作重要论述，认真学习中央关于"三农"工作的决策部署，深入开展调查研究，努力成为"三农"工作的行家里手。

B.3
多维判断形势 精准应对挑战
努力推动高质量发展

湖南省委常委、常务副省长 李殿勋

党的十九届五中全会提出，"十四五"时期经济社会发展要以推动高质量发展为主题，这是根据我国发展阶段、发展环境、发展条件变化做出的科学判断。当前，国内外发展形势异常复杂严峻，认知维度与决策变量远超常态，如何多维判断形势，精准应对挑战，努力推动高质量发展，成为我们必须思考与回答的十分重大而紧迫的战略课题。

一 把握两个大局，多维判断国内外形势

习近平总书记指出，领导干部要胸怀两个大局，一个是中华民族伟大复兴的战略全局，另一个是世界百年未有之大变局，这是我们谋划工作的基本出发点。

当今世界，科技创新版图加速重构，经济政治格局深度调整，面临百年未有之大变局。突如其来的新冠肺炎疫情又给全球治理新增特殊变量，长尾效应还难以预判，国际形势正面临一个具有巨大不确定性的未来。

当前中国，在创造经济快速增长和社会长期稳定"两大奇迹"的同时，经济社会发展也到了转型变革的重大历史关口，改革发展稳定任务之重、矛盾风险挑战之多、治国理政考验之大都前所未有。

湖南省经济运行也面临诸多可以预料和难以预料的困难与风险，挑战之大前所未有。需要我们坚持底线思维，增强忧患意识，直面困难，勇于担当，沉着应对，善于作为，做最坏的准备，争取最好的结果。

当前，就经济领域来说，主要有两大挑战。

第一大挑战：传统动能衰减，经济增长面临持续下行压力。

（一）需求收缩

1. 投资方面：增速持续回落、效用严重衰减、来源日益短缺

从投资增速看，呈现快速回落态势。全国投资增速从"十二五"时期年均增长 15.7%，回落至"十三五"时期年均增长 5.6%。湖南省投资增速也从"十二五"时期年均增长 22%，回落至"十三五"时期年均增长 10%。

从投资效用看，投资效果系数呈逐年下降趋势。全国投资效果系数由"十二五"时期的 0.175，下降至"十三五"时期的 0.138，也就是说"十二五"时期每投资 1 元钱，还能增加 0.175 元的 GDP，到"十三五"时期就下降至只能增加 0.138 元的 GDP。

从投资来源看，持续多年的政府负债投资已经举步维艰，再依靠强投资来维持中高速增长已经变得十分困难，而民间投资尚需激发活力，需要重构创新生态和营商环境，真正让民间投资能够赚钱，赚了钱才有足够的安全感。

2. 消费方面：国内消费持续放缓，促进消费所需要的收入分配改革与社会保障改革短期内也难以到位，畅通国民经济循环面临巨大压力

从消费需求看，湖南省消费需求相对不足。湖南省 2020 年常住人口要比湖北多近 870 万人，但上年社会消费品零售总额却比湖北少 2900 多亿元。

从消费水平看，大宗消费增长后劲不足，汽车消费潜力释放受限，家电、家具、家装等相关消费走弱。

从疫情影响看，旅游出行、文化娱乐、住宿餐饮等线下接触性消费仍然难以恢复。

3. 出口方面：面临日益严峻的双层挤压国际竞争格局

近两年，受新冠肺炎疫情影响，全球供应链受阻，带动国内传统产业产

能极大释放，我国出口实现超常规增长，很多地方出口对经济增长的贡献度已经恢复到 20% 以上。但要清醒地看到，我国多年来融入世界经济循环所依赖的低成本优势逐步丧失，高技术优势还远未形成，面临严峻的双层挤压国际竞争格局。一旦全球供应链恢复，出口将面临很大下行压力。在成功构建国内国际双循环相互促进的新发展格局之前，我国多年形成的外向型经济结构将历经转型升级的很大阵痛。2021 年下半年以来，我国 PMI 中的出口订单指数一直低于 50%，也意味着 2022 年的出口将大概率走弱。

（二）供给冲击

一是原材料供给冲击。主要表现在国际大宗商品价格上涨，国内部分能源和金属供给偏紧。例如，2021 年以来，我国铁矿石最大涨幅达到 154%，带动钢材价格指数上涨 181%，优质动力煤指数上涨 165.9%，有色金属价格指数上涨 191.6%。从湖南省情况看，上年全省工业生产者出厂价格同比上涨 5.9%，其中石油、钢材、有色金属等出厂价格分别上涨 31.6%、32.7% 和 15.7%，进一步加大了下游行业及中小微企业生产经营压力。

二是供应链供给冲击。主要表现在全球疫情影响和政治因素导致供应链受阻。比如美国政府的政策禁令导致芯片等重要商品断供，给全球供应链造成严重影响。我国芯片进口量大约占世界的 1/4，是全球最大的芯片进口国，影响更为严重。除芯片外，其他如航空发动机、重型燃气轮机、高端传感器、高端医疗设备和科研仪器等，也都不同程度地面临供应链供给冲击。

三是人力资源供给冲击。人口红利消失，劳动力成本上升，用工的结构性短缺问题日益突出。如果中国的人口资源优势不能转化为人才资源优势，就无法释放第二轮人口红利。

（三）预期转弱

经济预期转弱是指经济整体的、全面的，与现状相比更深程度的走弱。2021 年国内 GDP 增速走势从第一季度的 18.3% 持续下滑到第二季度的 7.9%、第三季度的 4.9%，再到第四季度的 4.0%；我国制造业采购经理指数从 4 月以来连续回落；服务业商务活动指数受疫情影响波动较大，但总体上也呈回落态势。从全省几个主要经济指标来看，2021 年规模以上工业增速由 1~2 月的 19.1% 下降到 1~12 月的 8.4%，固定资产投资增速由 1~2 月的 20.8% 下降到 1~12 月的 8.0%。综合判断，无论是疫情导致的非正常变动，还是经济在经历长期高增长之后出现的自然回落，都反映出经济活动预期转弱。

投资、消费、出口需求同时收缩，再加上供给冲击和预期转弱，三重压力叠加，意味着我国经济增长将在较长时期内面临持续下行压力。

第二大挑战：多类风险积聚，风险防控面临日益增大的困难。

经过 40 多年改革开放，特别是入世之后前十年的超高速增长，我国经济运行中长期积累的深层次矛盾逐渐暴露，人口、资源、环境刚性约束日益增强，财政风险、金融风险、经济风险交织重叠、相互串换，已经导致一个十分复杂的多难局面。具体经济工作中，主要面临以下五个方面的风险。

一是高额债务，尤其是政府债务超出极限，面临巨大风险。

二是地产泡沫，特别是中小城市已经总体上进入收缩型发展阶段，土地储备、地产开发的底层逻辑发生重大逆转。多年累积的价格与价值严重背离，供给与需求明显脱节的房地产泡沫风险日益增大。

三是非法金融，尤其是各种形式的非法集资、各种性质的表外经营，引发很大风险。

四是产能过剩，特别是传统制造业和服务业产能严重过剩，一旦受新冠肺炎疫情影响的全球供应链恢复，必将导致较为严重的资本沉淀和产业重组。

五是工业园区，特别是县级工业园区绝大部分无法实现投入产出的良性循环，很可能会因为资金断链、债务纠纷、企业和群众上访而形成重大风险。

经济领域的五大风险在全国范围内已普遍显现，部分地区已叠加发生，给经济平稳运行和社会安全稳定带来极大挑战。

二 精准应对挑战，努力推动高质量发展

面对复杂严峻的国内外发展形势，特别是传统动能衰减和多类风险积聚的现实，我们要深入贯彻落实中央和省委经济工作会议精神，把握稳中求进的工作总基调，完整、准确、全面贯彻新发展理念，多维判断形势，精准应对挑战，努力推动高质量发展。这是当前我们思考和解决一切经济问题的大逻辑。具体工作中，要突出抓好三个重点。

（一）混合动力稳增长

1. 老动力不能减得太快，要坚决防止经济增速出现断崖

一要扩大投资。除了积极对接争取中央预算内投资、申请发行政府债券外，更大的空间在于激发市场力量扩大投资。要科学、冷静地分析本地资源禀赋，特别注重以市场思维与市场方式，大力推动投融资体制改革，有效激发社会资本投资活力。一切公益性的项目都有可能策划包装成特许经营项目引入社会资本，一切有现金流或者盈利空间的项目都有可能商业化运作，就是那些必须由政府财政资金直接投资的项目，也要考虑投入产出平衡。

二要促进消费。在可预见的未来，消费增长的空间主要有以下几个方面：一是白发浪潮下的老年消费有巨大空间。老年产业乃至于整个大健康产业，可能是未来5~10年国内消费增长的最大空间。二是多子化带来的增长空间。国家出台政策鼓励人口生育，二孩、三孩的出生会带来巨大的消费空间。三是新消费业态带来的增长空间。体验式、参与式、沉浸式的消费，以及基于虚拟现实、增强现实、混合现实技术支撑的新消费体验都有巨大的潜力和增长空间。四是乡村消费也有开拓空间。另外，现代服务业特别是知识密集型服务业的发展也会为消费转型升级带来不少空间。要紧紧围绕这些领域，深入谋划、精准发力，出台鼓励促进消费的政策措施，强化消费对经济增长的基础支撑。

三要稳定出口。面对"双层挤压"的国际竞争格局，一是继续推动减

税降费政策，有效降低"要素成本"和"制度成本"，在没有形成高技术优势之前，尽量延长低成本优势。二是大力推动供应链金融创新，包括订（仓）单质押贷款和出口信用保证等，为稳定出口提供金融支撑。三是及时拓展新的外贸空间，特别要抢抓 RCEP 生效机遇，加快融入西部陆海新通道，积极对接东盟市场。要立足湖南为数不多的先发优势，抓紧打造服务全国的中非经贸创新合作平台。

2. 新动力必须迅速补足

要坚持依靠技术创新与制度创新的双轮驱动，提高企业全要素生产率，重构市场供给的质量和效率，塑造更多发挥先发优势的引领型发展。

（1）坚持深化改革开放。改革是解决中国一切问题的总钥匙。没有真正的改革就解决不了真正的问题，更谈不上高质量发展。特别是要紧紧围绕三个方面，科学谋划、系统布局经济体制改革。

一是贯穿"一条主线"，即供给侧结构性改革。经过 40 多年的改革开放，物资短缺时代已基本结束，我国经济领域的主要矛盾已经从弥补短缺转变为重构供给。为此，要在做好需求侧管理的同时，更多地从供给侧深化结构性改革，把实施扩大内需战略同深化供给侧结构性改革有机结合起来，一手去除无效供给，一手增加有效供给，供需两端发力，更好地贯通生产、分配、流通、消费各环节。

二是聚焦"两大重点"，即以增加知识价值为导向的新型收入分配改革和以要素配置为核心的高质量市场化改革。前者包括科技成果权益分配改革，科技项目评审、人才评价、机构评估"三评"改革，国有企事业单位创新人才薪酬分配改革，研发创新"企业所得"与"个人所得"税赋改革，知识价值信用贷款改革和以知识价值为核心的新资本市场改革等，目的是通过改革，重构智力劳动和知识价值的分配关系，以有效激发创新活力。后者包括投融资体制改革，财政绩效管理改革，公共资源与生产要素配置改革，反垄断和反不正当竞争改革，以及高标准市场体系建设等，目的是通过改革，让市场在资源配置特别是在人力、土地、金融、技术、数据等要素资源配置中，真正发挥决定性作用，同时更好地发挥政府作用，更有效地维护公平竞争。

三是基于当前稳增长、防风险、保民生需要，围绕一些现实难题，谋划一批改革项目。其一是如何加速重构产业政策。要完整、准确、全面地贯彻新发展理念，全面清理修订现有产业政策，以普惠性、竞争性、杠杆性为原则，以激励产业创新、维护公平竞争、稳定制造业占比和促进国内消费为重点，系统重构有利于构建新发展格局、推动高质量发展的政策体系。其二是如何推动园区转型升级。要针对园区普遍存在的市场化运作不足、用地集约程度不够、投入产出难以平衡、缺乏企业孵化动能和创投资本支撑等短板弱项，秉持"高新产业主导、产学研协同、多链条融合、复合模式运营"的现代产业生态理念，探索改革各类园区特别是国家级园区的管理体制与运营模式，强化园区综合服务功能和收入能力支撑，促进实现市场化运作与可持续发展。其三是如何变革招商引资模式。当前，全国范围内产能扩张形势出现逆转，招商引资总体面临减量条件。要把握现代经济工作中政府要注重"对价关系"、企业要注重"商业模式"的基本规律，顺应招商项目从成本驱动到市场驱动，再到效率驱动的演变趋势，规范招商引资政策，克服招商引资乱象，创新招商引资模式，推进实施大中城市的产业集群、产业链条乃至产业生态招商，以及县域经济的乡情招商与资源招商，通过更多"精准招商"，培育区域产业生态，形成区域特色优势，提高入驻企业投资运营效率，引领和支撑经济转型升级与高质量发展。其四是如何创新生产要素保障。全省自然资源管理系统、金融服务与监管系统、人力资源与职业教育系统以及能源、物流等系统，要切合当前生产要素保障存在的突出问题，着眼于保障生产要素供给、降低企业负担水平和优化要素资源配置，各司其职，担当尽责，大力推进用地、用钱、用工、用能等方面的改革试点，通过改革有效激发市场主体活力，有力促进稳增长、防风险、保民生。

（2）坚持创新驱动发展。创新是引领发展的第一动力，是建立现代化经济体系的战略支撑。要抓住三个关键问题，大力实施创新驱动发展战略。

一是加快构建技术创新体系。要加快培育科技型企业特别是高技术性企业和高成长性企业；重点建设高水平大学特别是双一流大学；着力改革传统科研院所、培育新型高端研发机构；加快引进、培育科技人才特别是高层次创新人才。多措并举，系统构建"以企业为主体、以院校为依托、以军民融合为特色、以开放协同为保障"的技术创新体系。

二是加快强化创投资本支撑。要大力推进科技金融改革，加速完善创新投资体系。第一，股权投资做引导。要针对科技型企业不同成长阶段的特点和需求，探索设立政府种子投资引导基金、天使投资引导基金和风险投资引导基金，以母基金模式引导和撬动全社会各类资本投资创新创业。第二，债权融资做增信。要尽快构建以知识价值为核心、以大数据和区块链应用为支撑、以知识价值信用风险补偿基金为保障手段的债权融资模式，让科技型企业特别是科技型中小企业依靠其创新要素生成的知识信用价值，打开轻资产债权融资之门。第三，资本市场募资做培育。要探索建立以创新能力为标准、以科技研发与成果转化所需的资本众筹为功能的区域项目路演中心和区域股转中心，积极促进科技型企业在科创板、新三板等挂牌上市，真正构建以知识价值为核心的新资本市场。

三是加快营造优良创新生态。要围绕从科技研发到成果转化，再到产业培育这一创新链条，着力建设协同攻关与开源集成的研发创新平台，建设多类型、多层次技术成果转移和孵化平台，建设"创新特区"（比如自创区）与"开放特区"（比如自贸区）等新兴产业培育平台，再依托这三类创新平台，综合施策，打造局域化的优良创新生态，解决好创新发展所必需的"阳光（创新政策）、土壤（创新平台）、空气（创新氛围）与水分（创新服务）"问题。

（二）综合施策防风险

当前，多类经济风险交织串换、不断累积，尤其是政府债务风险日益增大，平台公司债务风险多发频发，急需地方各级政府特别是财政、国资、金融部门深化投融资体制改革、国有资产运营改革和财政预算管理改革，坚持财政、国资、金融三种手段统筹使用，大力推动平台重组、资产重组、债务重组，以"空间换时间"，坚决防控政府债务风险。要尽快探索建立多层次债务风险防控"信用保障基金"和"平滑基金"等机制，以有效防控因政府债务引发的系统性金融风险。

（三）尽力而为、量力而行保民生

保民生要尽力而为、量力而行。既要努力确保城乡居民基本民生需求，又要防止过分透支未来而跌入"福利陷阱"。多年来部分地区过分透支未来，去邀约民心甚至煽动民粹，当期已不能承受、长远更不可持续。北欧似的"福利陷阱"，表面上看好像是"关心"老百姓，其实是从根本上损害老百姓的利益，是不负责任的投机行为。

总之，面对复杂严峻的国内外发展形势和前所未有的风险挑战，我们要坚持以习近平新时代中国特色社会主义思想为指导，紧紧围绕中央战略决策和省委部署安排，以创新的思维、改革的办法与务实的作风，多维判断形势，精准应对挑战，努力推动高质量发展，以新的担当作为和发展成效迎接党的二十大胜利召开。

B.4
聚势而为　加快打造内陆地区改革开放高地

湖南省人民政府副省长　何报翔

习近平总书记高度重视开放型经济发展工作，在多个场合提出要"发展更高层次的开放型经济"，要"坚定不移深化改革扩大开放"。省第十二次党代会提出要"全面深化改革扩大开放，打造内陆地区改革开放高地"，2022年省政府工作报告提出要"全面深化改革开放"。全省上下要把思想和行动统一到党中央、国务院和省委、省政府的重大战略部署上来，聚势而为，推动加快打造内陆地区改革开放高地。

一　稳中有进，全省开放型经济发展取得新成绩

2021年，全省上下努力克服国际国内复杂经济形势和新冠肺炎疫情不利影响，迎难而上，开拓创新，担当作为，开放型经济发展取得新成绩，内陆地区改革开放高地建设迈出坚实步伐。一是增长速度"稳"。全省开放型经济发展稳中有进、稳中向好、好于预期。全年进出口总额5988.5亿元，增长22.6%。实际使用外资24.15亿美元，增长72.3%。实际到位内资11280.3亿元，增长29.1%。对外实际投资额16.66亿美元，增长12.1%；对外承包工程完成营业额27.6亿美元，增长22.5%。社会消费品零售总额18596.85亿元，增长14.4%，两年平均增长5.6%。二是质量效益"进"。排位进一步提升，引进外资总量中部第2，增幅全国第3、中部第1；对外投资总量全国第10、中部第1。结构进一步优化，机电产品出口增长30.8%，占比44.2%，比上年提高1.9个百分点；高技术产业实际使用外资

增长41.1%；基本生活类、石油及制品类商品零售额和住宿餐饮消费分别增长20.1%、19.1%、21.6%。效益进一步增强，省级以上园区外资、内资、进出口分别增长154.1%、32.3%、26.5%，占比分别达到73%、44%、77.4%；海关特殊监管区域进出口增长41.7%，占比24.7%。三是经济贡献"高"。开放型经济对全省经济社会发展的贡献不断加大。2021年，全省最终消费对经济增长的贡献率达62.5%，保持经济增长第一拉动力。外贸依存度12.7%，比上年提高1个百分点。财源建设有力推进，全省住宿餐饮业税收8.85亿元，增长47.1%，高于全国15个百分点。四是发展动能"新"。服务国家战略新使命，习近平总书记在中非合作论坛第八届部长级会议上宣布在华设立中非经贸深度合作先行区、中非跨境人民币中心。项目建设取得新进展，签约163家"三类500强"企业投资项目348个，投资总额3896.64亿元，在湘世界500强达186家。主体培育见到新成效，新增外商投资企业378家、境外投资企业54家，外贸实绩企业达7232家，限额以上批零住餐企业1.33万家，较上年增加719家。平台能级实现新提升，邵阳、永州经开区晋升国家级，长沙获批国家加工贸易产业园，新增4个国家外贸转型升级示范基地、总数达22家、居中部第2。

二 危中有机，开放型经济发展形势面临新变化

当前，国内外环境面临新的深刻变化，湖南省开放型经济发展既面临挑战，也面临机遇，总体来说是"危中有机"。从国际来看，一方面，百年变局加速演进，外部环境更趋复杂严峻，世纪疫情的不确定性冲击明显，发达经济体流动性收紧的外溢效应值得警惕，全球治理体系面临挑战。但另一方面，和平与发展仍是时代主题，经济全球化仍是历史潮流，各国分工合作、互利共赢仍是长期趋势，RCEP协定的生效将为区域经济一体化注入强劲动力，这些，都是开放型经济发展的机遇。从国内来看，我国经济发展面临需求收缩、供给冲击、预期转弱三重压力和生产函数变化、约束增多等不利因素影响，但我国有中国特色社会主义制度优势，有经济发展和疫情防控保持

全球领先的良好基础，有产业韧性强、市场潜力大、人力资源丰富等有利条件，机遇远大于挑战。从省内来看，湖南省开放型经济发展依然存在基础薄弱、体量不大、要素制约突出、发展不平衡等短板，但随着改革开放的深入和中部地区崛起战略的实施，湖南省的区位优势、产业优势、创新优势、营商环境优势将更加明显，各类人才、资源、技术等生产要素不断汇聚，新技术、新产业、新业态、新模式不断涌现，经济发展活力不断提升，发展空间和潜力巨大。

三　聚势而为，推动内陆地区改革开放高地建设取得新突破

2022年是党的二十大召开之年，也是实施"十四五"规划的关键之年。全省上下要深入贯彻落实习近平总书记对湖南重要讲话重要指示批示精神，全面落实"三高四新"战略定位和使命任务，把共建"一带一路"作为湖南对外开放的总牵引、大机遇，提高认识、统一思想、苦练内功，推动内陆地区改革开放高地建设取得新突破。

（一）全力以赴稳增长

稳增长是2022年全省开放型经济工作的总基调和总目标，必须坚持稳中求进，统筹做好强底板、锻长板、补短板，着力稳外贸、稳外资、稳投资，推动经济行稳致远。一是推进外贸高质量发展。实施百强外贸企业招引工程，力争引进全国外贸200强、跨境电商50强企业20家。支持申报重点外向型产业贸易投资提质增效示范，促进产贸融合发展。支持长沙推进加工贸易产业园建设。引导本土实体企业开展对外贸易，提升出口收汇率。出台加快发展外贸新业态新模式的实施意见。推进跨境电商结汇、统计制度改革，支持新建一批海外仓。培育壮大市场采购、保税维修等新业态。支持外贸企业出口转内销，促进内外贸一体化。同时，持续优化外贸结构，推动服务贸易增量提质，推动外经贸合作创新发展。二是提升利用外资质量。全面

落实新版外资准入负面清单和鼓励外商投资产业目录，支持鼓励外资企业扩大再投资。持续开展省级重大活动签约项目资金到位倍增、实际使用外资破零倍增行动，构建招商项目履约跟踪问效机制，力争重大活动签约项目资金到位率提升 5%，新增外资"破零"的县市区 10 个、省级以上园区 20 个。三是拓宽投资促进渠道。抢抓北京产业疏解机遇，积极对接京津冀，以央企对接、招才引智、科技创新为重点，办好"京洽周"，力争引进央企总部取得突破。创新办好"沪洽周""港洽周"，深度对接长三角和粤港澳大湾区。加强与境外投资促进机构、商协会、驻外办事处、跨国公司在华区域总部的对接合作，拓宽招商渠道。

（二）突出质效优平台

注重发挥好各类开放平台作用，优化平台功能，提升平台质效。一是优化园区平台。持续服务"五好"园区建设。落实好"1+3"政策和深化"放管服"改革，助推"五好"园区建设二十条措施，加快推广"五零"园区模式（建设园区零杂音、服务项目零延误、维护企业零干扰、扶持发展零争利、行政事务零收费）。实施园区开放创新提升工程，强化园区招商引资主阵地作用。支持郴州与广州园区的深度合作，鼓励其他市州探索与深圳、香港、澳门开展园区对接合作。办好重点展会活动，争取更多国内外知名展会落户，加快打造内陆地区会展高地。二是优化通道平台。推进国际航空货运、中欧班列长沙、岳阳江海联运、株洲湘粤非铁海联运、怀化东盟铁海联运等五大国际物流通道和货运集结中心建设，提升流量、流向、流效。重点构建面向 RCEP 国家区域航空中转枢纽和对非航空客货运门户枢纽，支持怀化、永州等市州融入西部陆海新通道建设。提升中欧班列货值和效益，推动湘粤非铁海联运通道提质上量，拓展江海联运接力航线。三是优化服务平台。健全重大项目服务部门联动机制，优化重点外资项目跟踪服务，切实为在湘外资企业排忧解难。优化外贸综合服务，落实"三单融资"政策，完善供应链金融服务。推进口岸通关提效降费，加强国际贸易"单一窗口"建设，完善口岸作业时限管理，实行口岸收费目录清单制度。建好智慧商务、湖南招商云、湘企出海、EHN 等数字化公共服务平台。完善绩效考核机制，将新增开放型经济领域市场主体（含外贸实绩企业、新设外资企业和内贸限上企业）纳入考核。四是优化对非经贸合作平台。用好中非经贸博览会和中非经贸深度合作先行区两大平台。提前谋划第三届博览会，实施"全球合作伙伴"计划，提升市场化专业化国际化水平和各方参与感、获得感。建立闭会年常态化交流机制，运营好中非直播电商孵化中心、云上博览会等平台和线下常设展馆，办好 2022 年非洲驻华使节湖南行等系列活动，跟踪推动第二届博览会成果落实落地。大力引进对非经贸合作龙头企业，打造非洲非资源性产品全产业链，推动成立中非经贸合作产业基金，探索在非洲重要节点城市和港口布局海外仓体系。开展对非本币结算贸易试点，推动对非跨境电商、市场采购贸易加快发展。整合金融机构资源，深入推进中非跨境人民币中心建设。对接进出口银行、中非发展基金在投资与贸易项下的融资安排，支持先行区重点项目。充分发挥中非经贸合作研究会、研究院、职教联盟作用，持续完善对非经贸交流合作长效机制。

（三）培引结合强主体

把招引和培育壮大限上商贸流通企业、外贸实绩企业和外商投资企业摆到更加突出的位置，持续推动开放型经济领域市场主体高质量发展。一是深入稳企纾困。针对疫情影响，聚焦中小微企业"急难愁盼"问题，有针对性地加大稳企纾困帮扶力度，充分激发市场主体活力。二是持续招大引强。在对接重大开放战略、引进 500 强企业、推动湘商回归、优化营商环境等方面持续发力，以更高水平开放保障和提升产业链安全。紧紧围绕项目建设"万千百"工程和"3+3+2"产业集群，瞄准"三类 500 强"企业、专精特新"小巨人"企业和隐形冠军企业，开展产业链精准招商，引进重大产业项目 100 个以上。大力发展总部经济，打造一批总部经济集聚区。引进国内外知名科研机构、创新平台，紧盯"卡脖子"技术招商补链强链。加大现代服务业招商引资力度，发展服务型制造业和制造型服务业。三是努力培育培强。实施"万商千品兴三湘"行动，大力引进境内外知名商贸、新零售、物流、电商企业在湘设立区域总部和采购、结算、运营等功能性机构，培育本土商贸龙头企业，推动商贸企业上市。扶持壮大一批老字号领军企业，保护原字号，培育新字号。

（四）多措并举促消费

一是巩固提升传统消费。稳定和扩大汽车家电消费，推动吃穿用住行等实物消费向智能、绿色、健康、安全方向转型升级。拓展服务消费，支持家政企业规模化、连锁化、品牌化发展。建设一批绿色商场、绿色超市、绿色餐饮。加快二手车流通，完善末端回收体系，促进循环消费。二是培育促进新型消费。支持消费新业态、新场景发展，培育共享消费、定制消费、体验消费和"智能+"服务消费，创新发展"宅经济""颜值经济""网红经济"等新型消费模式。规范发展直播电商、社区电商、乡村电商，拓展无接触交易服务。实施生活服务数字化赋能行动，促进生活服务业上线上云。三是打造高水平消费载体。支持长沙打造国际消费中心城市，支持其他市州培育区域性消费中心城市，打造一批"夜间经济"地标和商旅文融合"打卡地"，加快建设智慧商店、智慧商圈。持续开展"乐享消费湘当韵味""味道湖南""双品网购节"等系列活动，推动湘品进商超、上高铁、入名店、汇平台，开拓线上线下市场。四是推进城乡商业体系建设。实施"城市商业提升"行动，推动城市商业资源下沉社区，打造一批一刻钟便民生活圈，持续推进国省两级示范步行街建设。实施"县域商业建设"行动，建立完善县域统筹、以县城为中心、乡镇为重点、村为基础的农村商业体系，推进农产品冷链物流强链补链，推动城货下乡、山货进城、电商进村、快递入户。五是创新流通发展方式。实施"实体商业数字赋能"行动，引导大型商业综合体、购物中心、连锁便利店、大型批发市场等商贸实体，运用5G、虚拟现实、人工智能、大数据、物联网等信息技术，优化服务体验，拓展线上业务，振兴实体商业。实施"现代流通体系建设"行动，推进商品市场优化升级，深化流通领域现代供应链体系建设试点。

（五）开拓创新促改革

大胆试、大胆闯，将各项改革向纵深推进，高标准建好中国（湖南）自贸试验区。一是推进制度创新。坚持为国家试制度、为地方谋发展、为人民增福祉，持续推进总体方案121项改革试点任务落地，力争到2022年底实施率达到95%以上。出台《国务院关于推进自由贸易试验区贸易投资便利化改革创新的若干措施》贯彻落实意见及相关细则。按照"规定动作完成好、自主改革有突破"思路，开展更多原创性、差异化、集成式改革探索，探索试行自贸试验区"不税、不报、不检"机制和新设企业税收政策创新，形成更多湖南特色经验成果。密切关注世贸组织改革，对标RCEP、CPTPP、DEPA等高标准国际经贸规则，深入研究服务贸易、知识产权、电子商务、投资、数字经济等领域的开放条款，深化对接合作。二是强化开放引领。务实对接中非合作"九项工程"，主动承接国家重点项目、重大试点和政策创新，争取央企资源支持。支持自贸试验区各片区开展市场化、专业化招商。创新招商引资方式和融资模式，引进培育一批跨国公司、产业领军企业和专精特新企业。加快自贸试验区开放型经济发展，外资、进出口分别增长25%以上、15%以上。三是加快联动发展。出台支持片区与非片区联动发展的指导意见，探索建设自贸联动创新区，建立利益共享和统计考评机制，创新"飞地经济"模式。实施强省会战略，支持长沙片区打造内陆领先的总部经济集聚区和开放核心区。

B.5

抓党建　抓重点　抓落实
为建设社会主义现代化新湖南做出新贡献

湖南省人民政府副省长　陈飞

每年年初，主持召开分管部门单位党组成员、班子成员"抓党建、抓重点、抓落实"会议，目的是统一思想，凝心聚力，以党的建设为统领，抓住工作重点，以踏石留印、抓铁有痕的恒心抓好习近平总书记对湖南一系列指示要求落实；抓好中央全会、中央经济工作会议、省委全会、省委经济工作会议、省"两会"等重要会议精神贯彻落实；抓好重点工作的细化落实，大力实施"三高四新"战略，全力推动"八大工程""七大计划""九大行动"实施，全面完成全年的工作任务，为建设社会主义现代化新湖南尽心尽力做好本职工作。

一　抓党建

抓党建，是我们党的优良传统和重要政治优势。在实现第一个百年目标向第二个百年目标奋进、开启全面建设社会主义现代化国家新征程之际，抓好党建工作至关重要。

（一）抓党建，要扎实开展党史学习教育活动

在建党一百周年之际，开展党史学习教育，是党中央作出的重大决策。学习党史，进一步弄清楚我们党从哪里来、到哪里去、经历了什么，为什么马克思主义行、中国共产党能、中国特色社会主义好，巩固"不忘初心、牢记使命"学习教育成果，进一步增强四个意识，坚定四个自信，做到

"两个维护"。要紧紧围绕学懂、弄通、做实党的创新理论，坚持学习党史与学习新中国史、改革开放史、社会主义发展史相贯通，把握学史明理、学史增信、学史崇德、学史力行的目标要求，学党史、悟思想、办实事、开新局，从党的光辉历程中汲取砥砺奋进的力量，以昂扬姿态做好本职工作，把习近平总书记为湖南擘画的"三高四新"战略落实落细到具体工作中。

（二）抓党建，要提高政治"三力"

讲政治是马克思主义政党的根本要求。讲政治是具体的而不是抽象的，要体现在党组织战斗力和党员先锋模范作用上。要全面理解把握"政治"的内涵，提高政治"三力"。一是要提高政治判断力。必须以国家政治安全为大，以人民为重，以坚持和发展中国特色社会主义为本，增强科学把握形势变化、精准识别现象本质、清醒明辨行为是非、有效抵御风险挑战的能力。二是要提高政治领悟力。必须对"国之大者"了然于胸，深刻领会党中央一系列决策部署的精神实质和政治内涵，做到知责于心、担责于身、履责于行。三是要提高政治执行力。必须经常同党中央精神对标对表，及时矫正偏差，真正做到党中央提倡的坚决响应，党中央决定的坚决执行，党中央禁止的坚决不做，切实增强"四个意识"，坚决做到"两个维护"。

（三）抓党建，要立足新发展阶段，贯彻新发展理念，构建新发展格局

新发展阶段是我国发展的历史方位，是贯彻新发展理念、构建新发展格局的依据。贯彻新发展理念是现代化建设的指导原则，是行动指南。构建新发展格局是经济现代化的战略安排，是路径选择。一是立足新发展阶段。我国开启了全面建设社会主义现代化国家向第二个百年奋斗目标进军的新发展阶段。这是从站起来、富起来到强起来的历史跨越。全面建设现代化国家，既是社会主义初级阶段我国发展的要求，也是向更高阶段迈进的要求。准确把握好这个历史方位，才能凝聚共识，明确方向，锲而不舍地向着既定目标

砥砺前行。二是贯彻新发展理念。新发展理念系统阐明了我们党关于发展的政治立场、价值导向、发展模式、发展道路等重大问题。创新发展注重解决发展动力问题，协调发展注重解决不平衡问题，绿色发展注重解决人与自然和谐问题，开放发展注重解决内外联动问题，共享发展注重解决社会公平正义问题。坚持新发展理念是关系我国发展全局的一场深刻变革，要以"八个明确""14 个坚持"为基本理论、基本方略，从根本宗旨、问题导向、忧患意识上把握新发展理念。三是构建新发展格局。加快构建以国内大循环为主体、国内国际双循环相互促进的新发展格局。要通过供给侧有效畅通，增强有效供给能力，消除瓶颈制约，创造就业和提供收入，形成需求能力。要持续完成"三去一降一补"五大任务，落实巩固、增强、提升、畅通八字方针，加强科技创新，突破产业瓶颈，增强生存力、竞争力、发展力、持续力，增强抗风险能力。

（四）抓党建，要实施好"三高四新"战略

2020 年 9 月 16~18 日，习近平总书记考察湖南，要求着力打造国家重要先进制造业、具有核心竞争力的科技创新、内陆地区改革开放高地，在推动高质量发展上闯出新路子，在构建新发展格局中展现新作为，在推动中部地区崛起和长江经济带发展中彰显新担当，奋力谱写新时代坚持和发展中国特色社会主义的湖南新篇章。省委十一届十二次全会决定将"三高四新"战略明确为湖南"十四五"乃至今后很长一个时期的发展战略。要完整准确地理解"三高四新"战略，作为习近平新时代中国特色社会主义思想在湖南的生动实践来推动实施。

（五）抓党建，要加强领导干部的党性修养

权力是最大的腐蚀剂。拒腐防变关键靠加强党性修养。坚定理想信念。树牢对马克思主义的信仰、对中国特色社会主义的信念、对实现中华民族伟大复兴中国梦的信心，做到学、思、用贯通，知、信、行统一。一并推进加强制度约束做到不能腐、加大打击力度做到不敢腐、加强党性修养做到不想

腐。当好表率示范。作为"关键少数"，要发挥"领头雁"的示范作用，过好政治关、品行关、能力关、作风关和廉洁关，在学习、勤奋、公道、廉洁方面当好表率，干干净净做事，清清白白做人。

检验党建工作成效，不能以开了多少次党组会来衡量，要以提高政治判断力、政治领悟力、政治执行力"三大政治能力"，提升经济生存力、竞争力、发展力、持续力"四大经济能力"，以及党委（党组）战斗堡垒作用和党员先锋模范作用的发挥为衡量标准。

二 抓重点

要高效、高质量地完成工作，必须抓住工作的重点。

（一）以深入学习贯彻落实习近平总书记对湖南工作系列重要讲话指示精神为重点

要系统把握并深入贯彻落实习近平总书记对湖南工作作出的"一带一部""精准扶贫""三个着力""守护好一江碧水"等重要指示，特别是2020年9月考察湖南提出的"三高四新"和五个重点工作。省工业和信息化厅、省科技厅要分别就打造国家重要先进制造业高地、具有核心竞争力的科技创新高地深入调查研究，提出政策措施，加大推动力度，确保取得实效。

（二）以认真贯彻落实党中央、国务院各项决策部署为重点

分管部门单位党委（党组）要发挥把方向、管大局、抓落实的领导作用，把思想和行动统一到党中央、国务院决策部署上来，认真贯彻中央经济工作会议和全国"两会"精神。紧紧围绕立足新发展阶段、贯彻新发展理念、构建新发展格局，重点抓好强化国家战略科技力量、增强产业链供应链自主可控能力、交通强国建设、推进国企改革三年行动、扩大内需、碳达峰与碳中和等工作，编制好"十四五"规划。

（三）以抓好省委全会报告、省政府工作报告的贯彻落实为重点

省委全会报告是省委统筹湖南发展与安全的方针政策。省政府工作报告是每年任务的具体化，经省人民代表大会表决通过后，成为全省人民的共同意志。分管部门重点抓好"十四五"规划编制、"十大技术攻关项目"、"十大产业项目"、"十大基础设施项目"、"十件民生实事"等工作。对省政府工作报告中分管部门为牵头责任单位的建设农村公路安防设施 1 万公里等 23 项重点工作（2 项民生实事，21 项牵头工作），要建立清单，责任到人。此外，对中央领导批示，省委书记、省长的批示，省委常委会议、省政府常务会议、省政府专题会议研究的工作，等等，要建立台账，加强督办，确保各项目标任务按期高质量完成。

（四）以抓好部门主要工作为重点

科技方面：落实"七大计划"，着力打造具有核心竞争力的科技创新高地；建好重点实验室、科技创新平台、制造业创新中心；围绕产业链部署创新链，围绕创新链布局产业链，抓好十大技术攻关项目。工业和信息化方面：要聚焦"3+3+2"产业集群实施"八大工程"，打造国家重要先进制造业高地；围绕完成 2022 年经济发展指标，确保实现规上工业增加值增长 7.2%、数字经济增长 15% 以上的目标；推进信息通信基础设施建设。交通运输方面：贯彻"四好"理念，做好"十四五"交通运输规划项目的前期工作，并实现早日开工建设；推进交通强国湖南方案落地见效；高质量建设高速公路、国省干线、农村公路；推动水运建设加快发展。国资国企方面：抓好国企改革三年行动计划实施；国有资本布局优化和结构调整；深化改革、强化管理，国有资产净资产收益率努力达到全国平均水平；省属国有困难企业努力全部脱困。"两烟"方面：围绕"大企业、大市场、大品牌"抓好"两烟"工作，到"十四五"末湖南烟叶规模在全国行业排名争取进位，卷烟生产规模排名保三争二。机场集团方面：围绕人民群众出行对安全、健康、准点、舒适要求，不断

提升服务能力，着力构建枢纽升级、客货并重、干支协同、运通融合的现代化机场体系。

三　抓落实

一分部署，九分落实。各项工作必须抓紧抓好抓实，抓而不紧，等于不抓。

（一）抓落实是党性要求

习近平总书记强调，"抓落实是党的政治路线、思想路线、群众路线的根本要求，也是衡量领导干部党性和政绩观的重要标志"。加强党性修养，不断提升抓落实能力。抓落实就是要把习近平新时代中国特色社会主义思想转化为统筹发展与安全能力、贯彻新发展理念能力、促进高质量发展能力、用心做好本职工作能力。把初心使命变成党员干部真抓实干的自觉行动。抓落实要力戒形式主义、官僚主义，推动党的路线方针政策落地生根，切实解决人民群众"急难愁盼"问题，不断增强人民群众的获得感、幸福感、安全感。

（二）抓落实要区分重点与一般

每个部门或每个阶段各有其重点工作。抓落实要突出重点。抓住工作中的主要矛盾和矛盾的主要方面，不能胡子眉毛一把抓，要集中力量，才能精准抓要事、攻难事、成大事，带动全面工作落实。抓落实也要兼顾一般。避免让次要矛盾迅速上升为主要矛盾，增加解决问题的成本，损害人民群众的利益。

（三）抓落实要注重实效

中国特色社会主义是奋斗出来的。抓落实要及时。研究决定的事项要马上办，要办好，遇到问题要及时解决，不能拖拖拉拉，小问题拖大、大问题拖炸。抓落实要求实效。要力戒形式主义和官僚主义，坚持目标导向、问题导向、结果导向相结合，抓铁有痕，踏石留印。不能"喊口号、装样子"，以开会发文代替落实。要加强调查研究，深入一线、深入基层、深入群众，掌握实情，弄清本质，找准问题，协调各方，合力推进问题解决。抓落实要持之以恒。要以钉钉子的精神，久久为功，绵绵用力，不能抓抓丢丢，要形成抓落实的良好习惯，让习惯变成自然。唯有奋斗，推动"三高四新"战略落实；唯有奋斗，成就伟大事业；唯有奋斗，实现第二个百年目标。

总 报 告

General Reports

B.6

2021~2022年湖南经济发展研究报告

湖南省人民政府发展研究中心课题组*

摘　要：　2021年，湖南沉着应对错综复杂的国际环境和新冠肺炎疫情交织的严峻考验，全面落实"三高四新"战略定位和使命任务，统筹疫情防控和经济社会发展，积极有效应对各种困难挑战，经济增长稳定恢复、动力活力明显增强、质量效益不断提高、人居环境持续改善、民生福祉日益增进，实现了"十四五"良好开局。展望2022年，全球经济前景不确定性较大，我国经济增速放缓，但发展更趋稳固均衡；湖南经济稳中向好趋优的态势仍将持续，但经济增速将温和回落至6.7%左右。建议湖南从全力稳定经济发展、大力培育发展新优势、坚持全面深化改革、深入推进生态文明建设、全力保障民生福祉等方面发力，奋力推进现代化新湖南建设，努力走在中部崛起前列。

---

*　组长：谈文胜（湖南省人民政府发展研究中心原党组书记、主任）；副组长：侯喜保（湖南省人民政府发展研究中心党组成员、副主任）；成员：李学文、黄玮。

关键词： 高质量发展　经济形势　湖南省

2021 年，全球经济从新冠肺炎疫情的巨大冲击中逐渐修复，我国有效控制疫情，经济持续复苏。虽受疫情、上游产品涨价、"双限"等因素扰动，但湖南认真贯彻习近平总书记重要讲话重要指示批示精神，坚决落实党中央、国务院决策部署和省委、省政府工作要求，坚持稳中求进工作总基调，完整、准确、全面贯彻新发展理念，加快构建新发展格局，沉着应对错综复杂的国际环境和新冠肺炎疫情交织的严峻考验，全面落实"三高四新"战略定位和使命任务，统筹疫情防控和经济社会发展，扎实做好"六稳""六保"工作，积极有效地应对各种困难挑战，经济运行持续恢复，延续稳中有进、稳中提质的良好态势，实现了"十四五"良好开局。

一　2021年湖南经济发展情况

（一）湖南经济运行的主要特点

1.经济增长稳定恢复

一是经济总量排位稳。2021 年，全省实现地区生产总值 46063.1 亿元，规模继续稳居全国第 9 位、中部地区第 3 位；GDP 较 2020 年增长 7.7%，两年平均增长 5.7%，两年平均增速排名全国第 12 位、中部第 4 位，比全国平均水平高 0.6 个百分点。其中，第一、二、三产业增加值继续保持稳定增长态势，两年平均增速分别比全国平均水平快 1.5 个、0.3 个和 0.4 个百分点。

二是人均 GDP 取得新突破。按常住人口计算，2021 年湖南人均地区生产总值达到 69440 元，折合 10675 美元，顺利突破 1 万美元大关，加入"人均 GDP 超 1 万美元"俱乐部，湖南整体发展水平踏上一个新台阶。

三是主要经济指标平稳增长，部分指标增速快于全国平均水平。2021年，全省一般公共预算收入增长 8.0%，规模以上工业增加值增长 8.4%，固定资产投资增长8%，社会消费品零售总额增长14.4%，外贸进出口增长22.6%，实际使用外资金额增长72.3%。其中，固定资产投资、社会消费品零售总额、进出口总额的增速较全国同期高出3.1个、1.9个、1.2个百分点。

2.动力活力明显增强

一是科创动力十足。2021年，全省高新技术企业、入库科技型中小企业均超过万家，高新技术产业增加值增长19.0%；技术合同成交金额增长71.4%，登记科技成果数量增长74.6%；专利授权量增长25.7%，其中发明专利授权量增长43.6%；万人有效发明专利拥有量10.55件，比2020年增加2.41件（见表1）。

表1 2020~2021年湖南省科技成果增长情况

指标	2020年	2021年	2021年较2020年增长（%）
签订技术合同数量(项)	11741	17721	50.9
技术合同成交金额(亿元)	736.0	1261.3	71.4
登记科技成果数量(项)	532	929	74.6
专利授权量(件)	78723	98936	25.7
发明专利授权量(件)	11537	16564	43.6
万人有效发明专利拥有量(件)	8.14	10.55	29.6

资料来源：2020年、2021年《湖南省国民经济和社会发展统计公报》。

二是投资动力强劲。从行业看，2021年，全省制造业，信息传输、软件和信息技术服务业，金融业投资分别增长17.5%、28.5%、39.1%，增速比全省平均投资水平分别高出9.5个、20.5个和30.3个百分点。从投资方向看，2021年全省工业技改投资增长17.5%，高技术产业投资增长15.6%，房地产开发投资增长11.2%，均高于全省投资平均水平。从经济类型看，民间投资增长9.6%，比全省平均投资水平高1.6个百分点，占固定资产投资比重较上年提高0.9个百分点，成为湖南省投资稳定增长的"压舱石"。

三是消费活力迸发。2021年，全省实现社会消费品零售总额18596.85亿元，同比增长14.4%；两年平均增长5.6%，高于全国平均水平1.7个百分点。全省限额以上批发和零售业法人单位中，石油制品类、汽车类、家用电器类商品零售额分别增长19.0%、10.2%、10.4%。

四是市场活力激发。湖南聚焦打造内陆地区改革开放高地，全面开展营商环境优化行动，市场主体数量快速增加。截至2021年底，全省实有市场主体546.12万户，同比增长11.72%，市场主体总数在全国排名第11位；全年新登记市场主体92.09万户，同比增长17.5%，其中新登记企业数量增长11.7%，达到24.20万家。

五是新产业、新业态、新模式保持快速发展态势。2021年，全省网上零售额（按卖家分）增长12.5%，跨境电商进出口同比增长89.7%，高出全国平均增速74.7个百分点；在互联网销售持续增长带动下，快递业务量增幅达34.4%。规模以上计算机及办公设备、航空航天器及设备、电子及通信设备制造业增加值分别增长90.8%、23.6%和24.2%；碳纤维及其复合材料、工业机器人、锂离子电池、微型计算机设备等新产品产量分别增长23.8%、45.5%、53.9%和60.3%；新能源汽车、智能手机零售额分别增长61.9%和17.6%。

3. 质量效益不断提高

一是产业发展新动能增强。2021年，全省高新技术产业增加值、战略性新兴产业增加值占地区生产总值的比重分别为23.9%、10.3%，比2020年分别提高0.4个、0.3个百分点。2021年工信部公布的第三批专精特新"小巨人"企业中，湖南共有162家入选，总数居全国第7位、中部第1位；截至2021年底，全省共有国家级专精特新"小巨人"企业232家、省级"小巨人"企业1301家。

二是园区集聚效应显现。2021年，省级及以上产业园区（含省级工业集中区）规模工业增加值增长10.1%，比全省平均水平高1.7个百分点；园区工业增加值总量占全省规模工业的比重较2020年提高0.7个百分点，达到69.8%。

三是金融服务实体经济成效显著。2021年，全省共新增A股上市公司16家①，邵阳、怀化"破零倍增"取得突破性进展；首发上市融资规模创历史新高，达到233.25亿元，同比增长96%，融资额居中部第1位、全国第7位。截至2021年底，全省共有132家A股上市公司，总市值超过2万亿元，上市公司数量和总市值均居中部第2位、全国第10位。全年共有611家企业被正式列入省级重点上市后备资源库，较2020年新增60家。湖南股权交易所成功设立文化产业专板、先进制造专板，一批"专精特新"中小企业在区域性股权市场挂牌融资。

四是财政实力稳步提升。2021年，全省一般公共预算收入3250.7亿元，同比增长8%；其中，地方税收收入2246亿元，同比增长9.1%；非税收入占比30.9%，已连续5年下降，收入质量持续提升，处于历史最好水平。

4. 人居环境持续改善

水更清。2021年，全省达到或优于Ⅲ类标准的水质断面比例为96.1%，比2020年提高0.2个百分点；其中，147个国考断面水质优良率达到97.3%，比2020年提高4个百分点，国考断面劣Ⅴ类水质全面消除。全国水环境质量前30名名单中，永州、张家界、怀化三市榜上有名。666个千人以上集中饮用水水源地保护和突出问题整治年度任务圆满完成，百姓用水更安全。天更蓝。全省空气质量优良天数比例为91%，PM2.5平均浓度保持在35微克/米³。山更绿。2021年全省完成造林面积42.5万公顷，森林覆盖率达59.97%，较2020年提升0.01个百分点。城市更卫生。2021年，湖南设市城市生活污水处理率为97.95%，设市城市生活垃圾无害化处理率为100%。

5. 民生福祉日益增进

一是就业岗位稳定扩大。全年城镇新增就业75.3万人，失业人员再就业42.52万人，就业困难人员再就业13.89万人，分别完成年度目标任务的

---

① 其中，15家企业成功实现A股挂牌上市，1家上市公司为重整引进。

107.6%、141.7%和138.9%；新增农业转移劳动力44.4万人。

二是居民钱袋子更鼓。2021年，全省城镇居民人均可支配收入44866元，增长7.6%；农村居民人均可支配收入18295元，增长10.3%，城乡居民可支配收入比值降至2.45，较2020年缩小0.06。

三是重点民生实事圆满完成。2021年全省加大财政支出力度保障民生，财政民生支出占一般公共预算支出的比重保持在70%以上，并压减盘活省直部门资金78亿元用于社会民生事业。2021年共建成芙蓉学校101所，增加公办幼儿园学位13.5万个，政府补贴性职业技能培训156.2万人次。

（二）湖南经济运行中存在的突出问题

1.有效需求仍有不足

投资方面，以政府投资为主导的部分投资领域增速放缓。2021年，全省基础设施投资同比增长3.6%，生态环境投资增长3.9%，民生工程投资下降3.8%，较全部投资增速分别低4.4个、4.1个和11.8个百分点；和2020年相比，这三大投资方向增速分别下降1.0个、3.2个和8.9个百分点。

消费方面，消费恢复向好的基础仍不稳固。一方面，受疫情和政策调控等因素影响，部分行业、部分群众收入受到一定影响，居民消费观念和消费习惯也随之发生一定变化，部分人觉得存钱比花钱更重要，造成居民消费意愿有所降低。另一方面，住宿餐饮、批发零售、交运文娱等服务消费尚未恢复到疫情前水平，2020~2021年全省社会消费品零售总额平均增长5.6%，比2019年增速低4.6个百分点，离疫情前水平仍有较大差距。

2.实体经济发展面临的困难较大

一是企业经营潜在风险加大。受原材料价格上涨、用工成本上升、海运价格居高不下、一柜难求、"缺芯"等因素影响，企业综合运营成本上升，盈利空间进一步被挤压。在"碳达峰、碳中和"战略目标下，"双限"对企业生产存在一定影响，湖南省工商联最新调查结果显示，接受问卷调查的全省2030家民营企业中，23.32%反映成本提升，9.65%反映能源供应受限，

3.14%反映产能受限。二是资金、土地等要素制约依然明显，参与问卷调查的民营企业中，超过七成的企业融资满足度①在 50% 以内，23.99% 的企业融资满足度为 50%~100%，仅有 2.72% 的企业融资满足度为 100% 以上。土地对部分国家级园区的制约明显，长沙某经开区反映"无地可用"的状态已经持续较长时间，严重影响了项目的引进与落地。此外，能源供应紧张以及疫情次生影响也给工业生产增添下行风险。

3. 财政收支矛盾更明显

一是财政增收放缓。经济下行压力未减，叠加疫情不确定因素影响，财政收入增长面临一定制约；部分县域经济基础薄弱，仍以土地财政为主，在严格管控房地产的背景下，财政增收存在一定困难；大规模减税降费政策客观上也对财政增收造成影响。二是刚性支出多。中央经济工作会议明确 2022 年继续实施积极财政政策，这要求地方政府要持续扩大投资规模、稳定经济增长；疫情防控、民生保障等方面的财政支出持续增长，政策兑付也存在较大压力，导致基层财政紧张程度加大。2021 年，全省地方收入占一般公共预算支出的比例为 38.86%，连续四年低于 40%。三是化债风险防控难度高。当前部分地方债务包袱较重，偿债能力不足，完成隐性债务化解任务的难度将越来越大。

二 2022年湖南经济发展环境分析和走势预测

（一）2022年湖南经济发展环境展望

1. 全球经济前景不确定性加大，增速下降

2021 年，在中、美两大经济体的强劲复苏带动下，世界经济快速复苏，国际货币基金组织（IMF）测算全年全球经济增长 6.1%；但呈现不均衡、弱供给和高通胀的特点。总的来说，发达经济体的复苏程度好于发展中经济体，货物贸易的复苏程度强于服务贸易；供需明显失衡主要体现在供给受

---

① 融资满足度：已获得融资占资金缺口的比重。

限、供应链受阻、大宗商品价格上涨、能源供应不足等；美国、加拿大、部分欧洲国家，以及土耳其等新兴经济体出现高通胀。

展望 2022 年，新冠肺炎疫情已进入第三个年头，随着疫苗普及、治疗方法改进、特效药研发以及经济社会交往越来越适应抗疫带来的变化，全球经济对疫情的恐慌度和敏感度有所下降，全球产出缺口有望逐步收窄。但关键原材料、能源产品和中间零部件供应链紧张状况仍将持续，导致通胀进一步上升；奥密克戎毒株的迅速蔓延使得许多国家重启防疫限制措施，导致劳动力短缺进一步加剧；随着各国财政支持力度逐渐减弱，货币政策收紧，全球流动性面临拐点，导致许多国家的应对能力和政策空间进一步受限。2022年 2 月爆发的俄乌冲突，作为近年来最严峻的安全危机，对全球经济产生巨大冲击，严重干扰世界经济复苏进程，甚至可能引发衰退。世界银行将2022 年全球经济增长预期从 2022 年 1 月公布的 4.1% 下调至 3.2%。国际货币基金组织（IMF）也在最新报告中，将 2022 年全球经济增速的预测值下调 0.8 个百分点，降至 3.6%。其中，美国经济增速预期下调 0.3 个百分点至 3.7%，欧元区下调 1.1 个百分点至 2.8%，日本下调 0.9 个百分点至2.4%；俄罗斯经济增长预期值下降 11.3 个百分点至 -8.5%，印度下调 0.8个百分点至 8.2%，东盟五国下调 0.3 个百分点至 5.3%（见表 2）。

表 2   国际货币基金组织对全球及主要经济体 2022 年经济增速的预测

经济体	2021 年增长（%）	2022 年增长（%）	
		1 月预测值	4 月预测值
全球	6.1	4.4	3.6
发达经济体	5.2	3.9	3.3
其中：美国	5.7	4.0	3.7
欧元区	5.3	3.9	2.8
日本	1.6	3.3	2.4
新兴市场和发展中经济体	6.8	4.8	3.8
其中：俄罗斯	4.7	2.8	-8.5
印度	8.9	9.0	8.2
东盟五国	3.4	5.6	5.3

资料来源：国际货币基金组织《世界经济展望》2022 年 1 月、4 月。

2. 我国经济增速放缓，但经济发展更趋稳固和均衡

2021年，我国经济持续稳健复苏。上半年，强劲增长的外需、稳步恢复的内需，助推经济稳中向好发展；但第三季度以来，受疫情、汛情、电力供应紧张、原材料价格上涨等因素影响，国内生产需求受到冲击，经济增速有所放缓。针对出现的问题，国家及时加强预调微调和跨周期调节，经济运行保持了稳定恢复态势，全年GDP实现8.1%的增幅，两年平均增长5.1%。

展望2022年，从外部环境来看，全球经济增长放缓、疫情阴霾挥之不去、供应链修复路漫漫、国际政经格局加速演变，叠加俄乌冲突对世界经济的巨大冲击，我国经济面临的外部环境前所未有的复杂严峻，外贸出口存在减速压力。从国内来看，推动经济保持稳定发展的因素依然较多，人民群众追求美好生活的愿望十分强烈，经济长期向好的基本面没有改变；"十四五"规划重大项目陆续上马，绿色经济和高端制造相关的基础投资将局部抵消房地产下行的影响；供给侧结构性改革、创新驱动发展战略持续深入推进，不断为经济发展注入新动力；数字经济与实体经济深度融合，赋能传统产业转型升级，催生新产业新业态新模式，为经济发展增添新活力；新型城镇化提质增效、乡村振兴全面推进、强大国内市场和高水平对外开放协同互促，不断拓展经济发展新空间。同时，我国宏观调控能力和水平不断提升，财政实力有所增强，货币政策仍有较大空间，完全有能力、有条件采取稳定增长的政策措施。同时，我国经济也面临需求收缩、供给冲击以及预期转弱三重压力，疫情对经济的影响依然存在；楼市预期发生方向性改变，地方政府债务风险上升，中小企业经营困难增大，投资增长面临的掣肘因素较多；结构性就业压力增大、收入增速放缓、市场预期不稳，消费恢复依然面临诸多困难。总体判断，2022年外需增长放缓、内需短期难以补位，我国经济下行压力增大，形势要比2021年严峻，全年经济增长将呈现"先下后上"的态势，国内外主要机构大多预测2022年我国经济增速将处在4.5%~5.5%的区间，如国际货币基金组织（IMF）预测2022年中国经济增长4.4%；亚洲银行预计2022年中国经济增速5.0%；中金公司预计2022年中国经济能够实现全年5.5%的增长目标。

（二）湖南经济发展前景预测

1.湖南经济稳中向好的趋势不会改变，但受高基数影响，经济增速将温和回落至6.7%左右

2021年，湖南全省GDP增长7.7%，两年平均增长5.7%，比2019年增速低1.9个百分点。展望2022年，内外环境更加复杂多变，但我国政策储备依然较足，经济增长的韧性依然较强；湖南沉着应对百年变局和世纪疫情交织的严峻考验，虽然经济发展面临需求收缩、供给冲击和预期减弱的三大压力，但随着"三个高地"进一步深入打造，"十四五"规划的各类重大项目陆续开工，消费需求的逐步恢复，以及换届之后各地党员干部群众团结奋进闯创干的劲头较足，2022年全省经济稳中向好趋优的态势仍将持续，预计全年GDP突破48400万亿元，但受上年高基数影响，GDP增速将回落至6.7%左右，其中第一、二、三产业增加值分别增长5%、7%、5.5%左右。

2.工业生产面临压力较大，预计全年规模工业增加值增长7.5%左右

2021年，湖南规模以上工业增加值增长8.4%，两年平均增长6.6%，比2019年增速低1.7个百分点。展望2022年，全省工业经济的韧性和后劲依然较强，从有利因素看，一是中央明确提出"全面加强基础设施建设"，政策将发挥乘数效应带动产业链发展，有利于湖南省工程机械、轨道交通装备等优势产业打破"天花板"，继续保持平稳较快的增长态势。二是2021年出台的各类支持政策逐渐释放红利，对企业等微观主体的减税降费力度依然较大，金融服务支持实体经济力度有望加大，企业融资难问题将进一步缓解，成为工业平稳运行、加快发展的重要政策保障。三是"三个高地"建设成效逐渐显现，各类重大平台作用逐渐发挥，一批重大产业项目陆续开建或建成投产，是工业投资和生产稳步增长的"助推器"。四是数字化转型步伐加快，数字产业化、产业数字化良性互动，推动传统工业"老树新枝"、新兴产业"插柳成荫"，创造更多的需求、应用场景，为推动工业高质量发展增添新动能。但工业生产隐忧仍存。一是大宗商品价格上涨对工业运行造成系列冲击，制造业下游企业利润受到挤压，出现"上游热、下游冷"的局面，消化高成本压力仍需时间。二是新冠肺炎疫情对供应链的影响明显，缺芯、缺柜、结构性缺工等问题短期内难有显著改善，能源和电力紧张的风险依然较大。三是行业内部企业经营差距拉大，虹吸效应导致中小企业获取资源难度进一步加大，企业经营困难大、抗风险能力弱的问题凸显。综合判断，全省规模工业将继续向着疫情前水平趋近，预计全年增长 7.5%左右。

3. 固定资产投资保持平稳增长，预计全年增速为9%左右

2021 年，全省固定资产投资增长 8.0%，两年平均增长 7.8%，比 2019 年增速低 2.3 个百分点。展望 2022 年，有利于投资增长的因素较多，一是稳增长主线定调，宏观政策支持基建投资加速。在"适当超前开展基础设施投资"导向下，宏观政策加大跨周期调节力度，财政支出进度加快将有助于改善基础设施投资资金来源；中央最新提出"全面加强基础设施建设""深化资本市场改革"，更释放出重大利好，将推动基建项目和融资更加顺畅，进而助推全省基础设施投资较快增长。二是疫情对经济社会活动的抑制逐步减弱，工业企业 2021 年超过两位数的利润增长，金融业对企业的支持力度加大，将不断提升企业投资的信心、意愿和能力，推动全省制造业投资保持稳定增长态势。三是创新升级、产业升级、消费升级、安全升级，孕育出新的投资空间，绿色经济、新基建、农业农村等领域的投资有望加力增效，成为新的投资增长点。从不利因素看，一是湖南省财政收支矛盾不减，地方尤其是县级政府财力困难，导致政府投资增长上限承压。二是经济下行压力较大影响企业经营预期，未来出口增速可能高位回落，制造业持续回暖动力边际效应将减弱。三是"房住不炒"的总体定位没有改变，市场需求减弱下商品房销售情况不容乐观，房地产领域的金融风险和系统性风险较高，使得房地产开发投资难有明显改善。综合判断，2022 年湖南省固定资产投资保持平稳增长，预计全年增长 9%左右。

4. 消费总体延续弱复苏态势，预计全年社会消费品零售额增速7%左右

2021 年，全省社会消费品零售总额同比增长 14.4%，两年平均增长 5.6%，比 2019 年增速低 4.6 个百分点。展望 2022 年，消费有望继续向正常水平回升，但依然面临较多困难。从有利因素看，一是疫情防控工作到位，市场预期向好，全省居民消费信心处于相对乐观区间；促进共同富裕政策落地生效，居民收入分配更加合理，居民收入持续增长，消费的实力和底气有所增加。二是消费新趋势带来消费新增长点，消费升级、品质消费的带动作用明显；"90后"、Z世代成为主力消费人群，推动懒人经济（外卖、家政服务等）、颜值经济（医美、护肤品等）、宠物经济（线上线下宠物市场）、娱乐经济（剧本杀等游戏市场）等新消费表现突出；疫情防控常态化下，周边游、乡村游、消费本地化趋势明显，有利于扩大省内消费市场。三是乡村振兴带来消费市场新增量，农民钱袋子鼓起来，消费能力逐步提升，叠加实施家具、家电下乡和新一轮汽车下乡方案，农村居民消费升级换代提速，将带来新的市场增量。从不利因素看，一是疫情仍将影响经济、消费和收入增长，并导致部分人群消费观念发生变化，由"尽情消费"转为"适当储蓄"；虽然部分线下消费转移到线上消费，但餐饮、住宿等领域损失的消费难以靠报复性消费完全弥补。二是汽车、住房等大额消费增长继续承压，汽车缺芯的影响仍将持续，住房消费不景气将导致对建筑装潢、家电家具等相关消费的带动力减弱。三是旅游、电影等服务消费的脆弱性依然较大，行业监管政策大幅调整将导致教育消费大幅下降。综合判断，2022年湖南省消费增长逐步恢复正常，预计全年社会消费品零售总额增长7%左右。

5. 对外贸易增速高位回落，预计全年出口总额（人民币，下同）增长10%左右，进口总额增长5%左右

2021年，湖南出口总额4212.7亿元，增长27.5%；进口总额1775.8亿元，增长12.3%；进出口金额合计5988.5亿元，比2020年增长22.6%。展望2022年，受基数效应、替代效应、疫情效应等因素影响，全省对外贸易增速将逐步回落。从有利因素看，一是2021年湖南成功主办或承办的多场重要外事活动，打造了对外开放的金名片。二是RCEP协议于2022年1月1日开始生效，有助于湖南开拓与东盟、日韩等国家新的对外经贸空间。三是通过深耕自贸试验区、中非经贸博览会等重大对外开放平台，湖南与传

统贸易伙伴、共建"一带一路"国家和地区以及非洲市场的合作潜力将进一步挖掘。四是对外贸易持续优化升级，产品不断向产业链高端攀升，海外市场占有率将保持基本稳定；国外疫情的反复尤其是奥密克戎病毒的扩散，将会延缓国外供应链的恢复，也会适当延长我国出口替代效应。从不利因素看，一是随着疫情冲击效应递减，发达国家产能或将率先恢复，国际供给市场缺口有所收窄，国内率先恢复产能带来的出口优势将不断减弱。二是突变病毒或将导致局部区域贸易不畅通现象加剧，运力受损等影响对外贸易进出口增长。三是供给冲击影响依然存在，原材料价格保持高位、能耗控制、劳动力和运输成本较高将影响产品出口竞争力。综合判断，全省进出口总额整体保持稳定增长态势，增速将从高位逐步回落，预计全年湖南省出口总额超过 4600 亿元，增长 10% 左右；进口总额达到1900 亿元，增长 5% 左右。

6. 物价低位抬升，PPI 与 CPI"剪刀差"显著收窄，预计全年 CPI 上涨2.5% 左右、PPI 增长5% 左右

2021 年，全省居民消费价格指数（CPI）比 2020 年上涨 0.5%，工业生产者出厂价格（PPI）上涨 5.9%。展望 2022 年，CPI 保持平稳上涨态势。从支撑物价上涨因素看，一是压减生猪产能的措施实施到位，生猪库存将逐渐减少，猪肉价格有望企稳回升。二是国家实施长期低碳发展转型的战略引导绿色发展，催生产业供给侧改革，部分产品产能受限，但需求增加，供求矛盾加剧，或将推高有关产品和原材料的价格。三是前期 PPI 上涨逐步向下游传导，人工成本刚性上扬，推升相关商品和服务价格，也是价格上涨的一大支撑因素。四是俄乌冲突及西方对俄实施全面制裁，能源及部分大宗商品供应受到冲击，供需失衡将助推部分大宗商品价格保持高位波动态势。从抑制价格上涨因素看，一是国内粮食丰收、库存高企将使食品价格保持稳定，为稳物价奠定了物质基础。二是相关保供稳价措施积极有力。三是美国货币政策边际收紧，外需放缓，宏观需求总体偏弱，稳定物价具备需求基础。综合判断，2022 年湖南省 CPI 保持稳定，预计上涨 2.5% 左右；PPI 上涨 5%左右（见表 3）。

表3　2022年湖南主要宏观经济指标测算

指标	单位	2021年实际			2022年预测	
		绝对数	增长率（%）	两年平均增长率(%)	绝对数	增长率（%）
国内生产总值*	亿元	46063.1	7.7	5.7	48400	6.7
第一产业*	亿元	4322.9	9.3	6.5	4700	5.0
第二产业*	亿元	18126.1	6.9	5.7	19000	7.0
第三产业*	亿元	23614.1	7.9	5.5	24700	5.5
规模工业增加值	亿元	—	8.4	6.6	—	7.5
固定资产投资	亿元	—	8.0	7.8	—	9.0
社会消费品零售总额	亿元	18596.9	14.4	5.6	20000	7.0
出口总额	亿元	4212.7	27.5	17.1	4600	10.0
进口总额	亿元	1775.8	12.3	18.1	1900	5.0
居民消费价格指数	上年＝100	100.5	0.5	—	102.5	2.5

注：1. 带＊指标绝对数为当年价，增长速度按可比价计算。

　　2. 2013年起，规模工业增加值绝对数不对外公布；2019年起，固定资产投资绝对值不对外公布。

三　2022年湖南经济发展对策建议

（一）全力稳定经济发展

精准实施积极财政政策。落实中央更大力度减税降费政策，助力市场主体纾困发展。支持实施产业发展"万千百"工程，持续培育一批万亿产业、千亿企业、百亿项目。优化产业类专项资金投向，做大政府投资基金规模，支持培育"专精特新"企业。

积极扩大有效投资。抓住国家适度超前开展基础设施投资的机遇，加快基础设施"五张网"建设，重点抓好十大基础设施项目。聚焦产业发展，深入开展产业项目建设年活动，重点抓好十大产业项目。加强项目滚动递进开发，形成"四个一批"项目建设良性循环。加强要素保障，加快地方政府专项债券发行使用，积极争取中央预算内资金，持续强化政银企合作，用好国家重大项目直供地机制。

持续激发消费潜力。支持新能源汽车消费，加快充电桩、换电站等配套设施建设。落实带薪休假制度。实施全域旅游战略，办好全省旅游发展大会。实施县域商业建设行动，完善社区商业配套和农村物流配送。

（二）大力培育发展新优势

打造好"三大高地"。加快先进制造业发展，推动先进制造业与现代服务业深度融合，大力发展数字经济，加快发展"大智移云"战略性新兴产业。加强科技创新，实施产业基础再造工程，"卡脖子"技术攻关揭榜挂帅，完善科技创新平台，加速科技成果转化。推动开放型经济发展，建设好湖南自贸试验区，持续推进总体方案121项改革试点任务落地。深化对非经贸合作，推进"一核心、三片区、五大功能聚集区"建设。抢抓RCEP正式生效机遇，积极开拓东盟市场。

建设好"五好"园区。优化园区布局，依法依规调区扩区，推动创新创业平台资源向园区集中。创新园区发展体制机制，建设产城、产教、产金、产研融合的产业综合体，促进形态、业态、质态协同。突出绿色发展和亩均效益导向，完善园区评价激励机制，促进园区争先进位、提档升级。

培育好区域经济新增长点。推动长江经济带上中下游协作发展，深入实施对接粤港澳大湾区方案，持续推进湘赣边区域合作示范区建设。优化区域发展格局，实施强省会战略，引领带动长株潭都市圈发展。支持岳阳、衡阳省域副中心城市建设。制定出台新时代洞庭湖生态经济区规划。持续提升湘南湘西承接产业转移示范区承载能力。

（三）坚持全面深化改革

深化"放管服"改革。加强信用体系建设，组织开展全省营商环境评价，深入实施促进民营经济发展"六个一"行动，支持和引导资本规范健康发展。

深化国企改革。重点围绕中国特色现代企业制度建设、市场化经营机制完善、科技创新、竞争力提升、国资监管等方面，着力提升国企改革综合成效。加快推进资产证券化，推进一批同类资产聚集优化实现整体上市、一批优势企业通过重组实现整体上市或主业资产整体上市、储备培育孵化一批战略性和前沿性产业企业，促进上市公司提质增效。

深化农业农村改革。建立健全农村土地经营权流转交易平台。有序开展农村宅基地制度改革试点。大力发展新型农村集体经济。推动巩固拓展脱贫攻坚成果同乡村振兴有效衔接。

（四）深入推进生态文明建设

推动绿色低碳发展。出台全省碳达峰行动方案和"双碳"工作实施意见。优化经济结构，加快发展现代服务业、建设低碳农业生产体系，加快先进装备制造、新材料、新能源等战略性新兴产业发展；推进高耗能行业绿色转型，进一步推广清洁生产和绿色制造。促进低碳科技发展，依托省内外高校、科研机构和企业共同推进低碳科技研发和产业化运用，推进能源低碳绿色转型和重点领域节能降碳。继续推动生活方式绿色化，强化生活垃圾分类管理利用和快递包装绿色转型，建设绿色机关、绿色家庭、绿色社区，倡导绿色出行。

保护修复生态系统。加强"一江一湖三山四水"重要生态功能区保护，推进山水林田湖草沙系统保护修复。推动天然林和湿地生态系统有效恢复，加强生态脆弱区治理。加快推进重点区域矿山、废弃矿山和尾矿库治理，推进矿山绿色发展。

提升生态环境治理现代化水平。强化国土空间规划和用途管控，科学划定"三条控制线"；完善落实生态环境补偿和资源有偿使用等制度。落实生态环境保护工作责任规定和生态损害赔偿制度，压实生态环境治理各方责任。推进生态环境监测、执法、督察、应急能力建设，不断提高环境风险应急防范水平。

（五）全力保障民生福祉

稳就业。做好高校毕业生、农民工、受疫情严重影响的行业从业人员等重点群体的就业工作。鼓励在湘高校加大同用人单位的对接联系，做好就业"推销员"；建立创业指导中心，定点"坐诊"、上门"会诊"、"预约"服务，开展重点群体创业培训；加强职业技能培训，鼓励创业成功人士优先招录重点群体。强化公益性的岗位开发，开展转岗转业培训等方式，促进就近就地就业。对就业困难人员群体，通过就业援助、社会救助等，做好兜底保障。

防疫、保民生"两不误"。做好疫情防范工作，制定应急预案，全力保障粮油面食、水果蔬菜、液化气、方舱医院设备、急需防疫物品等重要物资供给。做好保供保通畅工作，跟踪监测与民生密切相关领域商品的价格变化和市场供应情况，做好粮油肉蛋菜等生活必需品保供稳价、质量安全检测等工作。

B.7

2021~2022年湖南产业形势分析及对策建议

湖南省人民政府发展研究中心课题组*

摘　要： 2021年，面对错综复杂的外部环境、艰巨繁重的改革发展稳定任务尤其是新冠肺炎疫情严重冲击，湖南坚持稳中求进工作总基调，全省经济保持了稳中有进、稳中提质的良好态势。湖南产业经济获得全面发展，全省实现地区生产总值46063.1亿元，比上年增长7.7%。第一、二、三产业增加值对经济增长的贡献率分别为12.4%、34.6%、53.0%，并呈现各自特征。2022年，湖南经济发展将面临更多困难和压力。省委、省政府密集出台了一系列政策措施。建议从构建"点链群协同"的产业组织体系、"研转用畅通"的产业创新体系、"软硬件优质"的产业生态体系、"立足大市场"的产业要素体系四方面重点发力。

关键词： 产业经济　产业形势　产业体系　湖南省

　　2021年，湖南克服疫情之下的外部环境不利影响，在省委、省政府的坚强领导下，坚持稳中求进工作总基调，全面落实"三高四新"战略定位和使命任务，统筹疫情防控和经济社会发展，扎实做好"六稳"工作，全

---

　　* 组长：谈文胜（湖南省人民政府发展研究中心原党组书记、主任）；副组长：侯喜保（湖南省人民政府发展研究中心党组成员、副主任）；成员：左宏、李银霞、戴丹、侯灵艺、言彦。

面落实"六保"任务，有效应对了各种困难挑战，经济运行稳中有进、稳中提质，实现了"十四五"良好开局，实现了三次产业协同发展。

一 2021年湖南产业形势及特征

2021年湖南产业经济获得全面发展，全省实现地区生产总值46063.1亿元，比上年增长7.7%；近两年平均增长5.7%，三次产业分别实现增加值4322.9亿元、18126.1亿元和23614.1亿元，分别增长9.3%、6.9%和7.9%，近两年三次产业的平均增长分别为6.5%、5.7%、5.5%。三次产业结构为9.4∶39.3∶51.3。

1. 第一产业

2021年，湖南第一产业增加值对经济增长的贡献率为12.4%。第一产业发展呈现三大特征。

一是有力保障了粮食安全。2021年，全省一产增加值4322.9亿元，农林牧渔业增加值同比增长9.2%，两年平均增长6.5%。其中，全省粮食播种面积4758.4千公顷（7137.6万亩），粮食总产达614.9亿斤，居近十年高位；生猪出栏6121万头，比上年增长31.4%。蔬菜及食用菌产量4268.92万吨，增长3.9%；油菜籽产量230.25万吨，增长0.7%；水果产量1193.64万吨，增长3.7%。

二是走出农业高质量发展道路。2021年湖南省大力实施"六大强农"行动，落实"十大重点工作"，围绕粮食、蔬菜、畜禽、油料、水果、茶叶、水产、中药材、南竹等产业，咬定千亿目标，着力提升农业产业链供应链现代化水平。新增一批国家农业现代化示范区、现代农业产业园和农业产业强镇。农业十大优势特色产业不断壮大，生猪产能持续恢复，农产品加工业营业收入增长7%。发展现代农业，抓实农业生态保护，实施了"十年禁渔"，出台洞庭湖保护条例。打造了10条省级示范生态廊道，森林覆盖率达59.97%。

三是展现富民强省的乡村振兴新作为。湖南通过实施乡村振兴战略，全力做好巩固拓展脱贫攻坚成果与乡村振兴有效衔接，加强防止返贫监测帮扶工作，消除返贫致贫风险8.8万户22.3万人。打造300个省级美丽乡村和100个特色精品乡村。

2. 第二产业

2021年，湖南第二产业增加值对经济增长的贡献率为34.6%，其中工业对经济增长的贡献率为32.3%。工业经济发展呈现三大特点。

一是工业有力支撑第二产业的企稳回升。2021年，全省规模工业增加值增长8.4%，两年平均增长6.6%，其中，制造业增加值增长8.6%，电力热力燃气及水生产和供应业增长11.3%。装备制造业增加值增长13.7%，拉动规模工业增长4.2个百分点。2021年，全省制造业增加值占地区生产总值比重为27.7%，比上年提高0.8个百分点。规模以上高技术制造业增加值同比增长21.0%，占规模工业比重为13.0%，比上年提高1.3个百分点。

二是打造先进制造业高地保持良好势头。2021年，全省以高端装备为代表的先进制造业及园区发展保持良好势头。计算机及办公设备、航空航天器及设备、电子及通信设备制造业分别增长90.8%、23.6%和24.2%，其中，规模以上计算机、通信和其他电子设备制造业增加值增长26.3%。规模工业中，碳纤维及其复合材料、工业机器人、锂离子电池、微型计算机设备等新产品产量分别增长23.8%、45.5%、53.9%和60.3%。省级及以上产业园区规模工业增加值增长10.1%，快于规模工业增速1.7个百分点，占规模工业比重为69.8%，同比提高0.7个百分点。

三是新兴优势产业链发展取得新进展。高新技术企业、入库科技型中小企业双双突破万家；高新技术产业增加值增长19.0%；技术合同成交额增长70.0%。高技术产业投资增长15.6%；工业技改投资增长17.5%，比工业投资快3.2个百分点。以高技术产业为代表的产业投资快速增长。全省高技术产业投资同比增长15.6%，增速比全部投资快7.6个百分点。其中，计算机、通信和其他电子设备制造业投资增长23.0%，专用设备制造业投资增长33.4%。

3. 第三产业

2021年湖南第三产业增加值对经济增长的贡献率为53.0%。其中,生产性服务业对经济增长的贡献率为24.2%。行业发展呈现以下特征。

第三产业比重持续上升。2021年,湖南生产性服务业增加值为9662.19亿元,比上年增长8.9%,比同期GDP增速高1.2个百分点;占GDP的比重为21.0%,比上年提升0.3个百分点;对经济增长的贡献率为24.2%,比上年提高0.2个百分点。其中,全省房地产开发投资同比增长11.2%,比全部投资快3.2个百分点,增速继续保持平稳增长。

生产性服务业发展势头较好。从内部结构看,首先是批发经纪代理服务,增加值为1809.11亿元,占生产性服务业增加值的比重为18.7%;其次是金融服务,增加值为1797.59亿元,所占比重为18.6%;最后是货物运输、仓储和邮政快递服务,增加值为1345.83亿元,所占比重为13.9%。这三个行业增加值占生产性服务业的半壁江山,为51.2%。

服务业发展新亮点增多。一是网上零售额(按卖家分)增长12.5%,在互联网销售持续增长带动下,快递业务量增长34.4%。限额以上批发零售企业中,新能源汽车、智能手机零售额分别增长61.9%和17.6%。二是以马栏山为代表的视频文创产业保持良好的上升势头,2021年,马栏山视频文创产业园聚集视频文创、新兴媒体企业3000多家,实现企业营收500亿元,同比增长25%;完成企业税收30.16亿元,同比增长20.1%。三是疫情之下,湖南省健康产业出现较大增长,2021年,大健康产业增加值2624.58亿元,比上年增长11.8%,占GDP的比重为5.70%。其中,健康服务业实现增加值1958.08亿元,增长10.6%,占健康产业增加值的74.61%。

二 2022年产业发展面临的宏观经济形势

2021年,面对错综复杂的外部环境、艰巨繁重的改革发展稳定任务尤其是新冠肺炎疫情严重冲击,湖南坚持稳中求进工作总基调,全省经济保持了稳中有进、稳中提质的良好态势。2022年，湖南经济发展将面临更多困难和压力，预计宏观经济将在"稳"的总基调下，进行深度结构优化，经济发展质量或将得到提升。

1. 从国际看

疫情重构全球产业链。疫情让世界各地的工厂、港口和仓库不时关停，运输成本飙升，大批商品运不出去，全球多数地方的配送系统也因此陷入混乱。根据联合国贸发会议的数据，集装箱短缺已经将物价指数推高了1.5个百分点，对依赖贸易的小型经济体的影响甚至更为严重。疫情在海外的危机化正在深度重构全球产业链格局，美国等发达经济体"滞胀"弱复苏格局进一步凸显，制造业产业链的深层次弱点暴露出来，V形强劲复苏的期待日渐落空，发达国家货币财政政策无奈开始着手准备共振式收缩，过热的需求将受到抑制，重归供需低水平均衡。各国为管控产业链过长造成"断链"风险，把核心产业和核心环节的供应安全上升为重大系统性风险应对战略，引导关乎国家安全的战略性产业回流本土。如美国国会众议院审议通过《2022年美国创造制造业机会和技术卓越与经济实力法》，重点强调对半导体芯片产业领域的支持和补贴，包括将为半导体芯片产业拨款520亿美元，鼓励企业投资半导体生产。

"双碳"目标影响深远。"双碳"目标是长期战略，将助推全球能源体系升级或助推基建改善。截至2021年底，47个亚洲国家中已有25个做出了碳中和承诺。亚洲最大的7个经济体中，日本和韩国已将实现碳中和的时间目标定为2050年，土耳其为2053年，中国、印度尼西亚、沙特阿拉伯为2060年，印度为2070年。2022年"双碳"目标要求，不依赖化石燃料的新能源发电体系建设步入快车道，其对工业互联网发展助推作用将进一步显现。企业节能降耗已成为当务之急。低碳绿色智造将成为未来工业经济发展的主基调，工业互联网将在其中扮演重要角色。

2. 从国内看

产业升级带动作用明显。随着我国发展阶段变化，市场对中高端产品需求增加，产业升级步伐加快。装备制造业发展较好，高技术制造业增长较快，对工业支撑的作用比较明显。2022 年第一季度，装备制造业增加值同比增长 8.1%，其中电气机械和器材制造业，计算机、通信和其他电子设备制造业增长均超过 10%，二者拉动规模以上工业增长约 1.7 个百分点。2022 年第一季度，高技术制造业增加值同比增长 14.2%，也明显快于全部规模以上工业增长。消费品制造业增加值同比增长 8.1%，其中农副食品加工业、食品制造业、酒饮料和精制茶制造业、医药制造业增加值分别增长 6.4%、6%、12.1% 和 11.8%，这四个行业拉动规模以上工业增长约 1 个百分点。工业出口交货值同比增长 14.4%，继续保持较快增长。其中，汽车制造业、专用设备制造业出口交货值增长均超过 20%。采矿业增加值同比增长 10.7%，其中煤炭开采和洗选业增长 13.2%。电力、热力生产和供应业，燃气生产和供应业也保持较快增长。初步测算，采矿业，电力、热力生产和供应业以及燃气生产和供应业增长合计拉动规模以上工业增长约 1.4 个百分点。同时，一系列支持企业纾困发展政策措施对于稳定工业生产也发挥了积极作用。2022 年第一季度，对全国近 11 万家规模以上工业企业的问卷调查显示，企业对各项优惠政策的满意度环比提高了 2.7 个百分点，其中企业对减税降费政策的满意度超过了 85%。

受疫情冲击影响加大。2022 年以来，特别是 3 月以来，部分地区疫情的发展，对一些接触性行业，特别是接触性服务业冲击影响较大。疫情条件下，居民批零住餐、交通运输、文化旅游等接触性、聚集性消费有所减少，给相关行业生产造成一定影响。同时，一些疫情严重地区的企业出现停产减产，交通物流受到影响，也制约了工业生产。3 月，规模以上工业生产增长有所放缓，企业生产经营困难增加。

3. 从省内看

湖南产业结构不断优化。2022 年第一季度，全省固定资产投资同比增长 10.4%，其中产业投资增幅达 18.2%。全省第一、二、三产业分别实现增加值 610.91 亿元、4096.10 亿元、6351.15 亿元，同比分别增长 8.4%、7.2%、5%。三次产业增速全部高于全国平均水平，其中，第一产业增速明显加快，第二产业增势不减。

湖南工业正加快向中高端升级。2022年第一季度，全省制造业增加值占GDP比重为28.2%，同比提高1.3个百分点；规模以上高技术制造业增加值同比增长29.9%；制造业投资、高技术产业投资同比分别增长23.6%和19.1%，明显快于全部投资增速。

湖南开放型经济平稳发展。全省进出口总额1149.25亿元，增长0.9%。其中，出口增长2.7%。实际使用外商直接投资17.98亿美元，增长1.7倍；实际到位内资3517.14亿元，增长42.6%。

三 2022年湖南产业发展对策建议

2022年是党的二十大召开之年，也是落实省第十二次党代会精神的开局之年，推动全省产业高质量发展意义重大。省委、省政府密集出台了一系列促进湖南产业经济发展的政策措施，建议从以下方面重点发力。

1. 构建"点链群协同"的产业组织体系

一是锚定市场主体这个"点"，推动市场主体集聚化、活力化、高质化发展。市场主体是推动发展、吸纳就业、保障供给、提供税收最重要、最基本的单元。推进企业梯度培育。实施优质企业梯度培育和市场主体倍增工程，扎实推进"新增规模以上工业企业"行动，扩增量、稳存量、提质量。全面推进"个转企""小升规""规改股""股上市"，加快提升企业和"四上"企业占比。支持龙头企业联合中小企业成立核心技术研发投资公司，协同解决上游企业技术推广应用问题，以龙头企业引领中小微企业发展配套产业和关联产业，带动形成一批制造业单项冠军企业，形成大企业"顶天立地"和中小微企业"铺天盖地"的发展格局，不断完善产业链，进而形成优势产业集群。推动传统产业转型升级。鼓励企业开展技术改造和设备更新迭代，着重推进工程机械、汽车及零配件、食品、轨道交通装备、烟花爆竹产业等重点领域加速向数字化、网络化、智能化转型升级。二是串联上中下游这条"链"，推动产业链配套化、服务化发展。全面实施"链长制"，对优势产业进行全方位、全链条升级。推动构建"产业+科技+金融+人才"

的发展生态，培育一批"链主"企业，推动上下游配套，增强产业链供应链韧性。以"数字营销"计划推动湖南配套产品走向全国，拓展湖南产品"卖全国""卖全球"的数字化营销渠道。推广"无接触配送""冷链宅配""网红带货"等新模式，不断提升湖南产业的配套能力和水平。三是丰富主辅服协同这个"群"，推动产业集群向规模化、品质化发展。加强产业集群培育发展顶层设计，制订高能级产业集群发展行动计划，培育一批有国内外竞争力的产业集群。不断完善现代化产业体系，显著增强区域协同创新能力，加快构建特色突出、优势互补、结构合理的发展格局。以"质量提升示范"计划推动高质量发展。深入开展质量提升示范行动，全面实施标准化战略，加快构建国际先进、国内一流的"湖南标准"体系。实施品牌竞争力提升工程，打造产业集群区域品牌、行业品牌，支持自主品牌企业开展商标国际注册、国际品牌收购，加快提升"湖南品牌"产品市场占有率。大力推行绿色发展理念，率先实施"碳达峰、碳中和"行动，编制相关战略规划，支持企业实施绿色战略、绿色标准、绿色管理和绿色生产，着力建设一批绿色示范工厂、绿色园区、绿色设计产品。

2. 构建"研转用畅通"的产业创新体系

一是以"从 0 到 1 基础研究"计划提升创新能力。突出"从 0 到 1"的原创导向，以战略性新兴产业和优势产业链为主攻方向，瞄准智能网联汽车、轨道交通、航空航天、人工智能、生物医药、集成电路等方向超前部署一批长期性基础性研究，组织开展前沿技术、颠覆性技术与基础性技术研究，进一步巩固超级计算机、高端制造等领域的发展优势。紧密对接国家中长期科技发展规划，在网络安全、智能制造、数字经济、新材料等领域组织实施一批重大科技专项。依托中南大学国家基础科学中心，加快布局一批国家基础科学研究平台，提升原始创新能力。二是以"企业科技创新积分"计划倒逼提升创新能力。制定《企业科技创新积分管理办法》。在企业研发投入、创新人才、创新活动、创新成果等方面制定企业科技创新积分管理计分标准，对企业创新能力进行综合评价。建立企业科技创新积分管理信息平台。引导企业在平台申请科技创新积分，由相关职能部门按照计分标准进行积分审核。强化企业科技创新积分结果运用。三是以"揭榜挂帅"计划促进关键核心技术研发与转化。在技术研发方面，全面梳理关键核心技术研发需求，按照安全可靠、引进消化、协同开发原则对关键技术进行分类，形成行业领域关键核心技术、关键零部件、重要材料和工艺等"卡脖子"技术清单，以项目化形式定期发布关键核心技术机会清单，引导全球高校院所、科研机构、企业对"卡脖子"技术清单揭榜，征集最优研发团队、最佳解决方案解决"卡脖子"难题，着重解决工程机械等行业发动机、底盘、液压件、变速箱、传动系统、马达、油泵等"卡脖子"难题。四是以"首台套"计划促进创新成果应用。完善市场化风险补偿机制促"敢用"。建立"首台套"设备制造全流程保险补偿机制，争取将"首台套"保险调整为免税险种，以财政补贴资金为"首台套"上保险，缓解用户对本地设备"首台套""不敢用"心理。制度层面打破"国产歧视"促"愿用"。规定获得国家级、省级"首台套"认定的产品，视同已有市场销售经验，可获招投标"参与权"，筛查招投标文件中"只限进口产品"等歧视性条款，设置"关键装备国产化率"等考核指标；在发放配置证时为国产"首台套"设置一定配额；完善免责机制，由"首台套"技术故障等客观因素带来的损失，不向决策采购者问责，形成敢买、愿买本地"首台套"导向。

3. 构建"软硬件优质"的产业生态体系

一是提升政务服务水平。进一步强化科技、金融、产业、人才、土地等多方面政策的统筹协调和有效衔接，开展现有产业政策的梳理、评估和完善，提高政策精准度、有效性。借鉴苏州等地政策服务超市的做法，整合线下线上资源，着力构建重点产业的"一池四库"（政策池、企业库、服务机构库、服务产品库、资源库），通过找资源、找需求、找服务商、供需撮合匹配、在线交易、能力图谱、政策通（整合分散在人才、发改、科技、工信、人社、市场监管等部门的制造业相关政策，形成先进制造业政策"一张表""一本通"）等功能，为产业主体提供全链条综合服务。二是盘活存量投资项目。对近年来全省抓产业项目建设签约项目、宣布开工项目和在建项目开展全面排查，集中破解要素制约和项目梗阻，促进项目落实落地、加快进度和竣工投产，将剩余投资量应转尽转。形成增量促投资，继续聚焦产业发展，在全省营造大力推进产业项目建设的浓厚氛围，充分发挥投资稳定经济增长的时效作用。对亿元以上项目建立"月跟踪、季通报、年考核"制度，提高重大项目开工率和竣工率。增加储量促投资，利用好第一季度国家投资政策集中出台的重要窗口期，突出布局新基建、城市基础设施等领域，谋划储备好一批旅游业打基础、强功能、利长远、惠民生的重大项目，增强投资一批旅游项目。建立重大项目"市长直通车"制度，允许每个国家级园区每年度就一个重大项目的引进，提请省领导召集相关部门主要负责人召开现场办公会，集中会商，提出解决问题的具体方案，明确落实方案的责任单位、推进措施和时间节点，并对解决情况跟踪督查，解决项目落地的各项问题，加速重大项目落地。三是持续优化营商环境。利用自贸试验区先行先试的制度优势，积极开展先进制造业人才引进、税收减免、技术转化等方面的改革创新，形成先进制造业改革试点清单。对标粤港澳大湾区、北京、上海等先进地区，以世界银行营商环境评价体系为参照，进一步优化湖南省营商环境评价体系，定期发布行政审批、市场监管、产业配套、企业创办、招商引资、投融资、商务成本、基础设施、政策执行力等营商环境评价指数。开展营商环境行动计划专项督查，定期邀请企业家、外地湘籍企业家、商会等相关代表对营商环境进行点评，梳理一批突出问题，形成清单，逐一解决。

4.构建"立足大市场"的产业要素体系

积极争创长株潭要素市场化配置国家综合改革试点，为建设全国统一大市场提供"湖南经验"，拟形成五大要素领域三类市场化改革亮点。一是改革创新一批。探索长株潭人才市场一体化改革，分区域、分阶段、分人群逐步消除长株潭城乡和区域间的落户限制，逐步实现人才和劳动力在三市自由流动；加快推进三市社保省际联网，有序推动城乡基本公共服务均等化；统一和完善对高端人才、国际人才和紧缺人才认定标准，加快完善国际、国内人才发展机制。探索建立长株潭一体化发展基金，从三市的财政预算收入中统筹一部分资金，集中用于长株潭一体化进程中最迫切的事宜，或用于跨省重要基础设施建设的资本金，或用于重大基础性科技创新的补助，或用于缩小重要公共服务能力的差距等。打造马栏山数据资产交易中心，把马栏山数据资产交易中心建设成为国家大数据综合实验区，打造基于区块链技术的"数据资产交易中心"和"马栏山聚创版权平台"。设立中非跨境人民币中心，尽快推进中非跨境人民币中心在湘落地，探索创新对非经贸合作金融平台和产品，推进跨境人民币业务政策在对非跨境贸易、清算结算、投融资等领域落地，提升对非金融服务能力。在岳麓山工业创新中心基础上，支持以长株潭国家自主创新示范区为主体，打造国内先进、具有全国影响力的长株潭国家区域科技创新中心。二是总结推广一批。推广农村产权流转交易平台"株洲模式"，开展长株潭农村产权交易一站式服务，建立长株潭农村产权交易平台，为全国、全省实施乡村振兴战略探索新路。推广长株潭两型社会试验经验，在长株潭绿心地区开展零碳排放多层试点，支持长株潭生态绿心地区申报"国家级中央公园"，创建长株潭绿心零碳全国先行先试示范区。推广行业龙头企业建产业学院育"工匠"模式，共同打造长株潭线上线下教学一体化的国家级职业教育基地，依托湖南（株洲）职业教育科技园、岳麓山国家大学科技园，统筹三市职业教育和人力资源开发的规模、结构、层次，将产教融合列入经济社会发展规划，打造南方国家职业教育改革基地。推广气候投融资"湘潭模式"，发挥气候投融资"湘潭模式"综合优势，研究设立长株潭气候投融资项目库、长株潭气候投融资基金等，创建长株潭绿色金融改革示范区。推广华芯征信区域企业征信一体化模式，支持以华芯征信公司为核心构建区域性信用信息共享平台，健全三市互认的红黑名单和退出标准，建立跨区域信用信息共享、分类监管和联合奖惩机制，建立长株潭区域信用信息服务平台。三是借鉴试点一批。争取集体经营性建设用地入市试点在长株潭全面铺开，探索建立全国性的建设用地、补充耕地指标跨区域交易机制。建立长株潭土地二级市场交易平台，搭建长株潭三市自然资源资产交易平台，建立土地二级市场信息发布机制，开展土地二级市场预告登记转让制度试点。充分借鉴深汕（深圳—汕尾）特别合作区"全托管式飞地"的成功经验,通过"正向飞地——借一块地出去""反向飞地——买一块地进来"方式,着重打造"湘—粤特别合作区""湘—粤科创园"两个飞地长株潭示范片区。在长株潭都市圈尤其是在各级园区拓展探索适应新技术、新业态、新产业、新模式发展需要的特殊工时管理制度。

行 业 篇
Industry Reports

B.8
2021年湖南发展改革情况
及2022年展望

周海兵*

2021年，面对局部散发的新冠肺炎疫情、艰巨繁重的发展改革任务，在省委、省政府的坚强领导下，全省上下坚决贯彻党中央、国务院决策部署，认真落实习近平总书记对湖南重要讲话重要指示批示精神，按照省委经济工作会议、《湖南省政府工作报告》部署，坚持稳中求进工作总基调，全面落实"三高四新"战略定位和使命任务，坚持"稳进高新"工作方针，扎实做好"六稳""六保"工作，全省经济保持了稳中有进、稳中提质的良好态势。全年实现地区生产总值46063.1亿元，增长7.7%，两年平均增长5.7%，高于全国平均水平，在"十四五"开局之年迈好了第一步，见到新气象。

---

* 周海兵，湖南省发展和改革委员会党组书记、主任。

一　2022年湖南省发展改革情况回顾

（一）统筹疫情防控与经济社会发展，夯实经济平稳运行的基础

迅速遏制疫情传播对经济运行的冲击。坚持"外防输入、内防反弹"，迅速阻断疫情传播，打赢两轮散发疫情歼灭战。加强新冠肺炎疫苗接种，及时出台保障人流、物流的管理措施，保障市场主体正常的生产经营秩序，最大限度地控制了疫情对经济运行的冲击。及时帮扶受影响的地区和行业恢复发展。疫情形势平稳后，第一时间出台支持张家界增信心补短板，以及促进全省消费领域企业发展的"双十条"政策，实施延期还本付息等规模性助企纾困增效措施，新增减税降费240亿元。主要经济指标没有出现大的波动。

（二）着力建设"三个高地"，促进新兴动能快速成长

先进制造业加快发展。实施"八大工程"，启动"五好"园区建设，持续开展产业项目建设活动。新增国家级专精特新"小巨人"企业162家，数量位居中部第一。规模工业增长8.4%，园区规模工业增加值占全省的比重提高到69.1%。科技创新引领作用增强。实施"七大计划"，扎实推进十大技术攻关项目，突破了8英寸离子注入机制备等一批关键技术，4个国家级创新平台成功获批，岳麓山实验室加快建设。成功举办北斗规模应用国际峰会、世界计算大会。高新技术企业突破万家。改革开放持续深化。实施"九大行动"。开展优化营商环境攻坚行动。出台促进民营经济发展"六个一"工作方案。新增15家上市公司。全力稳定外贸外资，进出口增长22.6%，引进内外资分别增长29.1%和72.3%。

（三）积极融入新发展格局，充分激发内需增长潜力

投资稳定恢复。坚持省领导联系重点项目，分3批集中开工10亿元以上项目289个。投资增长8%，民间投资、产业投资分别增长9.6%和

11.3%。十大产业、十大基础设施、省重点项目超额完成年度投资计划，三一智联重卡、三安半导体等重大项目实现部分投产，"韶井"铁路、张吉怀高铁建成通车，郴州机场通航运营，龙琅、安慈、祁常、临连等4条高速公路建成通车，永州电厂2台机组并网发电，雅中江西特高压直流工程湖南段投产运营，长沙机场改扩建、常益长铁路进展顺利。消费持续回暖。出台加快培育新型消费的实施意见。社会消费品零售总额增长14.4%。新能源汽车、体育娱乐、化妆品等升级类商品增势良好。

（四）全面推进乡村振兴，加快农业农村现代化步伐

巩固拓展脱贫攻坚成果。脱贫攻坚战取得全面胜利，51个贫困县全部摘帽、6920个贫困村全部出列、682万建档立卡贫困人口全部脱贫。乡村振兴顺利接续，保持主要脱贫帮扶政策稳定，组织工作队驻村帮扶，在全国率先建成防返贫动态监测管理平台。粮食生产再获丰收。总产达614.9亿斤，为近十年高位水平。生猪产能持续恢复。农业产业化加速推进。全省农业国家级产业集群达到4个，14个镇获批国家产业强镇。新增20家国家重点龙头企业，农产品加工业营收增长7%。乡村建设深入推进。实施农村人居环境整治提升五年行动，打造300个省级美丽乡村和100个特色精品乡村，"厕所革命"创造湖南经验。

（五）深入推动协调发展，持续优化区域经济格局

积极对接国家重大区域发展战略。第一时间出台中部地区高质量发展省内实施意见，全面启动长江中游三省协同推动高质量发展协作，湘赣边区域合作示范区建设总体方案获国家批复。"一核两副三带四区"发展格局加快构建。长株潭都市圈建设被列入国家"十四五"规划。三十大标志性工程完成年度投资计划的112%，长株潭绿心中央公园启动总体城市设计。出台支持岳阳、衡阳省域副中心城市建设的意见。颁布实施《湖南省洞庭湖保护条例》，湘南湘西承接产业转移示范区引进"三类500强"项目134个。邵阳、永州经开区晋升国家级园区。新型城镇化有序推进。15个国省示范

县城产业平台公共配套设施建设加快,城乡客运一体化走在全国前列。新增一批特色产业小镇。

(六)大力保障和改善民生,进一步增强民生福祉

就业增收情况总体较好。城镇新增就业75.3万人,调查失业率稳定在5.5%以内。居民人均可支配收入增长8.9%,居民消费价格涨幅0.5%。公共服务水平继续提升。财政民生支出占比达70%,完成十大重点民生实事。101所"芙蓉学校"全部投入使用,义务教育阶段学生负担明显降低。支持建设3万多张普惠养老床位,增加3岁以下婴幼儿托位数3.1万个。获批国家中医药综合改革示范区。生态环境质量持续改善。147个国考断面水质优良率达97.3%,全省空气质量优良天数、PM2.5平均浓度等指标均好于国家考核目标。切实加强能源保供。通过完善电力保供工作机制、加大电煤调运和储备力度、上浮交易电价疏导火电成本、优化需求管理等措施,实现了保民生、保安全、保重点的目标。

二 2022年分析展望

2022年是党的二十大召开之年,是全面贯彻落实省第十二次党代会精神的开局之年。全省发展仍处于重要战略机遇期,面临一系列有利因素和重大机遇。一是有经济社会发展稳定向好的总体预期。在沉着应对中美贸易摩擦、新冠肺炎疫情等冲击后,全省积累了丰富的经验,形成了一系列行之有效的工作机制。二是有宏观政策调整优化的有力支撑。中央强调要做好跨周期调节,并提出政策发力适当靠前、基础设施建设适度超前,这将极大提振发展信心,稳定发展预期。三是有省内重点产业稳定向好的坚实基础。通过近年来大力抓产业、兴实体,全省产业综合素质和竞争力不断增强,产业发展环境和来势向好。四是有省第十二次党代会胜利召开营造的良好氛围。全省上下主动担当、积极作为的意识进一步增强,顽强拼搏、奋发向上的精气神进一步提振。只要扬长补

短、扬长避短、扬长克短，就可以推动经济行稳致远。2022 年要重点抓好以下九个方面的工作。

（一）坚持服务和融入新发展格局，着力扩大省内需求

积极扩大有效投资。抓住国家适度超前开展基础设施投资的机遇，加快基础设施"五张网"建设，重点抓好十大基础设施项目。聚焦产业发展，深入开展产业项目建设年活动，重点抓好十大产业项目。加强项目滚动递进开发，形成"四个一批"项目建设良性循环。加强要素保障，加快地方政府专项债券发行使用，积极争取中央预算内资金，持续强化政银企合作，用好国家重大项目直供地机制。持续激发消费潜力。支持新能源汽车消费，加快充电桩、换电站等配套设施建设。落实带薪休假制度。实施全域旅游战略，办好全省旅游发展大会。实施县域商业建设行动，完善社区商业配套和农村物流配送。

（二）坚持做实做强做优实体经济，加快建设先进制造业高地

落实先进制造业促进条例，升级建设"3+3+2"产业集群，积极创建国家制造业高质量发展试验区。实施产业发展"万千百"工程，持续培育一批万亿产业、千亿企业、百亿项目。推动传统产业智能化、绿色化转型。深入推进"五好"园区建设，完善园区"以亩产论英雄"评价激励机制，抓好园区数字地图编制与应用。加强优质企业梯度培育，实施市场主体倍增工程，深入开展"新增规模以上工业企业"行动，大力开展"纾困增效"专项行动。推动先进制造业与现代服务业深度融合，实施服务业示范集聚区提升工程。大力发展数字经济，加快发展"大智移云"战略性新兴产业，推进国家级互联网骨干直联点建设。

（三）坚持全面提升自主创新能力，加快建设科技创新高地

打好关键核心技术攻坚战。实施产业基础再造工程，"卡脖子"技术攻关揭榜挂帅，重点抓好十大技术攻关项目。完善科技创新平台。加快"三

区两山两中心"建设,高标准建设岳麓山实验室,抓好湖南先进技术研究院建设。培育壮大多层次创新主体。健全专业化孵化服务体系,挖掘培育科技型中小企业,深化省属科研院所改革。加速科技成果转化。加快潇湘科技要素大市场体系化建设,有序开展科技型企业知识价值信用贷款风险补偿试点,实施一批科技成果转化基金项目。强化创新人才引聚。进一步完善"揭榜挂帅"制度。深入推进芙蓉人才计划。

(四)坚持增强市场主体活力动力,加快建设改革开放高地

持续深化重点领域改革。深入实施建设高标准市场体系行动,争取长株潭获批国家要素市场化配置综合改革试点。全面完成国企改革三年行动目标任务。大力实施财源建设工程。深化价格体制、国防动员体制改革。全面完成低空空域改革试点任务。持续优化营商环境。深化"放管服"改革,加强信用体系建设,组织开展全省营商环境评价,深入实施促进民营经济发展"六个一"行动,支持和引导资本规范健康发展。推动外贸外资高质量发展。以自贸试验区为重点打造制度创新高地,深入推进中非经贸深度合作先行区建设。抢抓 RCEP 正式生效机遇,积极开拓东盟市场。加快推进海外仓项目、境外经贸合作区建设。

(五)坚持农业农村优先发展,加快推进农业农村现代化

巩固提升农业综合生产能力。新建高标准农田 460 万亩,加强耕地保护,确保粮食播种面积稳定在 7100 万亩左右。大力推进种业创新。抓好农资保供稳价。推动乡村产业升级和全产业链发展。深入实施"六大强农"行动,培育发展农业优势特色千亿产业。促进农村一、二、三产业融合发展。实施乡村建设行动。抓好农村人居环境整治提升五年行动,全域推进美丽乡村建设。强化农村供水保障,实施农村电网电气化提升工程,推进数字乡村建设。深化农业农村改革。建立健全农村土地经营权流转交易平台。有序开展农村宅基地制度改革试点。大力发展新型农村集体经济。推动巩固拓展脱贫攻坚成果同乡村振兴有效衔接。

（六）坚持推动区域协调发展，积极打造区域经济新增长点

对接落实国家重大战略。推动长江经济带上中下游协作发展，深入实施对接粤港澳大湾区方案，持续推进湘赣边区域合作示范区建设。优化区域发展格局。实施强省会战略，引领带动长株潭都市圈发展。争取国家批准并实施长株潭都市圈规划，共建"轨道上的长株潭"，加快绿心中央公园建设。支持岳阳、衡阳省域副中心城市建设。制定出台新时代洞庭湖生态经济区规划。持续提升湘南湘西承接产业转移示范区承载能力。落实《关于新时代推进湘西地区开发形成新格局的意见》。持续推进县城补短板强弱项，促进特色产业小镇规范健康发展。实施城市更新行动，加快城镇燃气管网等基础设施建设，继续推进城镇老旧小区改造。

（七）坚持推进生态文明建设，促进经济社会全面绿色转型

全面推进绿色低碳循环发展。构建"碳达峰、碳中和""1+1+N"政策体系。推动能耗双控逐步向碳排放双控制度转变。严格"两高"项目管理。加强初级产品供给保障。深入打好污染防治攻坚战。抓好突出生态环境问题整改，持续开展"夏季攻势"。以长株潭及传输通道城市为重点，打好重污染天气消除、臭氧污染防治攻坚战。以"一江一湖四水"为主战场，打好长江保护修复、城市黑臭水体攻坚战。加强农用地土壤污染防治和安全利用。加强生态系统保护修复。持续开展国土绿化行动，积极创建国家生态产品价值实现机制试点。推进环境信用评价、排污权交易、碳排放市场机制建设。

（八）坚持用情用力解决群众急难愁盼问题，扎实强化民生保障

强化就业优先政策。抓好高校毕业生、退役军人、农民工等重点群体就业。开展高校毕业生留湘回湘来湘活动。推进"创响三湘"行动计划。办好人民满意教育。推动义务教育优质均衡发展和城乡一体化，实施县域普通高中振兴行动计划、职业教育"楚怡"行动计划，落实"双减"政策。深

入实施健康湖南行动。加快优质医疗资源扩容下沉和区域均衡布局，加快国家医学中心和区域医疗中心建设，推进中医药传承创新和中西医协同发展。推进体育公园、潇湘健身步道等体育设施建设。完善养老托育服务体系。增加养老床位3万张左右，3岁以下婴幼儿托位数6.5万个左右。进一步提升社会保障水平。继续办好十大民生实事。

（九）坚持统筹好发展与安全，有效防范化解重点领域风险

科学精准抓好疫情防控。落实落细"外防输入、内防反弹"各项措施。切实保障能源安全。加强能源产供储销体系建设，在保持煤电装机合理裕度的同时，大力发展风电、光伏等新能源，大力推进抽水蓄能建设。加快推进"宁电入湘"。优化有序用电政策。打好防范化解政府债务风险攻坚战。落实"六个一批"化债举措，加快平台公司市场化转型。健全完善政府投资项目监管机制。促进房地产健康发展和良性循环。坚持"房住不炒"，加大非住宅去库存工作力度，大力发展保障性租赁住房。同时，持续抓好重要民生商品保供稳价、安全生产、食品安全、信访维稳、治安防控、动物防疫等各项工作。

B.9
2021年湖南财政运行情况
及2022年展望

石建辉*

一 2021年湖南省财政改革发展情况

2021年，面对经济下行、疫情反弹、限电停产、土地市场降温等多重不利因素，全省财政系统坚持以习近平新时代中国特色社会主义思想为指导，在省委、省政府的坚强领导下，上下齐心，攻坚克难，圆满完成"十四五"开局目标任务，在建党一百周年之际交出一份来之不易的财政"答卷"。2021年全省完成地方收入3250.7亿元，同比增长8%，两年平均增长4%。非税收入占地方收入比重为30.9%，连续5年呈下降趋势，达到历史最好水平。全省一般公共预算支出完成8364.8亿元，同口径增长3.4%。重点推进了以下几个方面的工作。

（一）大力实施财源建设工程，提升经济发展"含金量"

省委、省政府高位推动，出台财源建设纲领性文件，各地各部门上下联动、齐抓共管，推动财源建设平稳开局。2021年，全省全口径税收完成4376.9亿元，同比增长9.6%；制造业、建筑业、批发零售业等重点税源产业实现两位数以上增长；省级以上园区亩均税收同比增长13%左右，10个市州、81个县市区税收占比较上年提升。一是强化"三个挂钩"。实行产业扶持政策与税收贡献挂钩，产业类专项资金设立及规模与税收提升挂

---

* 石建辉，湖南省财政厅党组书记、厅长。

钩，专项资金分配与企业实缴税收挂钩。二是压实"三个责任"。分行业、分地区分解财源建设年度预期目标，压实市县政府主体责任、产业主管部门源头管税责任、税费征管部门征管责任。三是补齐"三块短板"。推动出台支持先进制造业供应链配套发展九项政策、有色金属综合利用六条措施，着力补齐产业发展短板；建立以"亩均税收"指标为主体的园区高质量发展评价体系，加大"五好"园区建设支持力度，着力补齐园区发展短板；推进财税综合信息共享体系建设，实施财源建设工程"6643"专项行动，着力补齐税收征管短板。四是建立"四项机制"。建立联席会议制度，组建工作专班，形成工作合力；建立目标考核制度，将财源建设工作列入省直部门、市州党政绩效评估和省政府真抓实干督查激励范围；建立监测预警机制，开展实地调研督导；建立工作激励机制，对财源建设成效好的市县给予奖励。

（二）全力打造"三个高地"，培育发展新动能

强化政策资金统筹协同，全力支持打造"三个高地"，抢占发展制高点。一是支持打造国家重要先进制造业高地。优化财政专项资金投向，着力打造"3+3+2"产业集群、"十大产业项目"和基础平台建设，支持专精特新"小巨人"企业培育发展、规上工业企业技术改造。提高制造业企业研发费用加计扣除比例，实行提前清缴核算。发行专项债券543.2亿元，支持园区公共配套基础设施建设。参股国家制造业转型升级基金。二是支持打造具有核心竞争力的科技创新高地。省财政安排资金34.6亿元，重点支持"十大技术攻关项目"、重大创新平台建设和"揭榜挂帅"改革，推进高校"双一流"建设。兑付研发奖补资金9.2亿元，带动全社会研发投入较快增长。开展科研经费"包干制+负面清单"试点。三是支持打造内陆地区改革开放高地。出台支持湖南自贸区加快发展19条财政政策。实施湘粤非铁海联运、怀化东盟货运班列补贴。支持建设中非经贸深度合作先行区，办好第二届中非经贸博览会等重大经贸活动。7个国外贷款项目成功落地，获得贷款10.5亿元。

（三）坚持抓重点、补短板、强弱项，统筹提升发展质量

牢固树立新发展理念，更好发挥财政职能作用，协调推进各领域高质量发展。一是着力增强发展内生动力。不折不扣落实中央各项减税降费政策，有效减轻了市场主体税费负担。发行政府债券2996.5亿元，筹集预算内基建资金204.7亿元，支持开展消费促进活动，助力稳投资、扩内需、惠民生。推动出台金融服务"三高四新"战略十条政策，全面推行"潇湘财银贷"。政府采购合同线上融资金额达到11.8亿元。二是加快推进乡村振兴。调整优化财政专项扶贫资金和贫困县统筹整合涉农资金政策，巩固拓展脱贫成果，衔接推进乡村振兴。发放耕地地力保护、稻谷目标价格等惠农补贴77亿元，调动农民种粮积极性。国省投入72亿元，支持建设高标准农田460万亩。在37个产粮大县开展水稻完全成本保险试点。出台财政支持油茶产业高质量发展的政策措施。三是支持生态文明建设。全省生态环保投入358亿元，重点用于大气、水、土壤污染防治、洞庭湖生态环境专项整治以及环保突出问题整改。参股国家绿色发展基金。推动岳阳市入围全国新一轮海绵城市建设试点，长沙市入围中央国土绿化试点示范项目。发行全国首支"碳中和"专项债券。四是统筹疫情防控和经济发展。及时出台支持张家界抗疫、促进消费领域企业发展的政策措施，下达张家界等地财力专项补助9.1亿元。通过税费优惠、财政补贴、担保增信等方式，支持批发零售、住宿餐饮、文化旅游等行业复苏发展。统筹医保基金、财政补助67亿元，确保疫苗接种应接尽接。

（四）突出保基本兜底线，更好保障和改善民生

全年民生支出占比稳定在70%以上，支持破解了一批群众关心的"急难愁盼"问题。一是民生保障标准稳步提升。提高退休人员基本养老金水平，城乡居民基础养老金最低标准提高到每人每月113元。城乡居民医保和基本公共卫生服务经费人均财政补助标准分别提高到580元/年、79元/年。省级城乡低保指导标准分别提高到550元/月、4300元/年，连续4年提高残疾人

"两项补贴"标准。农村义务教育学生营养餐补贴标准提高到每生每天5元，198万学生受益。二是民生政策体系不断完善。安排国省就业补助32.3亿元，支持高校毕业生、退役军人等重点群体就业创业。教育支出占财政支出比重达到16%，促进各类教育均衡发展。支持深化医药卫生体制改革，提升医疗卫生服务能力。加大红色教育基地建设支持力度，持续实施各类文化惠民工程。落实住房租赁财税政策，推进城镇老旧小区改造。持续加大政法经费保障力度，助力平安湖南建设。三是民生资金监管全面加强。推进财政惠民惠农补贴政策及项目清理整合，组织"一卡通"专项督查，开展民政社会救助资金"一卡通"跨部门协同管理试点。参与社保基金管理"防风险、堵漏洞"专项整治和"清廉医保"专项检查，建立社保基金监管长效机制。

（五）大力推进财政改革管理创新，站稳全国"第一方阵"

坚持向改革要动力，向管理要效能，湖南省财政管理有望连续三年获国务院真抓实干表彰激励。一是财税改革纵深拓展。编制"十四五"财政发展规划。出台进一步深化预算管理制度改革的实施意见，全面推行零基预算，盘活省级财政存量资金78亿元用于重点民生保障。深度推进预决算公开，全面实施预算绩效管理，在财政部考核中分别排全国第3位、第4位。出台自然资源、生态环境、公共文化、应急管理等领域省与市县财政事权和支出责任划分改革办法。完善财力性转移支付制度，对人均可用财力低的困难地区实行托低补助。二是财政运行更加稳健。强化财政运行监控，开展县级财政保障能力评估，预算编制事先审核范围扩大到87个县市区，严防"三保"风险。持续清理市县暂付款，提前达到财政部规定的2023年暂付款清理要求。执行常态化财政资金直达机制，支出进度98.9%，排全国第3位。三是政府债务风险管控有力。对部分地区政府投资项目实行上级财政开工核准制，无来源不立项，无预算不开工。对到期债务实行"一年一案、一县一方、一债一策"，超额完成前三年隐性债务化解任务，运用"六个一批"等措施缓释到期债务超千亿元。出台支持平台公司转型指导意见，明确五大支持措施和四张负面清单。制定专项债券全生命周期管理办法，成功发行全省首支银行柜台政府债券。建立省、市、县三级债务舆情监测机制。四是其他重点领域改革加力推进。预算管理一体化系统全面上线、稳定运行，在财政部考核通报中跃居全国第 2 名。完善资产配置标准，开展公路、公租房、文物三类专项资产清查摸底工作。稳步推进非税收入征收职责划转税务部门。出台省本级财政投资评审管理办法。启动"标兵财政所"和"阳光财政所"建设。政府采购电子卖场实现全省"一张网"，全国第一家"乡村振兴馆"正式运营。

（六）强化党建引领，以高质量党建引领高质量发展

全面加强机关党的建设，推动党建与业务深度融合。一是深入开展党史学习教育。聚焦习近平总书记关于党史学习教育的重要论述、"七一"重要讲话和党的十九届六中全会精神，深入开展专题研讨。向老党员发放"光荣在党50年"纪念章，为全体党员发放政治生日贺卡。依托财政历史陈列室开展现场学教，创新开展"同唱一首歌""我和我的党支部"等系列活动。实施"我为群众办实事"项目71项。二是纵深推进全面从严治党。制定厅党组贯彻落实全面从严治党主体责任清单，出台厅机关年度全面从严治党工作要点。持续开展"廉政教育月""作风建设推进会"等活动，加强对干部"八小时之外"的监督管理，引导党员干部时刻绷紧廉洁自律这根弦。大力支持驻厅纪检监察组运用"四种形态"监督执纪问责，一体推进不敢腐、不能腐、不想腐，打造"清廉财政"。三是狠抓干部队伍建设。坚持"好干部"标准选人用人，完善职级晋升办法，强化内部管理考核。组建厅政策研究与决策咨询专家工作室，推动科研基地提升效能。在全国率先推出财会金融人才支持计划，推荐16人纳入财政部人才库。建立厅机关干部职工荣誉退休制度。

二　当前湖南省财政经济形势预判

总体来看，我国经济发展长期向好的基本面没有改变，但面临多年未见

的需求收缩、供给冲击、预期转弱三重压力。预计2022年全省财政将继续保持稳中向好态势，但收支形势更加严峻，风险防控任务更加繁重。

（一）从财政收入看

近年来，中央连续实施大规模减税降费政策，有效激发了市场主体活力，加之去年以来全省实施"五好"园区建设，招引和培育了一批优质产业项目，将为全年财政增收注入更多"源头活水"。但减税降费客观上也会对财政收入组织造成一定影响。据初步估算，2021年全省退税减税超600亿元，拉低地方税收增幅约13个百分点。同时，新的经济下行压力和疫情形势不稳定，都可能对财政收入增长形成一定制约。

（二）从财政支出看

中央经济工作会议明确2022年继续实施积极的财政政策，对财政政策稳投资、稳增长寄予更高期望。从省内看，近几年全省地方收入占一般公共预算支出比重呈下滑趋势，对中央财政依赖度有所提升，这其中既有争取中央转移支付力度较大的因素，也反映出地方收入增长赶不上支出攀升的速度。特别是县域经济基础薄弱，土地财政特征明显，对土地财政依赖度高。如果土地市场持续低迷，上级转移支付减少，部分市县支出保障压力将陡增。

（三）从风险防控看

当前部分地方债务包袱较重，财力较为紧张，偿债能力不足，既要防止"新官不理旧账"，又要警惕违规举债铺摊子、上项目。近年来，湖南每年都超额完成隐性债务化解任务，但一次性化债手段居多，越往后难度越大。个别地方非标刚兑产品占比较高，"专项债券一般化"苗头显现，平台公司市场化转型艰难，需要引起高度警惕。

综上判断，2022年全省"预算紧平衡""财政紧运行"的特征将更加明显，确保财政稳健运行、可持续发展，需要付出更加艰苦的努力。全省财政系统要因势而谋、应势而为，扎实做好各项财政工作，以自身发展的"稳"应对外部环境的"变"，以自身工作的"确定性"应对风险挑战的"不确定性"，牢牢把握工作主动权。

三　2022年湖南财政重点工作

紧紧围绕中央和省委、省政府决策部署，聚焦"三高四新"战略定位和使命任务，实施好各项积极财政政策，履行好财政部门职责使命，全力服务全省改革发展稳定大局，以优异的成绩迎接党的二十大胜利召开。

（一）实施"预算改革年"行动，强力推动财政资金实质性统筹

建立大事要事保障机制，对省委、省政府部署的重点民生实事、重大项目和重要工作，统筹一切可以统筹的资源大力保障。统筹部门及单位各类预算收入，统一安排支出，形成资金合力。从严控制一般性支出，精准保障重点刚性支出。将项目作为部门预算管理和资金分配的基本单元，建立健全项目库。扩大存量资金清理范围，对沉淀闲置、低效无效的资金全部收回财政统筹使用。分类盘活行政事业单位存量资产，在全省范围内开展国有资产资源清查处置专项行动。严控竞争性领域投入，严格限制以竞争性评审方式对市场主体给予直接补助。将绩效评价范围扩大到政府债务、政府采购、政府购买服务等领域。对47个省级专项资金开展三年整体绩效评价。

（二）纵深推进财源建设工程，稳步提升财税收入的质量和效益

强化专项资金安排与产业税收增减挂钩，引导资金资源流向财源建设好的产业和领域。探索市州产业财政奖补政策省级备案制，营造公平的竞争环境。实施骨干税源企业税收贡献度提升行动，加强纳税500万元以上企业监测分析，发布纳税百强、高新技术企业、"专精特新"和现代服务业四张税收榜单。支持"五好"园区创建，完善"以亩均产出论英雄"评价激励机

制。聚焦批发零售、文化娱乐、金融中介等重点领域，紧盯网络直播、平台销售等征管盲区，打好堵漏挖潜攻坚战。加快推进财税综合信息共享体系建设，对产业、园区、项目等财源数据开展智能化监测分析。细化及落实财源建设省政府真抓实干督查激励考核办法，营造"比学赶超"的浓厚氛围。

（三）精准实施积极财政政策，助力稳住经济发展基本盘

落实中央更大力度减税降费政策，助力市场主体纾困发展。支持实施产业发展"万千百"工程，持续培育一批万亿产业、千亿企业、百亿项目。优化产业类专项资金投向，做大政府投资基金规模，支持培育"专精特新"企业。出台统筹财政科技资源、支持打造科技创新高地的若干政策措施。继续支持湖南自贸试验区改革创新。加大税收、社会保障、转移支付调节力度，优化收入分配结构，增强居民消费能力。保持主要帮扶政策和财政投入力度稳定，向巩固脱贫攻坚任务重、推进乡村振兴底子薄的地区倾斜。稳步提高土地出让收入用于农业农村比例。支持实施"六大强农"行动，完善农业补贴政策，健全农业信贷担保体系，推进水稻完全成本保险62个产粮大县全覆盖。

（四）牢固树立以人民为中心的发展思想，用心用情用力保障和改善民生

加强资金保障与就业政策协同，提高支出精准度有效性，稳住就业基本盘。支持扩大优质高等教育资源，推动提高全省本科录取率。启动"楚怡"行动计划，支持每个市州建设1所优质公办中职学校。支持做好常态化疫情防控工作。稳步提高退休人员基本养老金、居民医保财政补助、低保救助标准和水平，兜住困难群众基本生活底线。完善被征地农民社保政策。健全退役军人关爱帮扶机制。出台财政支持做好碳达峰、碳中和工作的实施意见。制定新能源汽车购置及充电基础设施建设运营奖补政策，加大绿色低碳产品采购力度。出台深化生态补偿制度改革方案。积极争取全国山水林田湖草沙一体化保护和修复工程试点。

（五）全面规范财政管理，扎实推进法治财政建设

按照中央部署，在财政重点领域开展财经秩序专项整治，让财经纪律成为不可触碰的"高压线"。压减省级留用债券规模，加大补助市县力度，向困难地区和欠发达地区倾斜。预算编制事先审核实现县市区全覆盖，督促各地始终把"三保"和债务付息支出摆在优先位置足额保障，不留硬缺口。健全政策出台决策程序，把财政承受能力评估作为重要环节，从源头防范过度保障。深入推进财政"八五"普法。完善省以下法检两院办案成本补偿机制，深化涉案财物集中管理改革。完善项目支出标准体系，出台全省工程总承包项目财政投资评审指导意见。将资产、绩效、政府采购等业务子系统嵌入预算管理一体化主体流程，全面使用一体化系统开展预算管理。

（六）持续加强政府债务管理，牢牢守住风险底线

完善政府投资项目管理制度和监督机制，强化部门联合监管。加强国有企事业单位融资监控，防止国有企事业单位"平台化"。出台 PPP 项目负面清单升级版。统筹各类资金资源，确保按进度完成隐性债务化解任务。加强监督核查，严禁虚假化债和数字化债。执行好中央融资新政，协调金融机构推进风险缓释措施落地。加强专项债券资金管理，绩效自评实现项目全覆盖，建立支出进度通报预警机制，严禁投向禁止类项目清单和违规使用处罚机制，确保资金合规使用。严格落实政府举债终身问责制和债务问题倒查机制。

（七）纵深推进全面从严治党，打造忠诚干净担当的财政干部队伍

牢固树立政治机关意识，自觉捍卫"两个确立"、增强"四个意识"、坚定"四个自信"、做到"两个维护"。持续深入学习习近平新时代中国特色社会主义思想，多读原著、勤学原文、深悟原理。进一步强化政治执行，切实把提高政治站位体现在雷厉风行抓落实的具体行动上。严格落实领导班子抓党建工作责任制，规范开展基层党组织书记抓党建述职评议，全面推进

党支部"五化"建设。把"严"的主基调长期坚持下去，常态化开展警示教育，把监督寓于日常，管好关键人、管住关键事、管在关键时。严格执行中央八项规定及其实施细则精神，驰而不息纠"四风"、改作风、树新风。全力支持驻厅纪检监察组监督执纪问责，切实把纪律和规矩立起来、严起来。深入贯彻新时代党的组织路线，打造一支可堪大用、能担重任的财政干部队伍。

B.10
2021年湖南工业和信息化发展情况及2022年展望

毛腾飞[*]

一 2021年湖南工业和信息化发展情况

2021年，在省委省政府的坚强领导下，全省工信系统坚持"稳进高新"工作方针，着力打造国家重要先进制造业高地，推动工业和信息化高质量发展，圆满完成"十四五"开局之年的各项目标任务，工作开创了新局面，发展取得了新成就。

1. 全力以赴稳增长，工业经济稳中向好

积极应对疫情、缺电、缺芯等不稳定因素，以及区域、产业恢复不均衡等挑战，加强运行监测和分析研判，及时向省委省政府提出政策建议，有力地支撑了省委省政府的决策。牵头开展"纾困增效"专项行动，协调推动"十大产业项目"、制造强省重点项目建设，持续推进规模工业企业培育，优化电力有序供应，有力促进了工业稳增长。发展速度稳中有进。全省规模工业增加值同比增长8.4%，两年平均增长6.6%，高于全国平均水平0.5个百分点，居全国第14位、中部第4位、十个经济大省第5位；制造业占GDP比重提升至27.7%；数字经济增长17%以上。发展效益稳步提升。全年工业税收增长9.6%；规模工业企业利润增长12%；企业亏损面为8.5%，低于全国平均水平10个百分点。发展后劲不断增强。工业投资、技改投资分别增长14.3%、17.5%；新增规模工业企业超过2000家；新增千亿企业1

---

* 毛腾飞，湖南省工业和信息化厅党组书记、厅长（收稿日期，2022年2月）。

0

家、百亿企业 9 家，全省工业领域千亿、百亿企业分别达到 4 家和 38 家。

2. 锚定目标绘蓝图，高地建设全面铺开

省委省政府对打造国家重要先进制造业高地全面部署，高位推动，绘蓝图、上项目、建园区、育产业、出政策、强法治，打出了一系列组合拳。工信部门协同相关部门主动作为，全面落实。突出规划引领，围绕打造高地，构建"3+3+2"现代产业体系，整合各方力量，编制形成了"1 个总体规划+20 个产业规划+9 个专项规划"的制造业规划体系，绘就了发展蓝图、明晰了工作路径。健全政策体系，从产业基础再造、产业链供应链协同、"两化"融合、"五好"园区建设等方面着力，出台了一系列新政策，形成了强大的政策驱动力。突出法治保障，制定出台《湖南省先进制造业促进条例》，开创全国先河。配合开展网络安全和信息化条例、节能监察条例等立法工作，形成了以法治护航高地建设的良好局面。

3. 聚焦创新求突破，双链韧性持续增强

抓住技术创新这个关键，坚持建平台、锻长板、补短板、强应用，不断提升产业链供应链韧性。健全创新平台，深入推进创新平台体系建设，国家车联网先导区建成全国领先的智能网联大数据中心，株洲国创在国家制造业创新中心年度考核中获全国优秀，省级制造业创新中心、省级企业技术中心分别达到 10 家和 643 家，加快构建区域级、行业级、企业级三级制造业创新平台体系。加大技术攻关，聚焦关键领域和工业"五基"，深入开展关键核心技术突破行动，组织企业参与国家战略任务"揭榜挂帅"，协同推进"十大科技攻关项目"，大力实施"100 个产品创新强基项目"，高性能碳纤维、半导体集成电路成套设备等科技攻关推进顺利，110 项基础零部件（元器件）、97 项基础材料、123 项基础工艺、149 项基础技术、16 项基础软件取得突破。推广创新产品，以"有产品、市场认、用户用"和"工程化、产业化、商业化"为导向，完善应用生态。37 个首台（套）重大技术装备、66 个首批次重点新材料获国家保险补贴，全球最大吨位起重机、全球最大风电动臂塔机等一批大国重器相继下线。

4. 精准发力育产业，链群建设成效明显

注重把握产业演变规律，育企业、兴园区、强配套，推动产业纵向成链、横向成群。培育优质企业，引导大企业带动强链补链延链，2家企业入选首批国家级"链主"企业；支持企业深耕细分领域，新增国家制造业单项冠军8个；支持企业专精特新发展，新增国家级"小巨人"企业162家。建设"五好"园区，开展园区规划定位评价，推动园区特色产业集聚发展，开展产业政策、智能制造、工业设计、金融服务进园区活动，深受企业和园区欢迎。永州经开区、邵阳经开区升级为国家级园区。壮大产业链群，组织产业链对接活动30场，解决了一大批产业链配套问题；参加国家先进制造业集群竞赛，2021年继长沙工程机械、株洲轨道交通装备在决赛中胜出后，株洲中小航空发动机、长沙新一代自主安全计算系统在新一轮初赛中胜出，湖南"3+3+2"领域已有4个集群进入国家队，居全国中西部第一位。

5. 坚持"四化"促转型，产业升级步伐加快

顺应产业、消费双升级趋势，推动产业向数字化、绿色化、服务化、品牌化转型。抓数字化转型，大力发展工业互联网，培育省级工业互联网平台26个，发布"5G+工业互联网"六大典型应用场景和20个企业案例。推进"两上三化"专项行动，中小企业累计"上云"41万户、"上平台"1.8万户，实施数字化改造项目328个、网络化协同项目200个、智能化提升项目100个。打造智能制造标杆，7家企业入选国家智能制造示范工厂。抓绿色化改造，"守护好一江碧水"，沿江化工企业关闭退出35家、异地迁建3家。全链条推进绿色制造，获评国家级绿色园区3家、绿色工厂25家、绿色设计示范企业12个、绿色设计产品42个。积极谋划工业低碳发展，组织开展工业固体废物资源综合利用示范创建，加快推进有色金属资源综合循环利用。抓服务化提升，工程机械、轨道交通装备领域重点企业向服务化延伸，获评国家级服务型制造示范平台1个、示范企业4家；工业设计得到进一步推广，新增国家工业设计中心5家。抓品牌化发展，消费品"三品"行动向纵深推进，中小企业品牌能力建设全面开展，优势企业品牌影响力进一步提升，铁建重工获第四届中国质量奖提名奖，新增省级工业质量标杆企业 20 家、工业品牌培育示范企业 20 家。

6. 做强平台引资源，发展合力加速汇聚

找准高地建设的有效抓手，打造了一系列重大平台，引导各种力量向高地集中，各类资源向高地汇聚。上接"天线"，打造部省合作平台。推动工信部和省政府签署战略合作协议，从八个方面支持湖南打造高地。中国工业互联网研究院湖南分院、国家工业互联网大数据中心湖南分中心顺利落户。下接"地气"，打造公共服务平台。工业数据云为开展运行监测、研判经济形势、加强协调服务提供了有力支撑；省中小企业公共服务平台线上线下服务企业 15.1 万家次，服务能力明显提升。内聚合力，打造重大工作平台。发挥制造强省、数字湖南、中小企业发展、无线电管理等四个领导机构的统筹协调作用。进一步做实了省领导联系产业链群制度，明确"六大行动""五大机制"，省委、省政府领导联系 22 条产业链群，示范带动掀起了全省打造高地的新高潮。外聚活力，打造开放合作平台。服务和融入新发展格局，举办 2021 世界计算大会、首届北斗规模应用国际峰会、国际工程机械展、"三航"高层座谈会、通用航空博览会、全国"专精特新"中小企业高峰论坛等一批档次高、规模大、影响广的品牌活动，吸引国内外数千家企业参加，签约了一批重大项目，开辟了产品销售市场，推动了产学研深度合作，提升了湖南发展的吸引力和影响力。

二 2022年发展展望

2022 年，全省工业和信息化工作将坚持以习近平新时代中国特色社会主义思想为指导，深入落实习近平总书记对湖南重要讲话重要指示批示精神，坚持稳中求进工作总基调，立足新发展阶段，完整、准确、全面贯彻新发展理念，融入和服务新发展格局，以推动高质量发展为主题，把工业稳增长摆在最重要的位置，统筹发展和安全，统筹推进产业链群发展、产业基础再造、优质企业培育、"五好"园区建设、产业转型升级，着力提升制造业核心竞争力，奋力打造国家重要先进制造业高地，以优异的成绩迎接党的二十大胜利召开。主要预期目标是：全省规模工业增加值增长 7.2%，制造业增加值增长 7.5%，数字经济增加值增长 15%，单位规模工业增加值能耗下降 3.2%，净增规模工业企业 1000 家以上。

1. 以"纾困增效"专项行动为抓手，提振工业经济运行

坚持稳字当头，全力推动工业经济稳中有进、稳中提质，筑牢全省经济"压舱石"。一是加大运行监测力度。建好用好工业数据云，加强部门协同和省市县三级联动，加强分析研判和专项研究，提出具体举措，做好政策储备。加强政策解读和正面引导，稳定发展预期，增强发展信心。二是加大政策支持力度。落实落细国家和省里已出台的系列惠企政策，让政策真正落实到每个企业，发挥应有效果。聚焦企业"急难愁盼"问题，出台实施一批针对性强、含金量高的政策措施，助力企业加快发展。三是加大帮扶纾困力度。深入开展"纾困增效"专项行动，发挥工信部门牵头作用，建立部门会商机制，形成工作合力。紧盯规模工业亏损企业和其他困难企业，建立台账，明确责任，"一企一策"化解企业用工、用地、用能、用钱等要素制约和成本上涨、市场开拓等困难问题，帮助企业渡过难关、持续发展。继续做好保障中小企业账款支付和清欠工作，切实减轻企业负担。

2. 以"新增规模以上工业企业"行动为抓手，培育壮大市场主体

把培育企业主体作为关键之举，坚持扩增量、稳存量、提质量，确保量的合理增长、质的全面提升。一是加大企业培育力度。大力推进"个转企""小升规"，建立"重点企业培育库""重点项目库""退规企业风险库"，加快"小升规"步伐，加快新建项目投产"入规"，稳定发展存量企业。二是推动企业专精特新发展。引导中小企业走专精特新发展道路，加快构建从专精特新"小巨人"、制造业单项冠军到领航企业和"链主"企业的优质企业梯度培育格局。积极争取一批国家专精特新"小巨人"、国家制造业单项冠军，培育和认定一批省级"小巨人"。三是促进大中小企业融通发展。支持领航企业做强做优做大，迈上 100 亿元、500 亿元、1000 亿元台阶。加快"规改股""股上市"，协同推进企业上市"金芙蓉"跃升行动计划，借力资本市场加快发展。发挥领航企业、"链主"企业引领作用，推动产业链上

下游紧密协作，营造良好发展生态。

3. 以产业发展"万千百"工程为抓手，推动产业链群建设

按照产业发展"万千百"工程实施方案要求，省市县分级推进、梯度培育、滚动发展，进一步做大产业、做强企业、做实项目、做优生态，增强全省产业发展整体实力和核心竞争力。一是加大项目建设力度。通过转型升级催生一批、招商引资引进一批、创新成果转化一批、优质企业裂变一批、依靠资源建设一批等方式抓项目，大力推进"十大产业项目"和制造强省重点项目建设。加大国家重大战略、专项资金对接力度，谋划争取将更多项目纳入国家笼子。推动出台新一轮技术改造税收增量奖补政策，撬动更多社会资本支持企业开展设备更新和技术改造。二是加快"五好"园区建设。优化园区产业布局，强化"两主一特""一主一特"导向，培育一批特色产业园区支撑产业链群发展。推动建立以亩均税收、绿色发展、科技创新等为核心指标的评价激励机制，深化产业政策、工业设计、金融服务、智能制造进园区活动，引导企业、项目、要素向园区集聚。全力创建国家制造业高质量发展试验区。开展新型工业化产业示范基地专项评估，实施动态管理、优胜劣汰。三是培育壮大产业链群。聚焦"3+3+2"领域实施先进制造业集群培育专项行动，开展集群竞赛，创新产业集群治理模式，把一批行业协会培育成促进组织，推动构建"产业+科技+金融+人才"的发展生态。培育一批"链主"企业，推动上下游配套，增强产业链供应链韧性。在培育发展优势产业、未来产业的同时，钢铁、汽车、石化、有色等传统产业占比较大，同样是打造高地的基础和支撑，必须加快提质改造步伐。比如，钢铁产业加大高端精品钢材研发力度；汽车产业着力优化结构，大力发展新能源汽车、智能网联汽车，推动整车企业与配套企业协同发展；石化产业打造"油头化尾"产业链条，发展高端合成材料、先进高分子材料、盐基化工、精细化工等产业；有色产业以精深加工为方向，延伸产业链条，重振"有色金属之乡"的美誉；白酒、烟草等消费品工业唱响品牌，引领市场。

4. 以产业基础再造工程为抓手，提升产业创新能力

打造高地，必须夯实产业基础能力，大力实施产业基础再造工程。一是分层次推进创新平台建设。加快建设一批区域级平台，推进国家级车联网先导区建设，争创国家人工智能创新应用先导区。着力建强一批产业级平台，发挥好株洲轨道交通国创中心的作用，争取在工程机械等重点领域再建设一批国家级制造业创新中心，加快建设一批省级创新中心。协同推进岳麓山工业创新中心建设。全面做强一批企业级平台，优化全省企业技术中心布局，做到新建一批、提升一批、淘汰一批。二是大力提升产业基础能力。主动对接、积极参加国家产业基础再造工程，带动提升全省产业基础能力。聚焦产业链群，围绕核心基础零部件、基础电子元器件、关键基础材料、基础工艺与设备、基础软件以及产业技术基础等瓶颈短板，启动一批工程化攻关项目。实施"100个产品创新强基项目"，编制重点新产品目录，深入推进重点新产品和工艺"一条龙"应用示范，促进整机（系统）和基础产品技术互动发展。三是系统提升产业创新能力。聚焦产品研发设计、智能制造、工业母机、检验检测、标准品牌等五大环节，通过"揭榜挂帅"等机制，积极引导和推动设计技术、工艺技术、装备技术、检测技术和管理技术等创新，强化标准建设、专利布局、品牌运营等基础工作。

5. 以制造业数字化转型行动为抓手，打造数字经济新优势

加快发展数字经济，大力推进"大智移云"技术及产业化，推动制造业全方位全链条数字化改造升级。一是做好新型数字基础设施建设前瞻布局。推动实施一批"数字新基建"标志性项目，优化大数据中心布局，升级改造国家超算长沙中心，加快推进国家级互联网骨干直联点建设，把湖南建设成全国先进的绿色算力枢纽、全国领先的新型数字基础设施高地。二是发挥数字产业化生态优势。放大"两芯一生态"品牌效应，发展壮大电子信息制造业，培育功率半导体及集成电路、新型显示器件、先进计算等优势产业，加强高端整机产品研发生产，促进国产设备和元器件适配供应。做强软件服务与互联网产业，开展软件"名人、名企、名品"遴选活动，支持长沙创建中国软件名城。三是拓展产业数字化深度广度。立足企业业务场景和能力建设，推动设计数字化、制造精益化、产品智能化、服务平台化、配套协同化、营销网络化。培育一批系统解决方案供应商，扩大试点示范，创建国家智能制造先行区。深化"两上三化"行动，带动1万家以上企业深度"上云"、5000家以上企业"上平台"。建好"一院一中心"，创建国家工业互联网示范区。围绕产业发展、公共服务、社会治理等重点领域，打造一批数字化应用场景。

6. 以制造业绿色低碳转型行动为抓手，大力发展绿色经济

变压力为动力、变被动为主动，统筹推进工业绿色低碳转型，彰显绿色产业之美。一是加快产业绿色化改造。统筹用好中央和省里财税金融政策，在有色、钢铁、石化、建材等重点行业启动一批绿色低碳技术改造项目。严格落实产能置换办法，坚决遏制"两高"项目盲目发展。加快推进城镇人口密集区危化品生产企业和沿江化工企业搬迁改造工作。二是推进资源综合利用。从减量化、资源化和再利用入手，加快工业资源综合利用基地建设，推进新能源汽车动力蓄电池回收利用试点，促进工业固废规模化综合利用、再生资源高效循环利用。落实国家工业能效、水效提升计划，加强工业节能监察和节能诊断服务，降低单位产品能耗物耗。继续组织200家以上工业企业开展自愿性清洁生产。三是构建绿色制造体系。加快制定和修订工业绿色低碳标准，推进绿色园区、绿色供应链企业、绿色工厂和绿色设计产品创建，积极培育绿色制造系统解决方案供应商，打造节能装备研发制造产业基地。加大绿色低碳技术、装备攻关和示范应用，提高产品全生命周期绿色化发展水平。

7. 以完善重大平台体系为抓手，有力支撑高地建设

以大平台集聚产业发展要素，更好地利用国内国际两个市场、两种资源。一是充分发挥重大工作平台作用。切实落实省领导联系产业链群制度，进一步浓厚产业链群建设氛围。推动部省合作八个方面事项落地落实，进一步争取工信部支持。继续发挥制造强省等领导机构的统筹协调作用，凝聚高地建设的各方合力。二是充分发挥重大会展平台作用。加强国际国内产业合作，办好2022年世界计算大会等重大品牌会展活动，鼓励"以商招商""以企引企"，开展产业链引资、引智、引技，落地更多项目、吸引更多人

才、争取更多资金、开拓更大市场。三是充分发挥重大服务平台作用。推动工业数据云与国家工信大数据平台共享信息，实现上下贯通、横向连接。提升全省中小企业公共服务平台能力，建设一批特色产业集群窗口平台，打造一批战略咨询、研发设计、成果转化、供应链金融等专业服务平台。

B.11

2021年湖南省住房城乡建设情况及2022年展望

鹿　山*

2021年，湖南省住房城乡建设系统坚持以习近平新时代中国特色社会主义思想为指导，深入贯彻新发展理念，坚持党建引领，突出政治建设，全面落实"三高四新"战略定位和使命任务，系统谋划、勇于担当、创新作为，圆满完成了中央和省委省政府部署的各项任务，推动了住建事业高质量发展。

一　2021年主要工作情况

（一）保障"住有所居"取得新进展

一是完善房地产市场体系。坚持"房住不炒"，建立房地产市场平稳健康发展城市主体责任制，持续整治房地产市场秩序，加强房地产信贷管理。坚持保民生、保交楼、保稳定，防范化解恒大等房地产项目风险，建立全省房地产工作协调机制及化解专班，出台"一省一策"等处置方案，推动恒大项目基本复工。非住宅商品房去库存工作得到《经济日报》内参推介。建立全省统一的住房领域信息化"一网通办"平台，上线9个城市商品房网签备案系统。全省房地产市场总体平稳，新建商品住宅均价6481元/米^2，在全国排名第25位。打造智慧公积金，完成"12329"综合服务平台功能

* 鹿山，湖南省住房和城乡建设厅党组书记、厅长（收稿日期，2022年2月）。

开发,"跨省通办""一网通办"全面落实。全省归集住房公积金 821.71 亿元、提取 480.95 亿元,同比分别增长 9.70%、6.84%。二是完善城镇住房保障体系。稳步推进城镇棚户区改造,修订公租房管理办法,公租房管理服务提质增效。扩大保障性租赁住房供给,出台配套政策,确定长沙等 4 个城市为保障性租赁住房重点发展城市。城镇棚户区改造开工 3.56 万套,公租房开工 1 万套,发放公租房租赁补贴 12.35 万户,新筹集租赁住房 9.3 万套,开工保障性租赁住房 4.35 万套并获住建部表扬。三是强化农村建房管理和危房改造。省政府办公厅出台加强农村住房质量安全监管政策,构建了农房全生命周期监管"1+N"政策体系。开展传统村落保护利用评估,加强乡村建设工匠培训指导和管理工作。全力推进农村房屋建筑调查,完成 2505.9 万个农村房屋建筑图斑调查,进度全国第一。排查农村房屋 1168 万户,其中 2.1 万户 C、D 级危房已整治 10515 户。完成农村危房改造和抗震改造 2.8 万户。开展传统村落保护条例立法调研,658 个传统村落全部编制保护规划、实施挂牌保护,建成数字博物馆 68 个,推动湘西州传统村落集中连片示范。

(二)建筑业高质量发展开创新局面

坚定不移地推动建筑业集约化、工业化、精细化、绿色化、规范化、国际化。2021 年,全省建筑业总产值 1.32 万亿元,同比增长 11.9%。劳动生产率稳步提升,全省建筑业企业从事建筑业活动的平均人数 301.25 万人,同比下降 0.6%。全省建筑业企业劳动生产率由上年同期的 39.2 万元/人提高到 44.1 万元/人,增长 12.5%。一是统筹推进绿色建造。推动颁布实施《湖南省绿色建筑发展条例》。抓好全国唯一省级绿色建造试点,三个城市试点建筑面积达 180.85 万平方米,工作获李克强总理、张春贤副委员长、王蒙徽部长等批示肯定。5 个浅层地热能建筑规模化应用试点项目开工,14 个县市深化建筑垃圾资源化利用试点。开展绿色建筑创建行动,全省城镇新增绿色建筑面积占新建民用建筑总面积的 77.42%,超额完成 7.42 个百分点。完成国家级装配式钢结构住宅试点,新增装配式建筑面积占城镇新建建筑面积的33.79%，超额完成1.79个百分点。二是协同推进建筑工业化与智能化。推广应用装配式建筑全产业链智能建造平台、施工图审查BIM技术，举办建筑信息模型BIM应用大赛。评选培育20家"建筑强企"。推动建筑业"走出去"联盟深化合作，引导扩大粤港澳大湾区和国际交流合作。筑博会升格冠名中国并成功举办。三是强化建筑市场监管。整治建筑施工质量安全顽疾，开展"施工安全专项治理""混凝土质量专项整治""强执法防事故""百日攻坚""违法建设和违法违规审批专项清查"等行动，推进标准化建设，健全工程质量潜在缺陷保险、绿色施工管理等政策。完善信用体系，建立建筑市场不良行为记录公布制度，严厉打击"三包一挂""挂证"等行为。深化招投标改革和突出问题整治，施工监理、工程总承包、全过程咨询、成本评审、履约担保等招标评标体制更加完善，招投标全过程实现"监管一张网，交易一平台"。加强消防工程日常监督和标准化考评。

（三）城乡环境基础设施建设迈上新台阶

围绕建设韧性城市、打好污染防治攻坚战，实施以供水提质、污水治理、垃圾治理、黑臭水体整治和智慧建设增效为内容的城乡环境基础设施建设工程，推动"城市补短板、提质量，乡镇补空白、扩容量"。一是抓好供水供气保障工作。实施城市供水提质工程，新扩改建城市自来水厂9座，新建改造供水管网1624公里；开展城市二次供水设施建设改造和管道直饮水试点工作。加快普及天然气，除芷江县外，全省所有县市均开通天然气，天然气总用量达39.2亿立方米。二是推进生活污水治理提质增效。制定城市污水管网建设改造五年攻坚行动实施方案，启动城市污水处理厂提标改造18座、新扩建污水处理厂20座，新建改造排水管网1902公里，完成污水处理提质增效试点、12座污水处理厂等级试评价、163座污水处理厂运营管理情况评估。地级市、县级市生活污水集中收集率较2018年分别提高18.66个、13.85个百分点。完善房屋建筑室外排水管网工程建设质量管理政策。建成280个乡镇污水处理设施，乡镇污水处理设施覆盖率达77%，四部门联合出台《关于规范和加强全省乡镇生活污水处理设施运营管理的通知》。推动城乡一体化垃圾治理，新建乡镇垃圾中转站 103 座。全面排查黑臭水体，市县开工 50 个整治项目，已竣工 30 个。在 5 个市县开展海绵城市建设试点，岳阳市成功入选国家示范城市，全省海绵城市建设面积占建成区的 29.07%。三是强化生活垃圾治理。成立省长任组长的全省城市生活垃圾分类工作领导小组，召开领导小组会议，出台推进生活垃圾分类工作的实施意见等文件，地级城市全面推行垃圾分类工作，打造了 50 个省级示范街道。新建成餐厨垃圾处理设施 5 座、垃圾焚烧发电项目 14 个，焚烧处理能力占比达 68.3%。整治垃圾填埋场，提升渗沥液处理能力，完成 95 座垃圾填埋场问题整改情况督导检查，其中 72 座完成无害化等级评价。四是推进"新城建"试点。全面推进城市市政排水管网 GIS 系统建设，8 个城市建成上线。在株洲开展智慧社区建设试点，在常德开展城市信息模型（CIM）试点，搭建省级 CIM 平台。启动城市综合管理服务平台建设，推动城市管理"一网统管"，城市网格化管理技术项目荣获"华夏建设科学技术奖"一等奖。

（四）城镇建设管理品质得到新提升

以打造宜居城市为目标，推进以人为核心的新型城镇化，提升城市品质，提高城市管理科学化、精细化和智能化水平。2021 年，预计全省城镇化率为 59.71%、比上年末提高 0.95 个百分点，城市建设迈入存量与增量并重时代。一是统筹实施城市更新行动。助推长株潭一体化，出台长株潭融城示范区风貌管控政策，率先实现长株潭公积金一体化。制定城市更新指导意见，开展项目试点示范，长沙入选国家首批试点城市。推进城市体检试点，长沙、常德获批为国家城市体检样本城市。开展居住社区补短板行动，全面推进城镇老旧小区改造，建设绿色完整居住社区。自 2019 年起，全省两年开工改造老旧小区 4144 个。2021 年计划改造的 3558 个老旧小区全部开工，片区化改造率达 44.5%。率先在全国实施既有住宅加装电梯三年行动，2021 年新加装 3852 台，实现"能加、愿加则尽加、快加"。开展城乡历史文化保护传承体系普调，划定历史文化街区 53 个，确定历史建筑 2097 处。二是保障城市运行安全。全面推进房屋建筑普查和地下市政基础设施普查工作，进度居全国第一。推动内涝治理系统化，排查治理地级城市易涝点 209 个，集中整治城市道路（桥隧）交通顽瘴痼疾 155 处。加强窨井盖和大型户外广告安全管理，排查整治城市公园安全隐患 2007 处。完善管道燃气安全管理政策，开展 3 次城镇燃气隐患排查，整治安全隐患 1.4 万余个。三是提升城市管理和执法水平。联合省委组织部、省民政厅等四部门出台《关于加强城市住宅小区协同治理的指导意见》。推广省物业管理监管平台，开展物业维修资金增值收益使用改革。印发园林城市（县城）管理办法及标准，新增 3 个省级园林县城。修订园林式单位和园林式居住区评选办法，制定园林绿化工程质量综合评价管理办法及评价标准，开展城市绿地生态环境损害赔偿工作。落实行政执法"三项制度"，建立城管领域事中、事后监管与行政处罚衔接机制，推进创建文明行业。完成城市管理执法进小区试点。印发全省住建系统"厕位""车位"突出问题专项整治工作实施方案，加强监督管理，督促各地加快推进城镇公厕和公共停车设施建设。

（五）全面深化改革实现新突破

一是打造工程建设项目审批制度改革 2.0 版。推行"用地清单制+告知承诺制"改革和规划审批改革，深化多图联审、多测合一、中介服务、区域评估等专项改革，实行分阶段办理施工许可，全面推广"交房即交证"。优化升级系统功能，发布第四版工程建设项目审批工作指南、第二版市政公用服务报装接入办事指南，抓好"体外循环"专项整治，推进全流程在线合规审批，改革经验连续三年获国家工改办重点推介。二是深化"放管服"改革。向中国（湖南）自贸试验区赋权 11 项事项。实施优化营商环境攻坚行动，推进政务服务事项"三化"和"四减"，政务服务事项压缩时限 76.77%，网办深度达 87.60%。三是推进企业资质改革。实施建筑企业证照分离和资质审批改革，取消造价企业资质，建筑企业三级资质，房地产开发企业三级、四级、暂定级企业资质，勘察设计、监理企业丙级资质；房地产开发企业二级资质和监理企业乙级资质实行告知承诺制审批；施工劳务资质由审批制改为备案制；将建设工程企业资质有效期统一延期至 2022 年 6 月。

二 2022年工作展望

2022年，湖南省住建系统将坚持以习近平新时代中国特色社会主义思想和习近平总书记系列重要讲话精神为指导，深入贯彻落实党的十九届六中全会、中央经济工作会议、全国住建工作会议和省第十二次党代会、省"两会"精神，在省委省政府的坚强领导下，强化党建引领、突出政治建设，全面落实"三高四新"战略定位和使命任务，创新担当、主动作为，推动中央决策部署不折不扣落实，闯出住建事业高质量发展新路子。

（一）完善住房市场体系和保障体系

坚持"房住不炒"，因城施策促进房地产业良性循环和健康发展，支持更好满足购房者的合理住房需求。化解重点房地产项目风险问题。推进非住宅去库存。开工保障性租赁住房4.5万套、公租房6202套、棚改2.49万套。强化农房质量安全管理，推动常态化排查整治。培训乡村建设工匠，改造农村危房1.7万户，推动传统村落保护立法和集中连片保护利用。开展美丽宜居共同缔造和农房建设试点工作，力推城乡垃圾一体化处理。

（二）推进建筑业高质量发展

召开建筑业高质量发展推进会。出台城乡建设绿色发展行动方案，启动碳达峰试点。持续发展绿色建筑、装配式建筑、超低能耗建筑，全省城镇装配式建筑占新建建筑比例达到32%。大力推广应用浅层地热能，开展规模化建筑碳达峰试点。深化绿色建造试点，搭建创新体系，启动筹备建设湖南绿色建造科技博览园。编制建筑垃圾资源化利用专项规划，建设信息监管平台。强化建筑市场监管，引导全过程咨询行业健康发展，推广应用BIM技术，深化施工图审查制度改革。推动质量安全标准化、监督工作规范化和监管信息化，完善建筑市场信用系统。推动工程建设项目审批制度改革向3.0

版升级。推进"证照分离"和建设工程企业资质改革工作。持续深化招投标改革和专项整治。

（三）统筹实施城市更新行动

召开全省推进城市更新、城乡历史文化保护传承工作会议，提请印发《湖南省人民政府关于统筹推进城市更新行动的指导意见》，持续开展试点，打造示范工程。推进城市体检，扩大城市体检试点范围。提请省委省政府办公厅印发《关于在城乡建设中加强历史文化保护传承的实施方案》，持续推进历史文化街区划定和历史建筑确定，抓好历史文化资源和国家级省级历史文化名城申报工作，公布第六批历史文化名镇名村名单，探索建立历史文化保护传承督察评估制度，做好传统村落保护工作。开展社区补短板行动，创建一批绿色完整示范社区，新开工改造城镇老旧小区 3222 个。

（四）推进城镇环境基础设施建设

召开全省城市生活垃圾分类工作现场推进会、设施建设推进会，启动省级城市生活垃圾分类管理立法调研，督促市州加快立法、推进分类示范工作，全省地级城市 14 个区实现生活垃圾分类全覆盖、14 条街道基本建成生活垃圾分类示范片区。召开全省乡镇污水处理设施建设推进会、县以上城市污水治理暨黑臭水体整治现场推进会。紧密对接国家重大项目安排，实施城市污水管网建设改造攻坚行动和燃气老旧管网改造，新开工生活垃圾焚烧处理设施 4 个，建成 5 个垃圾焚烧发电项目、242 个乡镇污水处理设施、80 个乡镇垃圾中转站，加装电梯 4000 台，加快设施智能化适老化改造。抓好突出环境问题整改，推动中央环保督察、长江经济带警示片等反馈问题扎实整改、按期销号。

（五）强化城镇建设运行和安全管理

统筹抓好安全防范工作，确保事故发生起数、伤亡人数、较大以上事故数量均下降，不发生重特大事故。召开全省加强农村住房质量安全监管推进会，落实农村建房"六到场"制度，深入排查整治农房安全隐患。推进房屋建筑普查和地下市政基础设施普查。完善管道燃气安全管理政策，印发《湖南省城市供气燃气事故应急预案》，排查整治燃气领域安全隐患问题。抓好新城建试点，打造工程建设项目审批制度改革 3.0 版，加快城市信息模型 CIM、城市综合管理服务平台等建设。深化城管执法改革，强化城管行政执法监督检查，全面推进城市管理执法进小区。做好城市园林绿化工作，修订实施城市绿化条例办法，制定城市绿线管理办法。

B.12
2021年湖南交通事业发展情况
及2022年展望

赵 平[*]

一 2021年湖南交通运输事业发展情况

2021 年，在省委、省政府的坚强领导下，省交通运输厅党组团结带领全系统干部职工早计划早准备早安排，抓重点抓关键抓落实，全省交通运输工作浓墨重彩、成效显著，7 次在全国性会议作经验交流，19 次获部省领导批示肯定，多项工作进入全国"第一方阵"，迈好了第一步、见到了新气象、实现了开门红。

（一）贯彻落实习近平总书记重要指示精神提升新高度

把贯彻习近平总书记对交通运输工作重要论述和考察湖南重要讲话指示精神作为首要政治任务，以"钉钉子"的精神抓好落实，习近平总书记关心的道县黄田岗村道路建设问题第一时间解决；公路限高限宽设施和检查卡点整治任务圆满完成，共整治 1848 处；高速公路服务区累计提质改造 40对、完成"厕所革命"89 对、建设充电桩车位 453 个；货运物流网络经营企业达到 42 家，省级公共服务平台投入运营，建成"司机之家"38 个。

（二）交通投资建设实现新突破

交通投资创历史新高，完成固定资产投资达 1050.7 亿元，为年度目标

---

* 赵平，湖南省交通运输厅党组书记、厅长。

的130%，同比增长43.1%，为全省"六稳""六保"提供强力支撑，投资增幅居全国前列，在全国交通运输工作会议作题为"抓项目稳投资扩内需高质量推进交通基础设施建设"的经验交流。交通筹融资成效明显。高速公路2020年以来16个新开项目15个由社会投资建设，筹资达2017亿元，有效防范政府债务风险。内河航道新改建船闸收费实施方案省政府常务会议审议通过，水运建设打开市场化之门。交通财源建设工作任务圆满完成。项目建设高质量推进。政府工作报告"十大基础设施项目""十大民生实事"交通任务超额完成。高速公路24条1602公里在建项目全面推进，其中安慈、龙琅、祁常、临连4条134公里超目标任务建成通车；新新、益常扩容、零道3条362公里开工建设；普通国省干线建成961公里；农村公路提质改造4570公里、实施安防工程10068公里；内河水运建成投运千吨级泊位18个，新开工高等级航道项目3个。工程进度和质量安全、造价控制全面加强，部安委办检查组给予高度肯定。

（三）交通强国试点闯出新路子

全域旅游生态景观路建设初见成效，三年行动计划和五年实施细则制定完成。旅游公路设计指南和实施指导意见编制完成。首个示范工程高质量建成，11个示范项目正式启动。建成旅游资源产业路3940公里。湘赣边区域综合交通加快完善。"十四五"区域交通专项规划编制完成。6条高速公路、19条普通国省道、49个旅游资源产业路项目全面推进。世行结果导向贷款农村交通项目扎实推进。城乡客运一体化成果惠民。示范创建县达55个、覆盖全省45%的县市区，农民群众"出门硬化路、抬脚上公交"。嘉禾县获评全国示范县，汨罗、临澧、花垣被列入全国示范创建县。7个县市区开展客货邮融合发展试点（培育）。攸县"城乡驿站+邮政快递"、耒阳"电商物流+邮政快递"形成全国农村物流品牌。科技兴安见效明显。公路治超不停车检测系统累计建成377处。高速公路、普通公路违法超限率分别稳控在0.5%、1%以内。全省2.6万台"两客一危"车辆智能监管全覆盖，联网联控考核稳居全国前列。重点渡口视频监控全覆盖、全年渡运零事故。

（四）交通规划体系绘就新蓝图

规划"大写意"基本完成，"十四五"交通运输发展规划、到2050年的"一江一湖四水"水运规划和公路网布局规划获批实施；高速公路网规划修编、交通运输基础设施与现代物流融合发展研究取得阶段性成果。规划"施工图"精细推进。坚持"建成一批、开工一批、储备一批、谋划一批"，强力推进项目前期工作，"十四五"规划中20个拟开工高速公路项目已有17个正全力推进前期工作，拟开工的15个高等级航道项目全部启动前期工作，拟提质改造的8328公里普通国省道项目前期工作全面启动。

（五）重点领域治理取得新成效

管理养护质效同升，公路管养迈入全国第一方阵，首次获评全国干线公路养护管理先进单位。年度3.9万起高速公路车辆救援服务"零"投诉；公路养护"双评双促"评价机制全面推行；高速公路路况优等路率达98.2%，普通国省道优良路率达92%。航道管养全面加强，战枯保畅任务圆满完成，公益助航船舶1700多艘。"四好农村路"示范创建突破进展。长沙、永州荣获全国市域示范创建突出单位称号，望城、浏阳、澧县等10个县市区荣获全国示范县称号，获评总量居全国第2位。花垣县十八洞通村公路入选全国"十大最美农村路"。法治政府部门建设深入推进。党政主要负责人第一职责落实到位。公路治超条例、铁路安全管理条例颁布实施。综合执法事项指导目录公布实施。37项首违（轻微）免罚清单制定公布。综合执法改革基本到位。高速公路路政执法职责下放承接。执法领域五大类50个突出问题整治到位。"七五"普法任务圆满完成。"一江一湖四水"港口码头整治取得实效。巩固拓展长江岸线非法码头整治成果，延伸推进"一湖四水"整治，干散货码头环保隐患整治指南、港口码头及船舶岸电设施建设技术指南编制实施，391个非法码头取缔复绿，船舶污染防治管控有力，中央环保督察反馈问题年度整改任务完成。铁路安全环境集中整治三年任务两年完成。累计投入7000多万元，牵头整治隐患1.28万处，新建铁路通道322处、连接道路491处，封闭栅栏开口 1324 处，整治移交公跨铁桥梁 106 座，"双段长"制全面实施，"湘赣边红色专列"顺利开通，整治成效在全国形成影响。

（六）运输服务保障得到新提升

运输服务提质增效，全省公路水路货运量、货运周转量同比增长11.9%、9.5%。道路运输从业资格高频服务事项实现"跨省通办"。出租车改革和网约车合规化依规推进。牛年春运平安顺利。百年党庆烟花等专项运输任务获中央肯定。抗疫、能源等重点物资运输保障有力。ETC 综合使用率全国靠前。运输结构加快调整。三年行动计划铁路、水路货运量增长任务圆满完成。公铁联运量增长 181%、铁水联运量增长 164%。岳阳市多式联运部示范工程顺利验收，铁水集运煤炭码头开工建设。长沙市成功创建"绿色货运配送城市"。岳阳锚地岸电示范项目建成投运。278 艘船舶受电设施改造全部完成，列长江经济带省份首位。岳阳云溪、长沙金钩寺 LNG 加注站建成投运。政务服务亮点纷呈。省交通政务窗口年办件 15.7 万件、同比增长 71%，大件运输许可办件量居全省单项网办件之首，政务服务综合考评进入省直单位第一方阵。"12328"热线服务、省级信用交通指数跃居全国前列。

（七）平安交通建设开创新局面

安全生产大局保持稳定，省域国家铁路路外事故起数、死亡人数同比分别下降 36%、41.3%，未发生重大以上安全生产事故，平安建设、安全生产获评全省先进。安全基础不断夯实。工程建设领域"一会三卡"制度覆盖推行。工程项目 10 项施工重大风险源管控办法深入实施。人员履约平台全国推广。改造农村公路危桥 557 座。完成公路承灾体普查 7.28 万公里。专项整治有力有效。"集中攻坚年"行动年度任务圆满完成，整改隐患问题2.3 万个，完成桥梁安全防护能力提升 488 座，整治长陡下坡路段 57 处，验算加固独柱墩桥梁 203 座，完成长大隧道交安整治 191 座，新化县孝心岩隧道综合整治如期完成，实施桥梁碰撞风险隐患自查 217 座。战疫防线持续巩固。交通运输公共服务场所和交通工具常态化防控措施严格落实，从业人员实现"零感染"。全行业疫苗接种率居全省前列，厅系统疫苗接种任务圆满完成。疫情防控高速公路通行费补偿方案制定实施。

（八）强化党建引领焕发新气象

党史学习教育高质量开展，对标中央、省委要求，贯穿学史明理、学史增信、学史崇德、学史力行，突出"学习党史守初心，传承精神担使命"主题，以上率下、上下同学，三大项23小项任务圆满完成，公开承诺的17件民生实事全部兑现，"七一"表彰、文艺汇演、书法美术摄影展等建党百年系列庆祝活动隆重举行。"政治三力"持续增强。习近平新时代中国特色社会主义思想、习近平总书记对交通运输工作重要论述和考察湖南重要讲话指示批示精神学思践悟体现行业特色。党建主体责任全面落实。党员学习、教育、管理从严从实。意识形态工作责任制较好落实。"三表率一模范"机关建设扎实有效。交通职院、省公路事务中心政治巡察全面完成。干部队伍活力迸发。4名厅级干部提拔重用，61名干部提处级职务（职级），22名处级干部交流任职。选人用人整体好评率提升4.1个百分点。行风政风持续优化。"一把手"监督突出加强。厅党组与驻厅纪检监察组定期会商机制有效落实。政府采购进一步规范。公职人员"十不准"、厅机关廉政风险清单实施落地。行业常态化扫黑除恶工作得到中央督导组肯定。内控督办机制优化完善。厅重点工作流程再造完成首批任务。行业形象大幅提升。全系统24个集体、28名个人荣获省部级荣誉。9人获评部级以上"技术能手"称号。评选表彰5个行业"十佳"。中央、省主流媒体等刊发新闻稿件510余篇，交通故事、交通声音、交通正能量激励人心。

二　2022年湖南交通运输事业展望

2022年工作总体要求是：以习近平新时代中国特色社会主义思想为指导，全面贯彻党的十九大和十九届历次全会精神，深入落实习近平总书记对交通运输工作重要论述和考察湖南重要讲话指示批示精神，大力弘扬伟大建党精神，认真按照中央、部省决策部署，完整、准确、全面贯彻新发展理念，服务和融入新发展格局，围绕构建现代化综合交通运输体系，坚持稳中求进工作总基调，坚持"四好"引领、推动"三个转变"、遵循"五个坚持"、做到"六个统筹"，全力推动湖南省交通运输高质量发展，为全面落实"三高四新"战略定位和使命任务贡献交通力量。

（一）加快完善高质量交通基础设施

全年计划完成投资 1000 亿元。稳步推进高速公路建设，投资 635 亿元。加快衡永、白新、醴娄等 23 个 1717 公里在建项目建设，新开工耒宜扩容、金醴扩容、桂新 3 个项目 212 公里，建成平伍、伍益、宁韶、江杉、城陵矶 5 个项目 247 公里，推动京港澳长沙至株洲段扩容、浏阳至江背、茶亭至长沙绕城高速等 4 个项目 241 公里前期工作。完成高速公路网规划修编（2021—2035）。扎实推进普通国省道建设，投资 135 亿元。加快 4080 公里在建项目建设，新开工 1200 公里，完工 800 公里。完成部规划普通国道项目前期工作。探索 EPC+建养一体化等建设新模式。加快推进农村公路建设，投资 115 亿元。完成农村公路提质改造 5000 公里。争创"四好农村路"全国示范市、县。评选 10 条全省"最美农村路"。办好全省"四好农村路"现场会。深入推进公路站场建设，投资 55 亿元。加快益阳高铁南站、吉首双塘等 35 个综合客货运枢纽建设。实施 56 个普通客货运站、114个三级物流体系、22 个旅游公路服务区、58 个城市公交项目建设。大力推进水运发展，投资 60 亿元。完成永衡三级航道一期，新增千吨级航道 140公里。推进石澧航道、永衡三级航道二期等重点项目建设。开工永衡三级航道三期等 2 个航道项目、株洲大唐华银配套码头工程等 4 个港口码头项目。加快湘江长沙至城陵矶一级航道、松虎航道等前期工作。结合船闸收费政策实施推进水运项目招商引资。开展湘桂运河前期研究。注重强化质量安全管控。制定《平安百年品质工程标准化指南》。创建 5 个部平安百年品质工程示范项目。组织高速公路高质量建设现场观摩。办好高速公路建设简报。加强工程造价管理和投资控制。

（二）全面完成交通强国试点任务形成湖南经验

全域旅游生态景观路建设方面，推广全域旅游公路设计指南和指导意见，推进11个省级示范项目落地实施。召开全省生态景观路现场推进会，每个市州创建1~2条示范公路，省级评选3~5条年度最美旅游路。湘赣边综合交通运输发展方面，加快区域内5条235公里高速公路建设，建成通车3条103公里。新开工国省道200公里、完工150公里，建设农村公路780公里。加强渌水通道规划研究。城乡客运一体化方面，完成第二批20个示范创建县验收。推进第三批27个示范创建县试点，总结形成可借鉴、可复制成果。科技兴安方面，优化"两客一危"智能监管系统。推动城乡客运一体化创建县农村客运智能监管设备安装全覆盖，完成治超联网管理信息系统、信息化治超网及保障体系建设。

（三）加快发展智能绿色交通

大力推动智能交通发展，高质量编制"十四五"智能交通规划。发布推广《公路工程施工管理数字化应用规范》。启动综合交通运输指挥系统。拓展北斗系统行业应用。推进耒宜扩容智慧公路、永州至衡阳智慧航道、长沙和岳阳智慧港口、长沙机场扩容智慧客运枢纽、智慧货运枢纽等交通新基建工程建设。完成自动驾驶重卡智慧物流等融合试点项目。着力推动交通物流融合发展。完成交通运输基础设施与现代物流融合发展研究"1+3"报告。绘制全省物流发展"一张图"。优化现代化综合交通运输体系"一张网"。推动科技赋能交通与物流发展"一体化"。加快城陵矶新港、霞凝港区等集疏运体系建设。推进长沙、怀化等多式联运试点。深化7个客货邮融合发展试点创建（培育）。加快推动行业绿色低碳转型。完成"一湖三水"码头渡口专项整治。加快千吨级及以上港口岸电设施全覆盖。完成船舶受电设施改造533艘。推广清洁能源车船。推进船舶防污染设备安装使用。推动大宗货物和中长途货物运输"公转水""公转铁"。

（四）持续提高运输服务供给质量

提升出行服务品质，完成 2022 年春运工作，打造"情满旅途"服务品牌。深化娄底国家公交都市、益阳和永州省级公交优先示范城市创建。发展定制客运。推进出租汽车行业改革。完善公路出行信息服务。做好高速公路车辆救援服务。加快高速公路服务区提质改造。深化"厕所革命"，推动充电桩建设，优化货车停放服务，组织示范创建，开展服务区等级评定。强化路网运行监测。开通运行公路阻断信息报送平台。建立长大桥梁结构健康监测系统。推进重点拥堵路段和站点整改优化。完善跨区域、跨部门联动机制。健全隧道运行监测和应急处置机制。加强联网收费管理。优化升级联网收费系统。出台湖南省国际标准集装箱运输车辆差异化收费政策。推动 ETC 服务提质升级。做好行业财源建设工作。

（五）不断增强交通行业治理效能

纵深推进"放管服"改革，取消下放一批行政许可事项。加强事中、事后监管。将行业行政许可事项全部纳入清单管理。优化重点工作流程构建。制定大件运输护送、监管规范。完成政务服务数字化电子化"一张网"。归并"12328"与"12345"政务热线。深化"信用交通省"创建。完善优化综合执法体系。抓好综合执法改革协作机制落地。实行路政执法和联合治超联动。加强执法队伍素质能力建设。完成执法制式服装和标志采购配发。推广应用行政执法综合管理信息系统。持续提升管理养护水平。全面推行路长制。覆盖推行公路养护"双评双促"专项行动。创建美丽公路示范市（县）、高速公路养护管理示范路、安防精细化提升示范路、公路养护综合服务示范站（工区、中心道班）。进一步提升航道管养水平。大力开展路域环境整治。巩固公路限高限宽整治成果。集中清理公路控制区内违法建筑和非法标志、标牌。依法整治非法占道行为。强化公路"百吨王"专项治理。深化常压液体危险货物罐车专项治理。进一步加强法治政府部门建设。制定深化法治政府部门建设实施意见。严格合法性和公平竞争审查。抓好综合行政执法事项指导目录落地实施。修订行政处罚自由裁量基准。做好行政复议行政应诉。依法化解重大遗留问题。

（六）全力确保行业安全稳定发展

坚持抓好常态化疫情防控，落实常态化疫情防控措施。做好防疫物资运输保障。提高冷链物流防疫措施。突出安全专项治理。开展公路顽瘴痼疾、隧道安全提升、独柱墩桥梁、船舶碰撞桥梁等专项整治。完成自然灾害综合风险公路水路承载体普查。实施国省道安防能力精细化提升和灾害防治工程。完成安全生产专项整治三年行动任务。巩固铁路安全环境集中整治成效。强化安全生产监管。全面推行"一会三卡"制度。突出工程施工十大风险源、水上客渡运、农村交通、危化品运输等安全监管。四、五类桥隧隐患问题整改率100%。提升应急保畅水平。建成娄底国家区域性公路交通应急装备物资储备中心。完善省、市、县三级应急储备体系。开展"行业+属地"联合应急演练。做好春节、冬奥会、冬残奥会、全国"两会"、党的二十大等重点时段安全应急工作。强化应急值守工作。

（七）用心用情办好交通民生实事

倾力办好交通十件民生实事。一是完成农村旅游资源产业路5000公里、安防设施6000公里。二是完成农村公路危桥改造650座。三是开展普通国省道老旧桥隧改造100座。四是实现大件运输通行线路电子地图上线应用。五是完成高速公路服务区提质改造30对、货车停车位优化调整和汽车充电设施建设50对，实现服务区无障碍设施全覆盖。六是推动交通领域"适老化"改造。七是加快道路运输从业资格服务事项"跨省通办"。八是实现道路运输电子证照跨省通用。九是建设"司机之家"10个。十是开展海员培训和船员服务便利工程。

（八）不断加强党的全面领导

强化政治建设，进一步树牢"四个意识"、坚定"四个自信"、捍卫

"两个确立"、做到"两个维护"。围绕"政治建设立标杆、理论武装走在前、固本强基当先锋、担当作为作示范、正风肃纪严要求",开好领导班子党史学习教育专题民主生活会,巩固深化党史学习教育,继续把党史总结、学习、教育、宣传引向深入,淬党性铸忠诚,建设模范机关。严格落实意识形态工作责任制。夯实基层基础。优化真抓实干督查激励考核办法。拓展延伸内控标准化管理。完善基层党组织书记述职评议考核机制。推动支部"五化"建设提质。完成厅机关党支部和厅直单位党委换届选举。争创省文明标兵单位。建强干部队伍。坚持以新时代好干部标准选人用人。用好优秀年轻干部和敢于担当作为干部人才库。优化干部队伍结构。加强干部交流培养。统筹用好职务提拔、职级晋升、荣誉表彰等组织措施。健全干部平时考核体系。做好乡村振兴对口帮扶。抓好技术技能人才队伍建设。规范教育培训活动。打造清廉交通。驰而不息正风肃纪,不断净化政治生态,坚决查处违法违纪问题。加强廉政风险排查。常态化开展廉政警示教育。实现厅直单位政治巡察全覆盖。提升宣传服务。构建大宣传格局,聚焦重大决策部署、中心工作、基层一线、先进典型,讲好交通故事、传播交通声音、弘扬交通正能量。开展劳动竞赛。组织送温暖、送关爱等系列活动。

B.13
2021年湖南农业农村发展情况
及2022年展望

袁延文[*]

2021年，全省农业农村部门深入学习贯彻习近平总书记关于"三农"工作重要论述和对湖南重要讲话重要指示批示精神，认真贯彻落实省委、省政府决策部署，深入实施"六大强农"行动，加快培育农业优势特色千亿产业，着力打造种业和农机"两个高地"，全面推进乡村振兴，农业农村发展稳中有进，实现了"十四五"良好开局。全年第一产业增加值达4322.92亿元，增长9.3%；农村居民人均可支配收入达到18295元，同比增长10.3%，增幅继续高于GDP和城镇居民收入增幅。

一 2021年湖南农业农村发展状况

（一）粮食和农业生产再获丰收

严格落实党政同责要求，狠抓早稻集中育秧、耕地抛荒治理、机械化社会化服务、高标准农田建设等关键环节，全省完成粮食播种面积7137.6万亩，超过国家下达任务53万亩，总产614.9亿斤，同比增加11.9亿斤，其中早稻面积、产量均居全国第1位。完成高标准农田建设463万亩，全省累计建成高标准农田3805万亩，占耕地面积的61.3%。深入实施优质湘猪工程，全省生猪出栏6121万头，同比增长31.4%，居全国第2位，存栏4202

---

* 袁延文，中共湖南省委农村工作办公室主任，湖南省农业农村厅党组书记、厅长。

万头，同比增长 12.5%，居全国第 3 位，生猪规模养殖比重高出全国平均水平 5 个百分点，优质二元母猪存栏占比由上年的 50% 提高到 59%。蔬菜等农产品生产稳中有增，棉花生产是全国唯一实现面积、总产、单产均增长的省份，牛羊、禽蛋、水产品等生产供应稳定。

（二）"两个高地"建设开局良好

认真落实省部共建合作框架协议，全力打造农业领域"两个高地"。种业方面，出台了《湖南省种业振兴行动实施方案》，省政府建立岳麓山种业创新中心、高标准筹建岳麓山实验室，在全国率先建成南繁科研育种园，超级稻双季亩产攻关突破 1600 公斤、再次刷新纪录，镉低积累品种研发取得新进展，湘沙猪配套系通过国家级审定。农机方面，湖南智能农机创新中心挂牌成立，常德市经开区、双峰县和苏仙区三个制造基地建设进展顺利，规模以上农机企业主营收入同比增长 9%，无人农场、智慧农业、数字大米试点全面启动，主要农作物综合机械化率达到 54%，其中水稻机插率比上年提高 5.17 个百分点。启动建设全省农业农村大数据中心，开展农业科技先行县建设，全省农业科技进步贡献率达到 61.8%，比上年提高 1 个百分点。

（三）乡村产业加快发展

推动出台《关于持续推进"六大强农"行动促进乡村产业兴旺的实施意见》《关于培育发展农业全产业链加快建设优势特色千亿产业的指导意见》。持续打造湖南红茶、安化黑茶、湖南茶油、湖南菜籽油、湘江源蔬菜和湖南辣椒 6 个省级区域公用品牌，培育"湘赣红"等 5 个片区公用品牌，创建"一县一特"特色品牌 20 个。规划布局优势特色产业核心产区产业集群 12 个，新增"湘九味"中药材、"五彩湘茶" 2 个国家级优势特色产业集群，在 4 个县市启动国家农业现代化示范区创建，创建数量排名中部第 1 位。新增国家级重点龙头企业 20 家，全省农产品加工业产值达到 1.99 万亿元，同比增长 7%，产值居全国第 7 位、中部第 3 位。全面启动柑橘品改工作，绿色、有机、地标农产品总数达到 3469 个，比上年增加 658 个。建成湖南省优质农产品产销对接综合服务中心和北京新发地"湖南馆",在省市县三级交通客运服务区设立脱贫地区农产品展示展销专区,"湘江源"蔬菜销往粤港澳大湾区总额同比增长30%。

(四)农业绿色发展扎实推进

坚决打好禁捕退捕持久战,推动湖南省人大出台《关于促进和保障长江流域重点水域禁捕工作的决定》,与湖北、重庆等省(市)签订"十年禁渔"联合执法合作协议,在70个县启动智慧渔政建设,全省重点水域基本实现视频监控全覆盖,联合公安等部门开展专项执法行动,全省禁捕形势保持平稳。切实抓好受污染耕地安全利用,长株潭地区重金属污染耕地结构调整任务清零,完成受污染耕地安全利用面积958万亩、占国家下达任务的101.1%,60.76万亩重度污染耕地全部退出水稻生产。"大棚房"清理整治回头看行动扎实开展。严格做好中央环保督察涉农问题整改,持续实施畜禽粪污资源化利用整县推进项目,抓好农作物秸秆综合利用试点示范,畜禽粪污资源化利用率、秸秆综合利用率均高于全国平均水平。花垣县"锰三角"矿业污染涉农问题治理取得阶段性成效。

(五)农村人居环境整治提升力度加大

巩固拓展农村人居环境整治三年行动成果,坚持数量服从质量、进度服从实效,扎实推进农村厕所革命,改厕任务实行"一年下达、两年完成",扎实开展户厕问题摸排整改,共排查出不能使用或不能全年使用的问题户厕4183个,均已整改到位。全国农村厕所革命现场会在衡阳召开,胡春华副总理对湖南农村改厕和农村人居环境整治工作给予充分肯定。深化"一市十县百镇"全域推进美丽乡村示范创建,共创建300个以上省级美丽乡村示范村、100个以上省级特色精品乡村,湖南在全国农业农村厅局长会议上就乡村建设作典型发言。加强和创新乡村治理,推动依法自治、依法协助政府工作、减负工作"三个清单"落实,6个县市区的全国乡村治理体系试点、10个镇和99个村的全国乡村治理示范镇村创建工作扎实推进。

（六）农业农村改革持续深化

加快构建小农户与现代农业有机衔接机制，全省家庭农场、农民合作社分别发展到 19.58 万家、11.64 万个，农业社会化服务组织达到 7.3 万个，服务面积 7600 万亩，服务小农户近 500 万户，比 2017 年增长近 2 倍。继续深化农村承包地、宅基地管理与改革，在宁远县、鼎城区、澧县、新田县开展第二轮土地承包到期后再延长 30 年试点，承包地经营权管理信息基本实现省、市、县三级互联互通；农村宅基地管理规范加强，1749 个乡镇（街道）建立联审联办机制，浏阳市、汨罗市、宁远县、凤凰县第二轮农村宅基地改革试点扎实开展。巩固拓展农村集体产权制度改革成果，村级集体经济加快发展，村级集体经营性收入 5 万元以下的村比上年减少 5395 个，集体经济空壳村实现清零。建立健全乡村振兴重点帮扶和示范创建机制，确定乡村振兴 13 个重点帮扶县、14 个示范创建县、1 个示范创建市和湘赣边先行示范区，认定 2307 个重点帮扶村和 2371 个示范创建村，建立省级领导联系乡村振兴县、省直单位对口帮扶乡村振兴重点帮扶县制度，探索了一批可复制、可推广的经验模式。

2021 年，全省农业农村工作取得良好成效，圆满完成了中央和省委、省政府下达的各项任务，多项工作走在全国前列、得到部省表彰，为稳定经济社会大局提供了基础支撑。2022 年是党的二十大召开之年，做好农业农村工作意义重大，各级农业农村部门将按照习近平总书记重要指示精神和省委省政府决策部署，围绕"保供固安全、振兴畅循环"的工作定位，锚定精细农业"六化"发展方向，不断提升农业农村现代化水平。

二 2022年工作展望

（一）严守粮食安全底线

粮食播种面积稳定在 7135 万亩以上、产量保持在 600 亿斤以上。严格落实党政同责要求，完善粮食安全考核制度，加强驻点督导服务，突出抓好早稻生产，发展早稻集中育秧 1350 万亩，切实稳住优势区粮食面积，充分利用旱土、高岸田、天水田等发展旱杂粮生产，千方百计扩大粮食面积。认真落实"藏粮于技"战略，抓好 18 个省级粮食生产万亩综合示范片建设，动员各级农业科技力量深入田间地头服务，推动落实合理密植、控制直播、安全齐穗等增产技术，切实抓好洪涝、干旱等自然灾害和草地贪夜蛾等重大病虫害防控，最大限度地减少灾害损失。深入推进耕地抛荒治理三年行动，完成抛荒耕地复耕复种清零任务。扎实开展高标准农田建设，完成高标准农田建设任务 460 万亩、发展高效节水灌溉面积 18 万亩。加大对粮食生产扶持力度，加快构建农民种粮收益保障机制，全面推广水稻完全成本保险和种植收入保险，有效防范和化解各类风险，保障农民种粮收益。

（二）保障生猪等"菜篮子"产品供给

继续抓好生猪生产，分级落实产能调控责任，保住能繁母猪 356 万头左右、规模猪场 1 万个以上两条底线，稳定生猪基础生产能力。继续稳定环保、贷款、保险等长效性支持政策，稳住养殖场（户）发展信心，针对当前生猪价格波动情况，引导养殖场户合理调节产能，适时启动收储以托住市场，避免过度压栏或集中抛售。大力发展特色畜禽和水产养殖，实施肉牛肉羊提质增量行动，大力发展湘西黄牛、浏阳黑山羊等特色畜禽业，提升生产供给能力；扎实推进水产绿色健康养殖行动，积极发展池塘标准化养殖、稻渔综合种养、大水面增殖等生态养殖模式。推进养殖业全产业链发展，鼓励养殖大县、大型养殖企业发展屠宰加工、冷链销售，加快实现由活畜禽调运向冷鲜肉品调运转变。切实加强蔬菜生产供给，紧盯关键节点保供给，聚焦春末夏初、重大节日活动和灾害性极端天气等，强化生产监测预警，制定应急保供预案，确保关键时候拿得出来；抓好重要基地保供给，突出抓好城镇保供蔬菜基地改造升级，鼓励种植大户发展设施蔬菜；抓好"湘江源"20万亩蔬菜基地建设，鼓励发展环洞庭湖区外向型蔬菜及高山反季节蔬菜，提高蔬菜生产供给质量和效益。

（三）实施油豆棉"三个100万亩"建设

坚决落实大豆扩种任务，重点在 92 个玉米生产大县推广大豆玉米带状复合种植，抓紧调剂调配大豆良种，推动技术模式熟化本地化，确保玉米基本不减产，同时增收一季大豆。加快发展油菜生产，进一步优化油菜生产布局，扩大油菜种植面积，重点抓好 220 万亩稻油轮作试点，力争新增冬闲田油菜种植面积 100 万亩。积极开展"双高双低"油菜新品种展示示范，推进品种更新换代。推进油菜产业化发展，着力开发"菜用""花用""肥用"等多种功能，高水平办好油菜花节，提高油菜产业发展质量效益。稳步恢复棉花生产，确保完成 100 万亩棉花种植任务，选育推广一批宜机棉品种，示范应用一批轻简实用技术和轮作套作模式，提升棉花生产整体水平。积极开展"百千万"棉花示范片高产创建，带动落实绿色防控、订单收购等措施，促进棉花提质增效。

（四）持续培育农业优势特色千亿产业

扎实推进农业产业集群建设，全产业链打造农业优势特色千亿产业，力争 2022 年油料全产业链产值超过千亿元。建立农业产业"链长制"，培育一批重点链，打造一批绿色精细高效生产基地，创建一批农业现代化示范区、现代农业产业园、农业科技园、特色产业小镇、农业产业强镇、"一村一品"重点村，提高特色产业链供应链现代化水平。积极培育农产品加工市场主体，加快推进"微升小""小升规"，深入实施"百企"工程，力争 2022 年新打造 10 家标杆龙头企业、认定 200 家左右省级龙头企业，支持 100 家左右龙头企业开展技术改造和产能提升。引导采取兼并重组、股份合作、资产转让等形式组建大型农业产业化企业集团，加快培育一批十亿级、百亿级、千亿级企业。做强做响农业品牌，继续打造"两茶两油两菜""湘赣红"等省级区域公用品牌，评选发布一批"一县一特"品牌，培育一批企业精品品牌。全面实行食用农产品承诺达标合格证、"身份证"和质量安全追溯管理，完善品牌评价和退出机制，提升品牌信任度。要加强品牌宣传，推动央媒集中宣传"湘品"，实施"湘媒"推"湘品"行动，开展"百县千碗"评选活动，不断提高农业品牌知名度和影响力。对接京津冀、长三角和粤港澳市场，建设"菜篮子""米袋子""果盘子"优质农产品供应基地。整县推进农产品仓储保鲜冷链物流设施建设，积极发展农村电商、直播带货等新型营销业态，不断提高湘字号农产品市场占有率。

（五）大力实施种业振兴行动

将种业纳入十大农业优势特色千亿产业予以重点培育，认真落实种业振兴行动方案，推进种业做大做强。扎实开展种质资源普查，坚持普查和保护两手抓，做到普查全覆盖、保护无遗漏，分类推进面上普查和重点调查，全面摸清农作物、畜禽、水产等种质资源家底。加强珍贵、稀有、濒危、特有资源的抢救性收集，努力将资源优势转化为种业优势。强化研发平台建设和科研创新，加快种业创新平台建设，高标准建设好岳麓山实验室、岳麓山种业创新中心，规范高效运行省南繁科研育种园，提质建设芙蓉区国家现代农业（种业）产业园。依托各类种业创新平台、科研院所和种业企业，建立健全联合育种创新机制，重点开展第三代杂交稻、镉低积累水稻与玉米、"三高两低"油菜、瘦肉型生猪、宜机收棉花等科研攻关。加强优势种子生产基地建设，着力扶持壮大一批水稻制种大县、推动建设一批经济作物良繁基地、改造提升一批畜禽扩繁场，不断提升制种水平。培育壮大优势种业企业，建立"一对一"联系机制，促进与科研单位、金融机构、种业基地紧密对接，推动构建商业化育种体系。支持优势种业企业"走出去"，开拓国际国内市场。

（六）加快智慧智能农机产业链发展

抓紧制定出台农机装备补短板实施意见，继续推进"一中心两基地三示范区"建设，着力抓研发、强制造、重推广，不断提高农业机械化水平。加强农机科研创新，依托湖南智能农机创新研发中心，整合相关科研资源，联合开展重大关键技术攻关，力争在果、菜、茶、药、棉等特色专用农机装备研发创新上取得新突破。加快重点农机制造基地和产业集群建设，继续支持中联重科、三一重工等农机骨干企业发展，引导工程机械、新能源与智能网联汽车、人工智能等优势产业龙头企业进入农机装备产业，培育一批农机领域专精特色"小巨人"企业。推进丘陵山区先进适用农机推广应用先导区建设，抓好望城、沅江、西洞庭、大通湖、贺家山等地智慧农场、数字大米试点，支持果菜茶田土宜机化改造和机耕道建设，打造一批特色农业产业全程机械化示范区、主要农作物全程机械化和规模养殖示范县。

（七）扎实稳妥推进乡村建设

始终坚持规划先行，科学论证本地区村庄发展演变态势，按照"示范村先行、面上村推进、帮扶村倾斜"的思路分类施策、梯次推进。统筹抓好乡村软硬件建设，在县一级建立乡村建设项目库，把产业路资源路旅游路、通村组路硬化、农村供水等，群众需求强烈、短板突出、兼顾生产生活的项目优先纳入、优先安排，逐步改善乡村基础设施和公共服务。加快改善农村人居环境，接续实施农村人居环境整治提升五年行动，协调推动农村改厕、农村生活污水治理和垃圾治理等重点工作。进一步完善"首厕过关"制，充分尊重农民意愿，高质量推进农村改厕。深入实施"一市十县百镇"全域推进美丽乡村建设，再创建一批省级美丽乡村示范村和特色精品乡村。

（八）持续抓好农业绿色发展

坚决打好"十年禁渔"持久战，扎实推进禁渔"天网工程"建设，建立"一张图、一平台、一张网"监控体系，实现重点水域全方位、全时段有效覆盖。加强渔政执法机构建设，按照"六有"标准配齐配强人员力量和设施装备，加快构建人防、物防、技防相结合的监管体系。实施好"百县千户"跟踪帮扶，开展好就业帮扶培训"暖心行动"，促进退捕渔民稳定就业。切实加强耕地保护，以粮食生产功能区和重要农产品生产保护区为重点，拿出过硬的措施和办法，确保耕地主要用于粮棉油糖菜和饲草料等生产，永久基本农田重点用于粮食生产，新建高标准农田全部用来种粮食。对于在永久基本农田和高标准农田种植林果、苗木、草皮和挖塘养鱼的，兼顾好依法依规和合情合理，督促其逐步恢复粮食生产。持续推进农业面源污染治理，牵头抓好第二轮中央环保督察反馈问题整改，推进化肥绿色增效，整建制开展农作物病虫害统防统治和绿色防控，继续抓好秸秆、农膜等废弃物综合利用。扎实开展外来入侵物种普查和专项治理行动，把危害控制在最低程度。

（九）推动乡村治理体系和治理能力现代化

中央农村工作会议对加强和改进乡村治理作了重点部署，要找准抓手、干出实效。湖南将认真总结这些创新性做法，探索集成具有湖南特色的乡村治理模式。加强乡村治理试点示范，抓好全国乡村治理体系建设试点和全国乡村治理示范村镇创建工作，开展省级乡村治理示范村镇创建。加快推广运用积分制、清单制，促进繁杂事务具体化、抽象事务数量化、分散事务标准化，提高乡村治理水平。乡村治理数字化潜力很大，各地要结合数字乡村建设，积极创新应用模式、开拓应用场景。移风易俗也要找准抓手，指导以县乡为单位细化实化村规民约操作细则，有效发挥道德评议会、红白理事会等作用，逐步解决高价彩礼、人情攀比、厚葬薄养等问题。办好农民丰收节，开展好农民歌会、文化下乡等活动，丰富农民文化生活，巩固农村精神文明主阵地。要加强农村法治宣传教育，推进平安乡村建设，配合抓好农村非法宗教活动治理，确保农村社会安宁祥和。

（十）强化乡村振兴要素保障

扎实做好乡村振兴人才建设调研工作，研究制定针对性强的政策措施，引导各类人才"上山下乡"助力乡村振兴。加强农村人才培训，抓好基层干部轮训工作，加快培育壮大高素质农民、农村实用人才、农技推广人才、农村经营管理人才"四支队伍"，不断提高带富致富能力。统筹推进农村各项改革，激发农村发展动力活力。稳步开展第二轮土地承包到期后再延长30年试点。建立完善农村承包地合同管理政策体系，加快农村承包地信息化建设。巩固农村集体产权制度改革成果，继续深化农村经营性资产股份合作制改革，实现应改尽改。加快农村产权流转交易市场建设，创新推动改革成果运用。完善农村宅基地管理制度，扎实开展宅基地制度改革和住宅类房屋专项整治试点，总结形成一批确权、赋权、活权的制度成果。创新农业经营体系，深入实施"万户""万社"示范工程，带动家庭农场、农民合作社高质量发展，聚焦机播机抛、仓储烘干、果蔬菜初加工和冷链物流等补短板，提升农业社会化服务水平，促进小农户与现代农业有机衔接。牵头做好4个全国农村改革试验区和益阳市现代农业综合改革，探索形成一批有影响力的改革经验模式。

B.14

2021年湖南商务和开放型经济发展情况
及2022年展望

沈裕谋*

一 2021年湖南商务和开放型经济发展情况

2021年，面对百年变局和世纪疫情交织叠加、不稳定不确定不平衡性显著上升，"四缺三贵"（缺芯、缺电、缺柜、缺工和运费贵、原材料贵、能源价格贵）等影响，全省商务系统坚决贯彻落实省委省政府决策部署，谋变创强、主动作为，商务和开放型经济发展稳中有进、稳中提质、稳中趋优。

（一）消费市场得到新发展

全省社会消费品零售总额实现18596.85亿元、增长14.4%，两年平均增长5.6%，高于全国1.7个百分点。综合施策促消费，推动出台《关于加快培育新型消费的实施意见》，开展促消费系列活动，举办第六届"食餐会"。消费基础持续夯实，新增湘潭、郴州、株洲3个跨境电商零售进口试点城市，总数达6个；累计获批国家级绿色商场25家，居全国第3位、中部第1位。流通体系持续健全，新增全国电子商务进农村综合示范县11个，总数达79个，数量居中部第1位，全省电商农产品零售额增长25.2%；7家企业入选国家级服务业标准化试点，6家企业入选中国便利店百强。

---

* 沈裕谋，湖南省商务厅党组书记、厅长。

（二）对外贸易展现新作为

2021 年全省进出口总额 5988.56 亿元、增长 22.6%，出口总量居全国第 11 位、增幅居全国第 12 位。主体持续壮大，实施外贸招大引强、创新"飞地经济"、产贸融合三大行动，新引进 3 家全国外贸 200 强企业、6 家跨境电商出口 50 强企业，新认定 4 个县域外贸特色产业集群。服务持续优化，持续复制推广外贸融资"一平台两机制"（外贸供应链平台、融资担保机制、风险补偿机制）及无抵押式"三单融资"，园区外贸综合服务中心达 72 家。新业态快速发展，跨境电商进出口 277.4 亿元（含邮快件电商包裹），增长 89.7%；市场采购贸易方式出口 84.4 亿元，增长 21.6%；完成首单二手工程机械设备出口。平台不断健全，长沙获批国家加工贸易产业园，新增 4 个国家外贸转型升级示范基地。醴陵市获批国家文化出口基地。

（三）招商引资取得新突破

全省实际使用外资 24.1 亿美元、增长 72.3%，总量居全国第 13 位，增幅居全国第 3 位。全省国家级园区实际使用外资 14.9 亿美元、增长 118%。实际到位内资 11280.3 亿元、增长 29.1%。全面兑现招商引资"黄金十条"政策及实施细则奖励资金，发布全省产业园区重点产业链招商目录指引，全省外资"破零"的县市区 56 个、省级以上园区 30 个；"倍增"的县市区 12 个、省级以上园区 7 个。紧紧围绕"3+3+2"产业集群补链延链强链，成功举办"2021 港洽周"等重大招商活动，签约引进 163 家"三类 500 强"投资项目 348 个，在湘"世界 500 强"企业达 186 家。邵阳、永州经开区晋升国家级。

（四）外经合作实现新跨越

全省对外直接投资实际投资额 16.66 亿美元、增长 12.1%，总量居全国第 10 位、中部第 1 位；对外承包工程完成营业额 27.60 亿美元、增长 22.5%。其中，对共建"一带一路"国家新增中方合同投资额 3.78 亿美元，占比 46%；工程承包完成营业额 19.83 亿美元，占比 72%。深化国际产能合作，孟加拉国拉杰沙希地表水处理厂、巴基斯坦轮胎厂等重大项目相继落地，老挝"两园一路"、柬埔寨金属材料产业园、尼日利亚湖南工业园、科特迪瓦橡胶厂等项目稳步推进。7 家企业获批 9 项对外援助项目咨询资质，援外培训线上开班 53 个，规模和质量全国领先。

（五）自贸区建设催生新动能

自获批以来，自贸试验区以全省万分之六的面积贡献了全省 29% 的外资、28% 的进出口和 5% 的税收。产业集聚效应明显，累计新设企业 12053 家，新引进 2 亿元（3000 万美元）以上重大项目 125 个，总投资 2529.47 亿元；实际使用外资 7.92 亿美元，进出口 2106.13 亿元，分别占同期全省总量的 29%、27.9%。制度创新成果丰硕，总体方案 121 项改革试点任务实施率 92.6%，形成"邮快跨"集约式发展、外国人工作服务"三窗合一"、内河转关运费不计税等全国首创成果 20 余项。政策体系不断完善，发布《中国（湖南）自由贸易试验区条例》，出台支持自贸试验区发展若干财政政策措施等各类政策 49 项，首批下放 97 项经济社会管理权限，建立完善统计监测、考核评价等制度。

（六）口岸通道形成新格局

按照"全省统筹、全省覆盖、全省联动"的原则，规划建设中欧班列长沙、岳阳江海联运、株洲湘粤非铁海联运、怀化东盟铁海联运、长沙航空客货运五大国际物流通道和集结中心，畅通开放发展路径。全省机场国际货邮吞吐量 9.36 万吨，增长 24.1%。中欧班列开行数量 1072 列，居全国第 5 位。岳阳城陵矶口岸集装箱吞吐量 60.06 万标箱，增长 18.1%。7 个海关特殊监管区域进出口 1494.1 亿元，增长 34.1%，占全省比重 24.9%。

（七）对非经贸合作取得新成果

立足中非经贸深度合作先行区和中非经贸博览会两大国家级平台，健全

129

对非经贸合作交流长效机制，湖南对非贸易额403.9亿元，增长38.5%，总量居全国第8位、中部第1位。成功举办第二届中非经贸博览会，杨洁篪主任出席并致辞，卢旺达、塞内加尔、阿尔及利亚三国总统视频致辞，47个非洲国家近900家中非企业参会参展，签约项目135个、金额229亿美元。办好中非经贸深度合作先行区，广东新南方、北京超粮等对非合作龙头企业落户，岳阳、邵阳、浏阳等对非经贸产业园加快建设，非洲非资源性产品集散交易加工中心取得实质性进展，卢旺达干辣椒实现准入，对非本币结算贸易试点取得突破，中非跨境人民币中心挂牌运行。

二 2022年湖南商务和开放型经济工作展望

2022年商务工作的指导思想：以习近平新时代中国特色社会主义思想为指导，全面贯彻党的十九大和十九届历次全会精神、中央经济工作会议精神，深入落实习近平总书记对湖南重要讲话重要指示批示精神，弘扬伟大建党精神，全面落实省第十二次党代会、省委经济工作会议和全国商务工作会议部署要求，坚持稳中求进工作总基调，完整、准确、全面贯彻新发展理念，服务和融入新发展格局，全面落实"三高四新"战略定位和使命任务，坚持以供给侧结构性改革为主线，统筹疫情防控和商务发展，统筹发展和安全，落实"六稳""六保"要求，敢闯敢创敢干，围绕"12345"发展思路，奋力打造内陆地区改革开放高地，推动商务和开放型经济高质量发展，迎接党的二十大胜利召开。

2022年商务工作主要预期目标：实际使用外资增长20%，到位内资增长10%，进出口增长12%，社会消费品零售总额增长7.5%，"走出去"各项指标平稳增长。

（一）始终高举"一面旗帜"

坚持胸怀世界、开拓创新，高举"打造内陆地区改革开放高地"这面旗帜，牢固树立"中部争第一、全国争进位"的发展目标，以领先中部的作为、领军全国的勇气、领向世界的胸怀，全力办好发展经济这个最大实事，为提升湖南在全国经济版图中的地位做出商务贡献。

（二）全力办好"两件大事"

建设湖南自贸试验区。坚持为地方谋发展、为人民增福祉，持续推进总体方案121项改革试点任务落地，力争到年底实施率达到95%以上。创新招商引资方式和融资模式，支持自贸试验区各片区开展市场化、专业化招商，引进培育一批跨国公司、产业领军企业和专精特新企业。加快联动发展，出台支持片区与非片区联动发展的指导意见，探索建设自贸联动创新区，建立利益共享和统计考评机制，创新"飞地经济"模式。实施强省会战略，支持长沙片区打造内陆领先的总部经济集聚区和开放核心区。全年外资、进出口分别实现增长25%、15%以上。深化对非经贸合作。加快建设中非经贸深度合作先行区，推进"一核心、三片区、五大功能聚集区"建设，大力引进对非经贸合作龙头企业，打造非洲非资源性产品全产业链，推动成立中非经贸合作产业基金，探索在非洲重要节点城市和港口布局海外仓体系。开展对非本币结算贸易试点，推动对非跨境电商、市场采购贸易加快发展。整合金融机构资源，深入推进中非跨境人民币中心建设。对接进出口银行、中非发展基金在投资与贸易项下的融资安排，支持先行区重点项目。深化与非洲重点国家、友好城市的经贸合作。提前谋划第三届博览会，推动设立专业办会机构，建立闭会年常态化交流机制，办好2022年非洲驻华使节湖南行、非洲好物网购节等系列活动，跟踪调度第二届博览会成果。

（三）全面落实"三项任务"

抓招商。在对接重大开放战略、引进500强企业、推动湘商回归、优化营商环境等方面持续发力，瞄准"三类500强"企业、专精特新"小巨人"企业和隐形冠军企业，开展产业链精准招商，引进重大产业项目100个以上。大力发展总部经济，打造一批总部经济集聚区。全面落实新版外资准入负面清单和鼓励外商投资产业目录，支持鼓励外资企业扩大再投资，持续开展省级重大活动签约项目资金到位倍增、实际使用外资破零倍增行动，力争重大活动签约项目资金到位率提升 5%，新增外资"破零"的县市区 10 个、省级以上园区 20 个。抢抓北京产业疏解机遇，积极对接京津冀，以央企对接、招才引智、科技创新为重点，办好"京洽周"，力争引进央企总部取得突破。稳外贸。建强外贸主体，支持申报重点外向型产业贸易投资提质增效示范，打造一批国家级外贸转型升级基地、县域外贸特色产业集群，促进产贸融合发展；引导本土实体企业开展对外贸易，提升出口收汇率；出台加快发展外贸新业态新模式的实施意见，培育壮大市场采购、保税维修等新业态；实施百强外贸企业招引工程，力争引进全国外贸 200 强、跨境电商 50 强企业 20 家。优化外贸结构，扩大重要装备、关键零部件、优质消费品进口和机电、高新技术产品出口，促进进出口平衡发展，支持长沙争创国家进口贸易促进创新示范区；抓住 RCEP 生效机遇，突出东盟、非洲等重点区域，优化国际市场布局；支持外贸企业出口转内销，促进内外贸一体化。发展服务贸易，巩固传统服务贸易行业，推进国家专业特色服务出口基地，推动新兴服务贸易业态快速发展，努力在知识密集型服务业发展和服务外包业绩提升上实现新突破。促进外经合作，以"小而美、小而惠"民生项目为切口，撬动产业链合作，完善政银信企合作机制和境外服务网络，稳步推进境外经贸合作园区建设。大力发展"丝路电商"。促消费。巩固传统消费，稳定和扩大汽车家电消费，推动吃穿用住行等实物消费向智能、绿色、健康、安全方向转型升级。拓展服务消费，支持家政企业规模化、连锁化、品牌化发展，建设一批绿色商场、绿色超市、绿色餐饮。培育新型消费，培育共享消费、定制消费、体验消费和"智能+"服务消费。建强消费载体，支持长沙打造国际消费中心城市，支持其他市州培育区域性消费中心城市。壮大商贸主体，大力引进境内外知名商贸、新零售、物流、电商企业等，培育本土商贸龙头企业，推动商贸企业上市，壮大老字号。营造消费氛围，持续开展"乐享消费湘当韵味""味道湖南""双品网购节"等系列活动。健全商业体系，推动城市商业资源下沉社区，打造一批一刻钟便民生活圈，持续推进国、省两级示范步行街建设，建立完善县域统筹，以县城为中心、乡镇为重点、村为基础的农村商业体系，建设农产品冷链物流，推动城货下乡、山货进城、电商进村、快递入户。

（四）着力优化"四大体系"

优化平台体系。持续服务"五好"园区建设，加快推广"五零"园区模式（建设园区零杂音、服务项目零延误、维护企业零干扰、扶持发展零争利、行政事务零收费）。实施园区开放创新提升工程，强化园区招商引资主阵地作用。支持郴州与广州园区的深度合作，鼓励其他市州探索与深圳、香港、澳门开展园区对接合作。支持符合条件的省级经开区申报国家级经开区，支持有条件的市州申报建设海关特殊监管区域。办好重点展会活动，争取更多国内外知名展会落户，加快打造内陆地区会展高地。优化服务体系。健全重大项目服务部门联动机制，优化重点外资项目跟踪服务，切实为在湘外资企业排忧解难。优化外贸综合服务，落实"三单融资"政策，完善供应链金融服务。强化商务政策资金保障，推动惠企政策落实落地。推进口岸通关提效降费，加强国际贸易"单一窗口"建设，完善口岸作业时限管理，实行口岸收费目录清单制度。持续推进商务领域诚信体系建设，开展"诚信兴商月"活动。建好智慧商务、湖南招商云、湘企出海、EHN等数字化公共服务平台，推动数字商务发展。优化通道体系。推进国际航空货运、中欧班列长沙、岳阳江海联运、株洲湘粤非铁海联运、怀化东盟铁海联运等五大国际物流通道和货运集结中心建设，提升流量、流向、流效。重点构建面向RCEP国家区域航空中转枢纽和对非航空客货运门户枢纽，支持怀化、永州等市州融入西部陆海新通道建设。提升中欧班列货值和效益，推动湘粤非铁海联运通道提质上量，拓展江海联运接力航线。优化人才体系。实施人智驱动战略，落实"芙蓉人才行动计划"，聚焦"高精尖缺"人才需求，实行更加开放有效的人才引进政策，针对性地培养引进一流开放型人才、科技创新人才、专业技能人才和企业领军人才，营造识才爱才敬才用才的环境，打造内陆开放人才高地。推动商务干部向"三外一内"、自贸区建设、对非经贸合作等工作一线倾斜。

（五）实施党建五大行动

实施思想引领行动。始终把学习贯彻习近平新时代中国特色社会主义思想摆在首位，全面落实第一议题制度，完善经常性学习教育机制。实施能力提升行动。坚持以政治建设为统领，坚定捍卫"两个确立"，坚决做到"两个维护"，不断提升政治"三力"，完善"三重三用"用人机制，建立商务系统干部负面清单制度，打造一流商务干部队伍。实施联基暖企行动。持续开展"我为群众办实事"实践活动，落实"机关干部联基层"制度，建立服务商贸百强企业联络员制度，切实解决企业和人民群众的急难愁盼问题。实施清风廉政行动。坚持无禁区、全覆盖、零容忍，加强日常监督和警示教育，规范权力运行，一体推进不敢腐、不能腐、不想腐。实施商务文化弘扬行动。推进"开明开放、敢作敢为、成人成己、自信自强"的商务文化建设，以良好文化涵养良好政治生态。

B.15
2021年湖南旅游发展状况
及2022年分析展望

禹新荣*

2021 年，面对新冠肺炎疫情的冲击，全省文旅系统奋力实干担当，勇于开拓创新，实现了"十四五"的良好开局。新增 5A 级景区 1 家、全国乡村旅游重点村镇 10 个、国家文化和旅游消费试点城市 3 个、国家级夜间文旅消费集聚区 3 个、国家级旅游休闲街区 2 个。《湖南省红色资源保护和利用条例》颁布实施。湘鄂赣三省文旅合作深入开展，湘赣边红色文化旅游融合发展创新区有序推进。2021 年全省接待游客 5.3 亿人次，比 2020 年增长 9%左右，实现旅游收入 7360 亿元，比 2020 年增长 10%左右。省文旅厅荣获全省平安建设、安全生产、"谁执法谁普法"等工作考核优秀单位称号，"你学法我送票·锦绣潇湘任你游"普法活动入选全国"七五"普法典型案例。2022 年是党的二十大召开之年，也是落实省第十二次党代会精神的开局之年。全省文化和旅游系统将以习近平新时代中国特色社会主义思想为指导，深入贯彻党的十九大和十九届历次全会精神，贯彻落实习近平总书记关于文化和旅游工作重要论述和指示批示精神，弘扬伟大建党精神，拥护"两个确立"、做到"两个维护"，坚持稳中求进，坚持守正创新，以迎接宣传贯彻党的二十大为主线，为加快建设世界知名旅游目的地和红色旅游基地努力奋斗，以优异的成绩迎接党的二十大胜利召开。

---

* 禹新荣，湖南省委宣传部副部长（兼）、湖南省文化和旅游厅党组书记、厅长（收稿日期，2022 年 2 月）。

一 2021年工作情况

2021年，是开启全面建设社会主义现代化新征程、向第二个百年奋斗目标进军的第一年，是实施"十四五"规划的开局之年。一年来，全省文旅系统坚持以习近平新时代中国特色社会主义思想为指导，按照省委、省政府决策部署，以庆祝建党一百周年为主线，以开展"党史学习教育年""宣传工作机制创新年""百年伟业·红色旅游年"三个主题活动年为抓手，奋力实干担当，勇于开拓创新，奋力完成改革发展稳定任务，旅游业发展取得新突破，实现了"十四五"良好开局。

（一）产业发展

省委、省政府分管领导带队赴河北、贵州、浙江学习文化和旅游产业发展经验，召开了全省旅游万亿产业推进工作会议。2021湖南文化旅游产业博览会、文化旅游产业投融资大会、重点产业项目对接会成效显著，金融机构与文旅企业融资签约132.5亿元。马栏山视频文创产业园等重点文化产业园区基地加快创新发展，新增国家文化出口重点企业11家。中韩法游戏产业合作洽谈会、湘湖动漫月、第四届"锦绣潇湘"文化旅游创新创意大赛成功举办。矮寨·十八洞·德夯大峡谷景区成功创建5A级景区，浏阳苍坊景区5A级景区创建工作有效推进。新增17家4A级景区。韶山乡等3个乡镇入选全国乡村旅游重点镇，竹山村等7个村入选全国乡村旅游重点村。发挥文化和旅游系统在助推乡村振兴和就业增收方面的优势，以特色文旅小镇和民宿建设为抓手推进乡村旅游，召开全省特色文旅小镇现场推进会，新增沙洲、东坪、南岳3个省级文旅小镇。旅行社"送客入村"深入实施。湖南省出台促进文旅消费十二条政策，千方百计推动文旅消费复苏升温。湘潭市、常德市、张家界市入选第二批国家文化和旅游消费试点城市，长沙市五一商圈、阳光壹佰凤凰街、湘西州凤凰古城旅游区、芙蓉镇景区入选首批国家级夜间文旅消费集聚区。红色旅游蓬勃发展，新增9家4A红色旅游景区，5条旅游线路入选全国"建党百年红色旅游百条精品线路"，湘赣边红色文化旅游融合发展创新区、沙洲红色文化产业园建设有效推进，开通韶山—井冈山红色旅游铁路专线，成功举办2021年湖南红色旅游节，打响"湘赣红"品牌。预计2021年全省接待游客5.3亿人次，比2020年增长9%左右，实现旅游收入7300亿元，比2020年增长10%左右。常德市获评第二批国家文化和旅游消费试点城市名单。益阳市组建全市文旅融合发展工作领导小组，召开全市文旅融合发展大会，出台相关政策措施。怀化市高规格召开生态文化旅游产业发展大会，印发加快推动全市生态文化旅游产业高质量发展等系列配套文件。湘西州实现5A级景区零的突破，较好地完成了全省旅游资源普查试点工作任务。

（二）宣传推广和交流合作

湘、鄂、赣三省文旅合作深入开展，制定了长江中游三省文化和旅游合作方案，组建了旅游合作发展大联盟。服务湖南—粤港澳大湾区投资贸易洽谈周等重大经贸活动，打造"锦绣潇湘任你游"湖南文化和旅游交流平台。精心组织品牌节会，湖南省四季乡村文化旅游节影响广泛，在衡阳南岳区举办2021年湖南国际文化旅游节，在常德举办了首届都市文化旅游节，品牌节会的知名度和影响力进一步提升。持续深耕粤港澳、长三角和大湾区客源市场，2021年湖南—粤港澳大湾区投资贸易洽谈周暨"锦绣潇湘任你游"湖南文化旅游推广月、"锦绣潇湘任你游"——走进江苏湖南文化旅游推广月等活动深受欢迎。持续在长沙机场、高铁站、地铁站集中宣传"锦绣潇湘"文旅品牌形象和产品线路，第二季"湖南人游湖南——文旅春暖公益行动"效果明显。媒体矩阵宣传力度加大，与小红书、百度、新浪微博、搜狐网、铁路行程信息精准大数据等平台合作，实现湖南文旅信息精准推送。国际交流部省合作不断深化，与柏林中国文化中心、明斯克中国文化中心共同实施的湖南省博物馆基本陈列线上数字展等项目顺利推进，积极参加国内重大旅游展会，多渠道强化对外交流与合作。新版湖南旅游形象宣传片拍摄制作正在稳步推进。长沙市精心开展了"红色文旅年"走红长沙季、多彩湘赣边、情满浏阳河、红动岳麓山等系列文旅活动，长沙成为全国十大红色旅游目的地之一。湘潭市高位谋划创新，举办"湘赣红"文化旅游产业发展城市论坛，联合长株潭三市举办"光辉百年路 走红长株潭"长株潭红色文旅年系列活动。郴州市开展粤港澳大湾区"十城百媒赞郴州"活动，获评2021年中国·广东旅游总评榜"年度最受欢迎国内旅游目的地"。

（三）市场管理

创新政务服务手段提升服务品质，省文旅厅共办理行政审批件3304件，群众满意率100%，实现了审批服务零超时和零投诉，办事群众送锦旗12面，维护了省文化和旅游厅的良好形象。从政策体系、信用监管、行政执法、行业自律、信息网络等方面入手，建立健全适应简政放权和扩大开放新形势下的文化旅游市场监管制度，营造规范有序的文化旅游市场环境。举办湖南省电竞大赛、导游大赛；2021湖南阳光娱乐节、全国旅行社行业发展高峰论坛、首届全国自驾俱乐部大会暨湖南自驾旅游发展大会，提振了文化旅游市场活力。各类专项整治和扫黑除恶常态化工作取得实效，省文旅厅向市州督办案件66件，表彰了一批扫黑除恶先进单位和先进个人。国家文物局连续4年致函省政府表扬湖南省文物行政执法督察工作。省市县三级文化市场综合执法改革任务基本完成，12个市州实现同城一支执法队伍。强化省文化旅游安全专业委员会工作机制，在全国率先出台文化旅游安全生产责任清单、安全生产标准和检查手册，常态化开展隐患大排查大整治，文旅安全生产工作基础更加牢固，实现了无安全事故、无重大投诉、无疫情发生的目标。省文旅厅被省委省政府评为安全生产优秀单位。张家界市抓疫情防控，退团14656个206556人，退团费2.2亿元，返程游客实现无感染、无群体事件、无重大上访、无负面舆情、无疫情外溢。

（四）规划编制和基础保障工作

规划引领得到加强，编制出台了湖南省"十四五"文化和旅游发展规划、旅游业发展规划、湘赣边红色文旅融合发展创新区总体规划、旅游业高质量发展五年行动方案。法治建设深入推进,《湖南省红色资源保护和利用条例》颁布实施,"你学法我送票·锦绣潇湘任你游"普法活动入选全国"七五"普法典型案例,湖南首届"诗与远方·与法同行"演讲大赛圆满成功。财政保障积极有力,共争取落实中央文旅和文物专项资金6.3亿元、省级文旅和文物专项6.26亿元,安排2亿元用于文旅行业纾困解难和促发展。争取国家社会科学基本艺术项目立项7项,立项数量居全国前列;完成艺术项目结项8项。完成国家文旅科技创新工程项目结项1项。争取文化和旅游部授予湖南艺术职业学院"文化和旅游部湖南培训基地"称号,中国戏曲学院在湖南湘剧院和湖南省花鼓戏保护传承中心分别建立教学实践基地。建成湖南省文化和旅游指挥中心、红色文旅信息化平台暨"潇湘红"App,正在与支付宝合作文旅推广和智慧文旅服务,文化和旅游部重点实验室"数字文化创意与智能设计技术文化和旅游部重点实验室"落户湖南。湖南省2家文旅装备案例入选2021年全国文化和旅游装备技术提升优秀案例,入选案例数量居全国前列。完成5个信息平台系统等级保护测评,保证了网络安全。人才队伍建设力度加大,基层文化队伍人才培训计划等人才项目深入实施,争取文旅人才支持计划列入省级人才计划,全省共有17人被评为全国乡村文化和旅游能人、19人被评为全国文化和旅游系统先进个人。首届"锦绣潇湘·金牌解说"网络大赛影响大、效果好,评出金牌和优秀讲解员40名。

二 2022年工作安排

2022年是党的二十大召开之年,是落实省第十二次党代会精神的开局之年。省文化和旅游厅系统坚持以习近平新时代中国特色社会主义思想为指导,深入贯彻党的十九大和十九届历次全会精神,贯彻落实习近平总书记关于旅游工作重要论述和指示批示精神,弘扬伟大建党精神,立足新发展阶段、贯彻新发展理念、构建新发展格局、推动高质量发展,以迎接宣传贯彻党的二十大为主线，为加快建设旅游强省、世界知名旅游目的地和红色旅游基地努力奋斗，以优异的成绩迎接党的二十大胜利召开。

（一）办好首届全省旅游发展大会，创新发展文化和旅游产业

精心办好旅发大会。省委、省政府决定从2022年起，每年召开一届旅游发展大会，由各市州竞争申办，在全省形成"市州争着办、大家比着干"的良好氛围。树立"项目为王"的办会理念，紧紧抓住项目建设这一"牛鼻子"，精心建设好每一个示范项目，用实打实的资金投入和项目建设，推动旅游高质量发展。精雕细琢大会每个环节，以"严、细、深、实"为标准，制定各项活动大、中、小方案，细化操作流程，实现无缝衔接，切实做到细致、精致、极致，把大会办成一次展示一流形象、提供一流服务、创造一流效益的盛会。具体实现"八个一"目标，即打造一个引领承办地经济发展和精神文明提升的龙头引擎；出台一组具有指导性、针对性和可操作性的政策措施；打造一个政府有为、市场有效的投资平台；整合一系列项目、资金和新闻宣传等优势资源；实施一批旅游产业重点项目；打造一批精品线路、景区、度假区等旅游品牌；催生一批山地旅游、水上旅游、度假休闲、民宿、温泉、康养、研学等新产品新业态；形成一套高效的办会机制。

大力实施全域旅游战略。推进实施新一轮全域旅游战略三年行动计划，争取以省委、省政府的名义制定出台《湖南省推进全域旅游战略实施方案》，编制《全域旅游高质量发展建设指南》，建设一批全域旅游高质量发展市县。从2022年起，每年争创1~2家5A级景区（国家级旅游度假区），年内重点支持浏阳苍坊旅游区、宁远县九嶷山舜帝陵旅游区创建5A级景区，支持岳阳洞庭湖旅游度假区创建国家级旅游度假区，推动益阳市清溪村旅游区等景区5A级创建工作，力争五年内实现市州5A级景区全覆盖。突出发展红色旅游，打造全省红色旅游基地体系，制定《湖南省红色旅游基地建设指南》标准。抓好国家长征文化公园湖南段、湘赣边红色旅游融合创新发展区等重大项目，办好中国红色旅游博览会、湖南红色旅游文化节等重大活动，打造张吉怀最美高铁、中国第一条红色旅游铁路"韶井专线"。

加快乡村旅游发展，编制全省乡村旅游发展专项规划，持续推进乡村旅游重点村镇建设，持续推进文旅小镇规范健康发展，举办湖南特色文旅小镇发展论坛，引导乡村民宿向乡村度假高质量发展，推进乡村旅游全产业链发展，让文旅助推乡村振兴。

统筹传统业态转型升级和新型业态发展壮大。做好旅游新业态发展调查研究工作，切实摸清家底，厘清思路。推动度假游、自驾游、红色旅游、乡村旅游、低空飞行、工业旅游、研学旅游等业态创新内容、提质升级，争创一批国家级旅游休闲城市和街区、国家级旅游度假区、国家康养旅游示范基地等旅游产品。启动潇湘八景文化公园建设。力争进入长江国家文化公园建设重点省。启动全省旅游资源普查。完成《湖南省文化旅游用地国土空间规划》和《雪峰山文化和旅游发展规划》编制工作。实施文化产业数字化战略，加快培育壮大线上演播、沉浸式体验、数字艺术等新型文化业态。支持马栏山视频文创园等重点文化产业园区和基地建设，积极申报国家级园区和基地。推动演出、上网服务、游戏游艺、歌舞娱乐、旅行社、艺术品经营等行业调整结构、转型升级，推动传统市场线上线下融合。

激发文旅消费。实施好《国民旅游休闲纲要（2021—2030 年）》，认真落实促进文旅消费的政策措施。积极创建国家文化和旅游消费示范试点城市和国家级夜间文化和旅游消费集聚区，研究推动省级夜间文化旅游消费集聚区创建工作。运用政策奖补措施，大力扶持旅行社、旅游民宿等市场主体参与市场营销推广，"引客入湘"助力文旅消费。办好 2022 年湖南文化旅游产业博览会、湖湘动漫月、中国旅游民宿联盟论坛及湖南旅游民宿推进大会、四季旅游购物文化节、湖南省阳光娱乐节、全省旅游饭店技能大赛、中国旅游饭店业高质量发展大会、全国旅行与健康论坛等活动。

（二）努力开创新渠道、新平台，增强文化和旅游推广交流的实效性

重塑湖南旅游形象。广泛开展湖南旅游宣传口号和旅游形象标识征集，推出新版湖南旅游形象宣传片，扩大湖南省旅游宣传效力。重塑旅游宣传推广工作，加强文旅宣传推广创新，组织专家撰写符合湖南文旅特色的推介

词，实现湖南文旅形象覆盖人流密集场所及主流线上平台。加强与湖南卫视等省内媒体的合作联动。组织新媒体矩阵营销推广，深化与小红书、百度、新浪微博、搜狐网、铁路行程信息精准大数据等平台的合作。创新举办湖南国际文化旅游节、湖南四季乡村文化旅游节、湖南都市文化旅游节、湖南工业旅游节等重大节会活动。组织"清廉湖南 红色文旅"宣传推广活动。

实施精准营销。巩固传统客源市场，加强与湖北、江西、贵州等周边省份联动合作，推动旅游客源、接待、线路等全面对接。积极开拓新兴市场，组织赴东北三省开展湖南旅游产品巡回售卖活动。精细打造特色产品，精准深耕细分市场，突出重点地区、友好城市、特定群体，利用铁路行程信息大数据锁定长三角、珠三角、京津冀、成渝、中原城市群等客源，深入开展主题营销、驻地营销。按照线上与线下、省内与省外、硬广与软广相结合的思路，构建立体营销体系。组织好港澳青少年湖南游学、"云游湖南"线上文旅系列营销推广等活动。开展与欧美、日韩、东南亚、老挝、非洲、中美洲等线上文化交流活动。

完善工作机制。加强部门协调，形成外事、外资、外经、外贸、外宣"五外"关联互动新机制，扩大湖南国内外的"朋友圈"。加快构建区域联动、部门联合、企业联手的文旅宣传推广体系，形成政府搭台、企业主导、线上线下融合、游客参与互动的全方位宣传推广新格局。

（三）积极应对文旅市场发展新特点，提升市场培育和监管水平

积极助企纾困。要增强必胜信心、坚持迎难而上，把助企纾困摆在重要位置，推动各项纾困政策落地见效，推出更多更实的针对性举措，帮助文旅企业生存下来、恢复生机、实现发展。构建省市县三级文旅部门帮扶机制，精准帮扶文旅企业，切实解决企业存在的困难和问题，稳住行业发展"基本盘"。着眼长远，引导文旅企业创新转型发展，切实增强抵御风险挑战能力、激发创新发展活力。

优化营商环境。进一步深化"放管服"改革，梳理好行政权力清单和负面清单，推动行政审批便利化、规范化、透明化和可预期。推动各行业建

立完备的政策法规、标准规范，完善人才培训、年报数据和行业年会等服务平台。消除地区壁垒，稳步推进区域协作和市场一体化建设。消除行业壁垒，鼓励多种经营和业态融合，支持大中城市建设文化娱乐和旅游综合体。

严格执法监管。加强执法办案力度，深入开展文旅领域"扫黄打非"和扫黑除恶常态化工作。持续推进文娱领域综合治理，推动治理工作不断取得新成效。以互联网为重点，严厉查处含有淫秽色情低俗、宣扬暴力、教唆犯罪、违背社会公德等禁止内容服务及产品。建立文化和旅游市场"黑名单"制度和行政处罚自由裁量权基准。开展文化和旅游市场系列专项整治行动，重点治理未经依法审批擅自经营、侵害未成年人合法权益、侵害知识产权、"不合理低价游"、甩团丢客、强制购物等行业乱象。切实加强执法队伍建设，加快统一着装，印发《文化市场综合行政执法事项指导目录》（2022年版），编制《湖南省文化市场综合行政执法处罚自由裁量权基准》，办好全省文化市场综合行政执法技能练兵比武大赛，选拔、集训优秀学员参加全国文化市场综合行政执法技能练兵比武大赛，开展送培训进基层等活动。

（四）做好各项基础工作，为文旅建设提供有力支撑

深化文化和旅游体制机制改革。稳步推进国有文艺院团改革、县级文化馆图书馆总分馆制建设、公共文化机构法人治理结构改革、文物保护利用改革、博物馆改革、文化市场综合执法改革、文化产业和旅游业供给侧结构性改革等重点改革事项，为文旅建设提供有力支撑。

建立文化和旅游科技创新体系。抓好文化和旅游部重点实验室、省级科技创新示范基地建设，积极申报国家社科基金艺术学项目、国家文旅科技创新工程项目。进一步推进文化和旅游数字化、网络化、智能化发展，实施湖南"文化和旅游新基建"建设计划，继续推动智慧文旅大数据中心、红色旅游"潇湘红"平台建设，全面推广"互联网+监管"平台应用。开展信息技术在文化和旅游领域应用试点示范，推动智慧景区、智慧博物馆达标建设。深化文化和旅游标准化建设，制定和修订文化和旅游管理、服务、技

术、安全等各类标准。发挥好智库体系服务科学决策的功能作用。

　　加强保障体系建设。强化立法、执法、普法一体化推进，开展文旅系统法治知识大培训，办好"湖南文旅法治盛典""你学法我送票·锦绣潇湘任你游""法治进文旅场馆"等活动。提升财务保障水平，推进文旅专项资金整合和融合。提高统计数据咨询服务水平。持续加强干部人才队伍建设，实施省级文旅人才支持计划，加大对全省各级文化和旅游行政部门负责人、乡村文旅能人、文化市场综合执法人员、导游等各类人才的培训，开展对边远艰苦地区和基层一线文化工作者专项培训，选送优秀文艺骨干到国内一流艺术院校深造，多方面培养优秀人才。

B.16
2021年湖南国资国企改革发展情况
及2022年展望

丛培模*

一 2021年湖南国资国企改革发展情况

2021年，湖南国资系统坚持以习近平新时代中国特色社会主义思想为指导，深入贯彻党的十九届六中全会和省第十二次党代会精神，全面落实省委、省政府部署要求，以深化国企改革三年行动为重点，统筹抓好国企高质量发展、国资布局优化、科技自立自强、监管效能提升，主要经营指标创历史新高，实现"十四五"良好开局。

（一）主要经济指标取得历史性突破

2021年，全省国有企业全力稳生产、稳经营、稳市场，保持了高质量发展的良好态势。省国资系统监管企业资产总额达到4.76万亿元，净资产1.67万亿元，实现营业收入8628亿元，实现利润482亿元。其中，省属监管企业资产总额达1.6万亿元；实现营业收入6865亿元，同比增长21.7%；实现利润总额313亿元，同比增长69%；净资产收益率超过4.2%，较上年增长1.7个百分点；资产负债率60.8%，较上年下降1.4个百分点；全年上缴税费225亿元，同比增长19%。

（二）国企改革三年行动成效明显

省国资系统国企改革三年行动提前完成70%的既定目标任务、达到

85%，在国务院国企改革办组织的重点改革任务评估中被评为 A 级、全国排名第 4 位。一是法人治理结构进一步完善。被纳入改革范畴的 20 户省属监管企业集团全部制定了党委前置研究讨论重大经营管理事项清单。企业集团层面实现董事会应建尽建，符合条件的 268 户子企业均建立董事会；70%以上的一级企业集团完成外部董事占多数的规范董事会建设；212 户子企业实现外部董事占多数，占应实现企业户数的 88%。二是混合所有制改革不断深化。完成 18 户企业混改，引入国家军民融合基金、中国兵装、中国兵器、国铁集团等"三高"战略投资。三是市场化经营机制更加健全。全面推进三项制度改革，全员绩效考核覆盖率 100%，管理人员竞争上岗率 74%，员工优化调整比例 13%。加快实施经理层任期制和契约化管理，20 户企业集团全部建立经理层成员任期制和契约化管理工作制度，657 户各级子企业按规定与经理层全部签订有关合同或契约。四是两类平台公司试点成效显著。优化两类平台试点企业资源配置，明确功能定位，平台功能作用进一步发挥，为省属国企改革脱困、转型发展、结构调整和地方政府化债提供服务支持资金 63.38 亿元，盘活处置存量资产、不良资产，先后完成 26 户"僵尸企业"处置出清，注销空壳企业 119 户。五是遗留问题处理力度加大。全面完成了退休人员社会化管理、厂办大集体改革、"三供一业"分离移交扫尾等三项工作。六是市州国企改革平稳较快推进。全省 14 个市州国企改革三年行动进度全部达到 70%以上，如期完成年度既定目标。

（三）国有资本布局结构持续优化

省属国有企业加快推动布局优化和结构调整，进一步发挥国有经济的战略支撑作用。一是产业转型升级步伐加快。围绕"3+3+2"产业集群建设，推动增量资本和存量资源向优势产业集中，实施战略性新兴产业培育"八个专项工程"，38 个项目被纳入省重点建设项目，17 个项目入选"5 个 100"工程，8 个项目入选四个"十大项目"。二是战略性重组专业化整合全面推进。完成有色环保研究院等"三院""两所"的整合，引入战略投资者对南岭民爆、湘渝盐化、湘电风能等企业实施了重大资产重组。三是重点企业脱困解困加速推进。粮食集团制定三年改革脱困方案，加快了减负瘦身和市场化经营机制改革。酒店旅游企业剥离非主业资产，组建酒店旅游集团，进一步聚焦主业、轻装上阵。长丰集团及其所属子公司与猎豹股份合并司法重整工作已在依法推进。四是开放合作不断深化。深化与央企对接合作，与国家管网集团、中国船舶集团签署战略合作协议，与国新集团、华润集团、中金公司加强项目合作。参与中国（湖南）自由贸易试验区建设，投资项目29个，涉及投资总额920亿元。参与"一带一路"建设，18户监管企业境外项目127个，涉及资金约332亿元。

（四）科技自立自强加快推进

强化企业创新主体地位，促进各类创新要素向企业集聚，初步形成以企业为主体、市场为导向、产学研用深度融合的科技创新体系，加快了国有企业科技创新步伐。一是科研投入力度加大。省属监管企业2021年全年研发经费投入186.3亿元，投入强度达2.7%。二是创新能力不断提升。新建国家级、省级创新平台9个，获批高新技术企业47家、有效发明专利234项，共获得国家级、省级科技创新奖励33项，打造创新联合体和创新联盟25家。三是科技攻关不断突破。省属监管企业共计承担国家科技重大专项64项，省级科技重大专项67项。解决多项关键技术难题，新材料精深加工领域实现了技术突破，黄金集团冷水江锑都环保砷碱渣无害化处理技术破解了历史难题，达到国际领先水平。四是技改升级加速推进。实施技改项目85个，完成投资48.9亿元。湘钢五米宽厚板厂回火炉、涟钢高强钢二期项目热处理线、湘渝盐化12万吨小袋食盐包装生产线技术改造等技改项目投产达效。

（五）国资监管体制进一步完善

坚持以管资本为主加快推进职能转变，按照专业化、体系化、法治化监管的要求，持续优化国资监管体制机制。一是加强分类监管。完成省属监管企业功能界定与分类调整，修订省属监管企业主业。加大授权放权力度，制

147

定省国资委分类授权放权清单，授权放权事项 39 项。二是强化出资人监督体系建设。出台省属监管企业"十严禁"规定，强化企业投资、担保、拆借资金等经济行为的管理。修订完善省属国有企业违规经营投资损失责任追究办法、出台省属监管企业经营投资尽职合规免责事项清单。三是有序构建国资监管大格局。持续推进经营性国有资产集中统一监管，14 户省属企业移交省国资委管理，全省经营性国有资产集中统一监管比例达到 98.5% 以上。出台《湖南省市州国资监管工作评估评价暂行办法》，对省、市国资监管工作进行精准评估评价，形成国资监管"一盘棋"。

（六）国企党建全面加强

坚持以建立健全党对国有企业总览全局、协调各方的领导制度体系为目标导向，夯实党在国有企业的执政根基。一是筑牢"主阵地"。落实"第一议题"制度，出台《关于省属企业在完善公司治理中加强党的领导的若干措施》。推动强基提能专项行动常态长效，各企业新规范党组织设置 354 个、换届 137 个、配齐党组织班子 368 个；二级及以下独立法人企业新增落实"一肩挑"35 户，党员总经理新任副书记 25 户。二是唱响"主旋律"。深入开展党史学习教育，精心组织监管企业"传承红色基因激发奋进力量"红色故事巡回宣讲活动，开展"千名书记讲潇湘红色故事"活动。编发《党史知识 1200 题》，50 多万人次参与国企党员干部党史学习答题登高活动。累计为群众办实事 5829 件，投入资金达 26 亿元。三是锻造"主力军"。选优配强企业领导班子，打造政治强、专业精、作风优的干部人才队伍。组织实施"英培计划"人才选拔工作，共选拔 39 人。四是彰显"主担当"。省国资系统共选拔 56 名工作队员组成 18 支省派驻村工作队分赴 17 个县开展驻村帮扶。对口帮扶绥宁县项目 24 个，投入资金 2200 万元，完成消费帮扶 700 多万元。五是把牢"主基调"。持之以恒正风肃纪，强化对"一把手"的监督，深入开展企业境外腐败专项治理、工程招投标、公职人员涉矿涉砂等违规经营整治。对 4 户企业开展常规巡视、对 2 户企业开展涉粮问题专项巡视，完成第四轮委管企业巡察工作，实现委管企事业单位巡察全覆盖，坚定不移地把"严"的主基调贯穿到企业管党治党全过程。

二 2022年湖南国资国企展望

2022年，湖南国资系统将以习近平新时代中国特色社会主义思想为指导，深入贯彻落实湖南"三高四新"战略定位和使命任务，按照省委、省政府部署要求，认真落实国企改革三年行动、"三大支撑八项重点"、"3+3+2"产业集群建设工作任务，以"闯"的精神、"创"的劲头、"干"的作风，深化改革，强化管理，大力推动国资国企高质量发展，以实干实绩迎接党的二十大胜利召开。

（一）坚持稳中求进工作总基调，保持经济平稳运行

准确研判经济形势，确保主要经济指标保持在合理区间。稳住存量市场，开发新市场，努力实现收入、效益和净现金流量的协调增长。紧紧围绕《省政府工作报告》确定的十大基础设施项目、十大产业项目，加快推进中联泵送智能装备基地、邵阳特种玻璃、湘钢提质增效、机场改扩建工程、犬木塘水库工程、宁电入湘等重大项目建设。实行全要素、全过程成本管控，进一步压降"两金"，压缩非生产性开支，持续抓好降本增效。深入开展减亏止损工作，力争实现一级监管企业全部盈利。

（二）深化改革、强化管理

决战决胜国企改革三年行动，2022年10月前全面完成国企改革三年行动任务，重点围绕中国特色现代企业制度建设、市场化经营机制完善、科技创新、竞争力提升、国资监管等方面深化改革。进一步加强管理体系和管理能力建设，有效增强企业竞争力。聚焦战略规划管理、成本费用管理、财务管理、风险管理等重点内容，精准对标一流企业，加快提升管理水平。深化"总部机关化"专项治理，加强督导检查。加快推进资产证券化，推进一批

同类资产聚集优化实现整体上市、一批优势企业通过重组实现整体上市或主业资产整体上市，储备培育孵化一批战略性和前沿性产业企业，促进上市公司提质增效。

（三）加快国有资本布局优化和结构调整

围绕"3+3+2"产业集群，做强主业实业。重点做好工程机械、轨道交通、中小航空发动机及航空航天装备、电子信息、新能源、新材料等产业的统筹谋划。积极有序推进环保资产、能源产业、医药康养资产和部分具有发展壮大潜力的战新产业的重组整合。加快发展先进制造业，重点推进中联智慧产业城、华菱先进钢铁材料生产线、湘电舰船综合电力及电磁发射系统、中创空天新材料等高端制造业项目建设，增强企业核心竞争力。深化央企对接合作，推动省属监管企业之间以及与央企、市州国企的协同发展，打造产业联盟。积极参与"一带一路"项目建设，做强"建筑湘军""路桥湘军""华菱制造"等品牌。

（四）加快推动科技创新

牵头承担或参与国家级、省级"揭榜挂帅"项目和十大技术攻关计划，形成一批"卡脖子"、填补国内空白、进口替代的关键核心技术。深化与高校和院士团队、科研院所在项目合作、技术联合攻关、创新研发等方面深度合作，加快科技成果转化。加大研发投入，力争监管企业研发投入强度提升至3%；新建创新平台6个以上，高新技术企业30户，技改投入达到50亿元。深入推进省属国企数字化转型三年行动，做强工业智能体创新研究院，培育数字化转型标杆企业，推进5G、人工智能、区块链等技术在生产制造工序应用。

（五）切实提升国资监管效能

强化依法监管、科学监管、精准监管。严格落实"3520"考核指标体系，健全市场化薪酬分配机制，加强企业内控体系建设和内部审计工作，建立大数据监管系统，加强市州国资国企监管工作，巩固深化国资监管大格局。落实企业主体责任，建立完善风险分级管控和隐患排查治理双重预防机制，加强经营风险、安全环保风险、涉外风险防控。全力做好常态化疫情防控工作，坚持"外防输入、内防反弹"，严格落实各项防疫措施，提高应急处突能力，做好保供应、保民生特别是应急物资储备工作。

（六）全面加强国有企业党的建设

坚持"第一议题"制度，强化政治引领，加强政治建设。持续深化支部"五化"提质工程，筑牢基层战斗堡垒，强化组织建设。大力实施企业人才整体提升计划，着力加强企业家队伍、创新团队和领军人才创新队伍、工匠和技能人才队伍建设。落实全面从严治党主体责任，切实抓好党风廉政建设和反腐败工作，持续推进"清廉国企"建设。

B.17
2021年湖南金融形势分析及2022年展望

张 奎[*]

2021年，全省金融机构认真贯彻落实稳健货币政策，紧紧围绕打造"三个高地"、践行"四新"使命，立足湖南区域经济发展特点，不断增强金融服务实体经济能力，持续加大对供应链、科技创新、绿色低碳等重点领域的信贷投放力度，为全省经济高质量发展提供了有力的金融支撑。

一 2021年湖南金融运行主要特点

（一）各项存款平稳增长，存款非活期化趋势增强

2021年末，全省金融机构本外币各项存款余额突破6万亿元，达62891.0亿元，同比增长8.6%，增速比上年同期回落1.4个百分点，两年平均增速9.3%，高出同期地区生产总值名义增速3.6个百分点；全年新增存款4979.0亿元，同比少增272.6亿元。分主体看，住户存款新增3662.3亿元，同比多增203.5亿元；非金融企业存款新增362.5亿元，同比少增48.3亿元；机关团体存款新增349.7亿元，同比少增423.4亿元。分期限看，活期存款净下降177.3亿元，同比少增867.2亿元；非活期化存款新增5156.3亿元，同比多增594.6亿元。

（二）各项贷款保持较快增长，增速居中部六省第2位

2021年末，全省金融机构本外币各项贷款余额突破5万亿元，达

---

[*] 张奎，中国人民银行长沙中心支行党委书记、行长。

55845.0亿元，同比增长13.0%，增速较上年同期回落3.4个百分点，但仍高于全国1.7个百分点，居中部六省第2位；两年平均增速14.7%，高出同期地区生产总值名义增速9.0个百分点。全年新增贷款6442.2亿元，同比少增545.2亿元，新增额居中部第3位，排名较上年同期前移1位。分期限看，短期贷款新增1076.4亿元，中长期贷款新增4867.3亿元，票据融资新增428.9亿元。分主体看，住户贷款新增2384.2亿元，非金融企业及机关团体贷款新增3984.3亿元。

（三）贷款有效支持实体经济发展，结构持续优化

一是普惠领域贷款保持同比多增。2021年金融支持稳企业保就业的力度持续加大，全省涉农贷款、民营企业贷款、普惠小微企业贷款年末增速分别高出各项贷款增速1.4个、0.4个、9.0个百分点；全年分别新增2083.4亿元、1536.3亿元、933.9亿元，同比分别多增89.4亿元、38.8亿元、162.2亿元。二是制造业贷款增速较快。2021年末，全省制造业贷款同比增长13.8%，高出各项贷款增速0.8个百分点；全年制造业贷款新增440.3亿元，同比多增47.2亿元。尤其是制造业中长期贷款快速增长，年末增速达44.8%，连续21个月高于各项贷款增速。三是科技创新领域中长期贷款快速增长。2021年末，全省科学研究和技术服务业、信息传输软件和信息技术服务业中长期贷款分别增长38.4%、33.8%，分别高出各项贷款增速25.4个、20.8个百分点。四是绿色贷款增速提升。2021年末，全省绿色贷款同比增长29.2%，增速同比提高4.2个百分点；全年新增971.5亿元，同比多增287.2亿元。五是基础设施类贷款增速大幅回落。2021年末，全省基础设施类贷款余额同比增长7.4%，增速同比回落6.8个百分点；全年新增808.2亿元，同比少增548.0亿元。六是房地产贷款、个人住房贷款增速同比下降。2021年末，房地产贷款、个人住房贷款余额分别同比增长8.1%、12.2%，同比分别回落5.1个、6.0个百分点；全年分别新增1223.1亿元、1268.9亿元，同比分别少增531.0亿元、334.6亿元。

（四）社会融资规模增量居中部六省首位

2021年，全省社会融资规模新增10461.1亿元，同比少增318.3亿元，连续两年突破万亿元，全省社会融资规模增量居中部六省首位。社会融资规模新增占全国3.3%，较上年提高0.2个百分点。具体来看，间接融资新增6013.6亿元，同比少增789.9亿元；直接融资新增1964.2亿元，同比多增238.0亿元，其中，企业债券新增1364.1亿元，同比少增206.5元，股票融资新增600.1亿元，同比多增444.4亿元；政府债券新增1820.8亿元，同比多增184.0亿元；其他融资新增662.6亿元，同比多增49.7亿元。

二 2022年湖南金融形势展望

从国际上看，受疫情反弹和局部地区不稳定因素扰动，全球供应链瓶颈仍未根本缓解，大宗商品尤其是能源产品价格冲高、原材料供应不足、发达经济体劳动力出现结构性紧缺等问题凸显，全球经济复苏不确定性加大。国际货币基金组织于1月将2022年全球经济增长预期继续下调0.5个百分点至4.4%。从国内看，我国是具有强劲韧性的大型经济体，经济长期向好的基本面没有改变。但也应看到，当前我国经济发展面临需求收缩、供给冲击、预期转弱三重压力，一些阶段性、结构性、周期性、外部性因素制约经济恢复，保持经济平稳运行的难度加大。从湖南的情况来看，全省经济运行总体延续了稳中有进、稳中提质的良好态势，投资、消费、进出口、地方收入及城乡居民收入等主要经济指标持续恢复，但同时也要看到，全省经济发展面临的困难和挑战不少，疫情防控任务艰巨，把握常态化疫情防控和经济社会发展的平衡点还有不小难度；消费、投资需求不振，原材料价格大幅上涨冲击辖内企业生产经营，中小微企业困难较多；保供稳价仍有压力，煤、芯、电、柜短缺问题湖南省也不同程度存在；等等。展望未来，在上述宏观经济背景下全省金融运行面临新的机遇和挑战。

（一）稳健货币政策灵活适度，将为推动经济复苏营造适宜的货币金融环境

中央经济工作会议强调 2022 年宏观政策要稳健有效，要继续实施积极的财政政策和稳健的货币政策。2022 年人民银行工作会议指出稳健的货币政策要灵活适度，要综合运用多种货币政策工具，保持流动性合理充裕，增强信贷总量增长的稳定性。这意味着金融对实体经济的支持力度将持续加大，将为保持经济运行在合理区间营造适宜的货币金融环境。从融资成本看，2022 年将继续健全市场化利率形成和传导机制，发挥贷款市场报价利率改革效能，稳定银行负债成本，进一步引导企业贷款利率下行。从信贷投向看，人民银行将继续做好结构性货币政策工具的"加法"，落实好支持小微企业的市场化政策工具，用好碳减排支持工具和支持煤炭清洁高效利用专项再贷款，精准发力加大对小微企业、科技创新、绿色发展等重点领域和薄弱环节的支持力度。总体来看，2022 年金融体系流动性保持合理充裕，货币供应量和社会融资规模增速将保持与名义经济增速的基本匹配。

（二）全省贷款有望保持平稳增长，实现同比多增

从影响湖南省信贷投放的有利因素来看：一是宏观货币政策环境更为适宜。《2021 年第四季度中国货币政策执行报告》提出，要保持货币信贷总量稳定增长，增强信贷总量增长的稳定性，引导金融机构有力扩大贷款投放，增加对信贷增长缓慢地区的信贷投放，这为湖南辖内信贷投放平稳增长提供了适宜的货币政策环境。二是两项直达工具的接续转换有助于进一步提升普惠小微领域的贷款投入。按照国务院常务会议精神，人民银行决定自 2022 年 1 月起实施两项直达工具接续转换，即将"普惠小微企业贷款延期支持工具"转换为"普惠小微贷款支持工具"，将"普惠小微企业信用贷款支持计划"并入"支农支小再贷款"管理。在两项直达工具接续转换后的市场化政策工具的牵引带动作用下，普惠小微领域贷款有望继续保持较快增长。三是贷款需求有望改善。湖南省委经济工作会议强调要积极扩大有效投资，

聚焦"两新一重"，促进基础设施优化升级。2022年将推动长赣、邵永、铜吉铁路全线开工，加快常益长铁路建成通车，加快长沙机场改扩建工程，推进华容电厂、五强溪扩机工程等重点能源项目建设，这些重大建设项目的落地实施将带动融资需求提升。

但同时也要看到制约湖南省信贷投放的不利因素：一是存款增长乏力对信贷投放构成制约。近几年来，全省存款增速处于低位运行，存贷比由2017年末的68.2%快速上升至2021年末的88.8%。后阶段随着金融机构存贷比继续上升空间不断缩窄，存款增长不力对信贷投放将形成明显制约。二是优质企业金融脱媒趋势不断增强。据调研了解，部分大型企业或上游企业因经营效益大幅好转，主动压缩银行贷款的现象增多。与此同时，随着湖南省企业上市"金芙蓉"跃升行动计划的推进，部分优质企业上市融资、债券融资力度将不断加大，对信贷资金的需求将呈下降趋势。三是前期银行降费让利力度较大，后期继续让利空间收窄，可能在一定程度上抑制信贷需求。

总的来看，2022年湖南省贷款将保持平稳增长，贷款新增额有望实现同比多增，但考虑到基数不断扩大等因素，贷款增速或将出现小幅回落。

（三）金融风险防控任务依然艰巨

一是法人银行机构不良贷款反弹压力较大。受疫情影响，部分企业还款能力持续下降，执行延期还本付息后经营状况并未根本改善，政策到期后，前期被延缓或掩盖的风险后阶段可能集中暴露，资产质量下行压力较大。二是需警惕政府性债务风险向银行体系蔓延。前期政府性债务偿付压力缓释过程中，银行机构承接债务量较大，且银行机构承接的债务中约有1/4的项目存在现金流无法覆盖债务本息且抵押不足的问题。加之受疫情及平台公司的土地资产变现难度不断加大等影响，平台公司短期内偿债能力下降，后阶段需警惕政府性债务风险继续上升并向银行体系蔓延。三是部分房企现金流紧张或将加剧。2021年全省房地产开发投资增速持续回落，商品房销售和房地产用地供应均出现下降，2022年房地产市场延续调整态势的可能性较高，房企销售回款难问题仍将较为突出，加之在房地产融资"三条红线"及房地产贷款集中度管理等政策影响下，房地产领域融资受到较大制约，部分房企现金流紧张或将加剧，违约风险可能上升。四是新型非法金融活动有所抬头。地方金融资产交易场所、第三方财富管理公司、私募基金等大量经营主体游离于监管之外，成为非法金融活动、新型金融诈骗的高发地，涉众风险隐患大。

三　2022年湖南金融工作重点

2022年，全省金融系统将坚持以习近平新时代中国特色社会主义思想为指导，全面贯彻党的十九大和十九届历次全会精神、中央经济工作会议精神，坚持稳中求进工作总基调，完整、准确、全面贯彻新发展理念，加快构建新发展格局，紧密结合湖南实际，围绕"三高四新"战略定位和使命任务，持续优化金融服务，为加快建设现代化新湖南提供强有力的金融支持。

（一）认真贯彻落实稳健货币政策，加大对实体经济的支持力度

一是把握好三个"稳"字。综合运用多种货币政策工具，保持流动性合理充裕，增强信贷总量增长的稳定性；在加大对小微企业、科技创新、绿色发展信贷支持的同时，也适度稳住原有房地产、基建贷款的基本盘，确保结构稳步优化；充分发挥利率自律机制作用，推动实际贷款利率稳中有降。二是积极推进绿色金融和转型金融工作。全面推进全省金融机构环境信息披露工作，实现金融机构环境信息披露全覆盖；协调推动政府相关部门与排放企业开展碳核算和建立碳账户工作，扩大碳核算覆盖面；协调推动搭建绿色金融信息共享平台，提高绿色产融对接成效。三是精准加大对重点领域的金融支持力度。继续开展金融服务乡村振兴考核评估工作，积极促推银农双向精准对接，引导加强对乡村振兴领域的金融支持；开展科技金融"进百园惠万企"专项行动，引导银行机构加大对科技创新领域的中长期信贷投入；引导银行继续强化金融科技手段运用，促进小微融资效率更高；发布全省第二批产业链供应链核心企业，深入推进产业链供应链金融工作。四是发挥债

券融资支持作用。加强对地方法人银行的培训辅导，引导其发行绿色、小微、"三农"专项金融债券，丰富信贷资金来源；推动金融机构继续聚焦绿色低碳、乡村振兴、科技创新等重点领域，充分运用银行间债券市场创新产品，支持实体企业发债融资。

（二）积极防范化解金融风险，守住不发生系统性区域性金融风险的底线

一是把握好风险处置的基本原则。按照中央明确的"系统性风险大于道德风险、宏观风险大于微观风险、社会风险大于经济风险"这三条底线，稳妥安排风险处置的优先序。继续按照坚持稳中求进、坚持市场化法制化、坚持在线修复、坚持压实各方责任、坚持改革化险五项原则，不断增强处置风险的主动性和协同性，牢牢守住不发生系统性金融风险的底线。二是推动高风险机构动态"清零"。按照动态"清零"的总体思路，明确"高风险机构为零、7级机构明显下降、整体级别稳中有升"的工作目标，重点对7级机构实行名单制管理，严防7级机构风险反弹。继续落实高风险机构"专员+主监管人"动态监测制度，实现风险防范化解工作常态化。三是做好日常监测工作。建立并完善预警体系，实现预警指标与央行评级两轮驱动，同时加大政府性债务、重点企业、房地产、债券违约、非法金融活动等重点领域监测力度，推动金融风险早识别、早预警、早发现、早处置。进一步发挥金融委办公室地方协调机制（湖南省）作用，压实各方责任，确保金融平稳运行。

（三）坚守金融为民初心，全面提升金融服务与管理水平

继续推动金融业综合统计制度落地实施，贯彻落实金融业基础数据统计制度，实现地方金融组织统计全覆盖。持续优化账户服务，深入推进金融领域打击治理电信网络诈骗有关工作，守护人民群众"钱袋子"。重点突出国库服务和监督两项职能，加强国库会计核算质量管理，深入推进国库高质量建设。积极推进省级征信平台建设，加强农村信用体系建设，大力推进动产

融资统一登记公示系统和应收账款融资服务平台应用。稳妥有序推进数字人民币长沙试点工作。扎实开展反洗钱工作，加强风险评估及非现场监管，强化反洗钱执法检查统筹协调。优化外汇管理和服务，积极支持湖南自贸试验区、中非经贸合作，促进外贸新业态健康规范创新发展。做好金融消保工作，加强金融机构营销宣传行为管理，推动金融消费纠纷调解工作"提质、拓面、增效"。

产业与园区篇
Industry and Park Reports

B.18
2021年湖南装备工业发展状况及2022年展望

湖南省工业和信息化厅装备工业处

2021年是"十四五"规划的开局之年，也是我国迈向第二个百年奋斗目标的新起点。面对复杂多变的国内外形势，湖南装备制造业抢抓市场机遇、应对风险挑战，克服各种困难，实现行业经济平稳健康发展，在"十四五"开局之年取得新成就，迈出新步伐。展望2022年，随着稳增长政策逐步实施，一批重大工程、重大项目相继启动，湖南装备制造业运行环境将持续改善、市场需求将进一步回升。但全球经济复苏不均衡、国际贸易形势复杂多变，同时行业还面临需求收缩、供给冲击、预期转弱三重压力，保持装备工业经济平稳运行依然面临较大挑战。

一　2021年装备工业发展报告

2021年，全省装备制造业有规模以上企业5552家，其中大型企业66

家，中型企业 450 家，小微企业 5036 家。年末在册职工 952247 人。规模企业资产合计 13438.9 亿元，比上年增长 12.9%；规模企业实现工业增加值比上年增长 13.7%；完成营业收入 14291.7 亿元，比上年增长 14.0%；实现利润 690.7 亿元，比上年增长 1.7%。

（一）行业发展的主要特点

1. 总体实现平稳发展

2021 年，湖南装备制造业面临疫情散发、芯片短缺、原材料价格高涨、国际物流不畅、电力供应紧张等多重困难，但全行业攻坚克难、奋力拼搏，仍然实现了总体平稳发展。工业增加值较上年增长 13.7%，增速比全省规模工业高 5.3 个百分点，比全国规模工业高 4.1 个百分点，比全国装备制造业增加值增速高 0.8 个百分点。2021 年湖南装备工业规模企业营业收入占全省规模工业的 33.4%，利润占全省规模工业的 33.5%，为全省工业稳增长提供了重要支撑。

2. 各分行业均实现正增长

2021 年，湖南机械工业 16 个子行业营业收入全部实现正增长。按营业收入增幅由高到低依次是文化办公设备（79.6%）、内燃机（27.6%）、航空航天设备（25.3%）、其他民用机械（21.6%）、汽车及零部件（20.1%）、食品药品及包装机械（17.9%）、电工电器（17.5%）、船舶及船用设备（14.9%）、仪器仪表（14.7%）、重型矿山机械（10.7%）、机械基础件（4.5%）、工程机械（3.6%）、石化通用机械（3.3%）、机床工具（2.8%）、农业机械（2.0%）、轨道交通装备（0.6%）。装备工业四大优势支柱行业工程机械、电工电器、汽车及零部件、轨道交通装备的规模再次发生较大变化。工程机械进入新一轮下降周期，同时受"大集团统计数据解捆，以省内最小法人上报"新统计办法影响较大，省统计局给出的营业收入绝对值数据较上年有较大幅度减少。四大优势支柱行业按省统计局的营业收入排序依次是电工电器（2177.9 亿元）、汽车及零部件（1779.0 亿元）、工程机械（1763.6 亿元）、轨道交通装备（621.4 亿元）。

3. 重点产品产量大多实现增长

湖南装备工业重点监测的 142 种主要产品全年产量增长的产品达 107 种，占比 75.4%，产量下降的产品 35 种，占比 24.6%。投资类产品、与改善环境和民生相关的装备产品增幅较大。全年生产民用直升机 517 架，增长 169.3%；农产品初加工机械 10527 台，增长 154.2%；炼油、化工生产专用设备 126559.2 吨，增长 98.2%；光学仪器 970828 台，增长 89.1%；食品制造机械 115762 台，增长 79.3%；电梯、自动扶梯及升降机 119232 台，增长 57.1%；鼓风机 7314 台，增长 64.7%；锂离子电池 1138435426 只，增长 53.8%；环境监测专用仪器仪表 121793 台，增长 49.2%；工业机器人 8563 套，增长 45.5%；水轮发电机组 1362831 千瓦，增长 45.5%；工业仪表 2469494 台，增长 45.4%。全年生产各类建筑工程机械 179223 台，增长 18.2%。纳入省统计局统计的汽车企业共生产各类汽车 673493 辆，增长 4.9%，其中基本型乘用车（轿车）453652 辆，增长 31.1%，新能源汽车 190310 辆，增长 106.3%。

4. 科技创新取得新突破

年内启动了一批创新平台建设。长沙市政府等多方共建长沙汽车创新研究院，三一重工等工程机械龙头企业联合成立湖南国重智联工程机械研究院，湖南智能农机创新研发中心挂牌成立，山河智能等 3 家企业入围第五批国家级工业设计中心。南华大学与锐科激光等单位联合研制的国内首台 100 千瓦超高功率激光器正式启用。湖南机动车检测技术有限公司申请筹建的国家新能源汽车质量监督检验中心（湖南），湖南湘江智能科技创新中心有限公司申请筹建的国家智能网联汽车质量监督检验中心（湖南）获国家市场监督管理总局正式批准。年内取得一批高端装备创新成果。衡阳特变电工 17 项高端新产品一次通过国家级鉴定，中车株洲电机研制成功全球首台 12MW 半直驱永磁同步风力发电机和可抗 17 级台风 5.5MW 海上漂浮式风力发电机，中车株机公司研制成功中国首列出口欧洲的双层动车组，湘电集团研制成功世界首台 120t 级纯电动交流传动矿用电动轮自卸车，中联重科研制成功全球最大上回转塔机，三一集团研制成功世界最大起重能力 4500

吨履带起重机以及首台氢燃料重卡，山河固定翼无人机首飞成功。还有湖南首艘 200 立方米 LNG 新能源油气加注趸船，国产首台 6 米割幅高端青贮机，国内首艘超级电容船，国产最大直径土压平衡盾构机，我国最深海底隧道盾构机"深江 1 号"等创新成果相继在湖南问世。山河智能"一种压力自匹配能量利用技术"上榜"科创中国"先导技术榜单，铁建重工"高端智能采棉机制造技术"入选 2021"科创中国"突破短板关键技术榜。中联重科付玲荣获"湖南光召科技奖"，三一集团易小刚获评全国杰出专业技术人才。

5. 国际化发展取得新进展

2021 年湖南装备制造业抢抓国际市场先机，对外贸易保持较高速度增长。长沙海关的数据显示，2021 年湖南出口机电产品 1838.2 亿元，较上年增长 23.1%，占全省外贸总值的 43.6%；2021 年全省装备制造业出口 734.3 亿元，较上年增长 19.9%。三一集团挖掘机、铁建重工全断面隧道掘进机、中联重科起重机械相继荣登行业杂志发布的全球销量冠军榜，一年拿下三块行业"世界金牌"。三一集团创海外销售历史最佳业绩，年海外销售额达 283.8 亿元，比上年增长 70%，其中挖机海外销量突破 2 万台，单个产品海外收入过 100 亿元。山河智能挖机在国际高端市场取得新突破，出口欧洲突破 2 万台，并首次进入日本市场，成为率先进入日本市场的中国挖掘机品牌。中联重科成功中标联合国农业机械长期采购供应商，成为国内首家获此资格的农业机械制造商，该公司号称风电吊装"神器"的 ZCC9800W 履带式起重机，在土耳其圆满完成通用电气能源旗下赛普拉斯公司柏树系列 5.3 兆瓦风电项目吊装任务，在国际上广受好评。铁建重工"五朵金花"盾构机助力建设的莫斯科地铁正式通车，俄罗斯总统普京出席通车仪式。中车株洲电机与德国 SGB-SMIT 在海上风电领域进一步深化合作。星邦智能启动首个海外制造基地（波兰）建设。湖南自贸试验区首单二手工程机械设备出口报关并成功交易。海关的数据显示，2021 年湖南装备制造业对 RCEP（区域全面经济伙伴关系协定）伙伴国、美国、欧盟（27 国，不含英国）出口增长明显，其中对欧盟出口同比增长超过 50%。

6. 竞争实力得到新提升

通过集群建设、项目建设、品牌建设等途径，2021年湖南装备制造业竞争实力进一步增强。工程机械和轨道交通装备两大产业集群经过历时两年的角逐，在国家先进制造业集群决赛中胜出，成为全国25个重点建设的制造业集群中的两个。三一集团、中联重科、铁建重工、山河智能4家企业在2021年全球工程机械制造商50强榜单上的排位全线上升，分别较上一年度上升1位、5位、2位和3位，三一重工、中联重科进入全球前5强，分列第4位、第5位，4家湖南上榜企业总收入占50强总收入的14.4%，较上一年提升约5个百分点。一批重大项目开工建设或竣工投产，三一集团中型起重机智能制造工厂、产能4万台挖掘机的重庆产业园、三一智联重卡产业园、三一道依茨高端发动机项目在年内建成投产，至此，三一完成全国20多个"智慧园区"的建设和部署。中联智慧产业城建设全面推进，智慧产业城总部及工程起重机械、混凝土泵送机械、高空作业机械三大智造园区正式开工建设。另外还有天际汽车长沙工厂、福田汽车长沙超级卡车工厂、长沙比亚迪DM-i超级混合动力工厂、中联重科沅江搅拌车智能制造工业园、广汽三菱"阿图柯"新能源汽车项目等均在年内建成投产，上汽大众新能源汽车项目也正式开建。铁建重工、五新隧装等企业正式步入资本市场首次公开发行股票。

（二）行业发展的重点工作

2021年，行业管理部门围绕行业持续稳定高质量发展，重点做了以下几个方面工作。

1. 强化规划引领，完善政策支撑

精心组织编制了《湖南省装备制造业"十四五"发展规划》《湖南省工程机械产业"十四五"发展规划》《湖南省先进轨道交通装备产业"十四五"发展规划》《湖南省智能网联汽车产业"十四五"发展规划》《湖南省智能农机产业"十四五"发展规划》《湖南省智能制造"十四五"发展规划》，明确了全省装备制造业及各重点行业在"十四五"的发展思路、目标、重点和举措。进一步建立健全了产业链群工作推进机制，建立了装备领域各产业链"八个一"工作推进机制，在厅领导带领下，为省委书记、省长、省委副书记等多位省领导开展相关产业和企业的调研、举行专题座谈会认真做好筹备和服务工作，及时高效准确地做好省领导指示和相关会议精神的贯彻落实。加强了政策研究，完善优化支持政策。配合财政厅研究出台了湖南省《支持先进制造业供应链配套发展的若干政策措施》，并起草了实施细则。研究起草了支持轨道交通装备产业、新能源及智能网联汽车产业发展专项政策。

2. 坚持创新驱动，增强发展动能

认真组织重大技术装备研发攻关，2021年新认定首台（套）重大技术装备产品70台（套）；推荐37台（套）重大技术装备获国家首台（套）保险补偿；组织开展国家重大技术装备和产品进口关键零部件目录修订工作。大力推进自然灾害防治技术装备现代化工程实施。在全国率先开展自然灾害防治技术装备重点任务工程化攻关"揭榜挂帅"，年内首批遴选22个单位开展攻关。推荐三一集团、山河智能、力合科技三家企业中标国家自然灾害防治技术装备攻关项目。支持创新平台建设。大力支持国家轨道交通装备创新中心建设，加快筹建工程机械国家制造业创新中心，指导支持成立湖南智能农机创新研发中心。支持重大项目建设。中联智慧产业城、三一智联重卡、山河工业城三期、意华交通装备等重点项目顺利推进，行业发展增添新动能。

3. 发展智能制造，推动转型升级

大力推进智能制造重大项目建设，7个国家智能制造专项项目在年内建设、竣工并通过工信部验收。增强智能制造系统解决方案供给能力，对26个智能制造优秀解决方案项目给予了奖励，发布了第三批60家智能制造系统解决方案供应商推荐目录。成功开展"智能制造进园区"活动，株洲、常德、湘乡、洪江4站活动共为36家中小企业提供免费智能制造诊断和咨询服务，助推8家企业获得长沙银行智能化改造授信额度，6家企业获贷款5850万元。打造智能制造标杆，7家企业成功入选2021年度国家智能制造

示范工厂揭榜单位名单，入选数量居全国第 4 位、中部第 1 位；14 家企业的 16 项典型场景入选 2021 年度智能制造优秀场景，入选数量居全国第 4 位、中部第 2 位。三一集团桩机灯塔工厂成为全球重工行业首个世界"灯塔工厂"，长沙博世汽车也通过"灯塔工厂"评审。

4. 加强协调服务，营造良好环境

努力疏通堵点卡点保产业链畅通，针对疫情严重地区供应链不畅问题，急企业之所急，积极采取电话沟通、去函当地政府或请求上级部门协调等措施努力为三一集团、中联重科、比亚迪等主机企业解决河北、江苏、陕西、浙江等地疫情严重时期零部件供应商的生产和运输等问题。积极协调解决产业短板问题，推动三一集团与大科激光成功合作，促进中南大学与中车株机深度合作，对接工信部帮助长丰集团保留汽车生产资质，推进工程机械表面处理、热处理能力提升，联手财政、发改等多个部门共同研究推动公共领域电动化事宜等。服务重点企业和项目，协调解决山河智能液压油缸制造瓶颈和工程机械专用试验基地建设、华强电气空调产品应用于中车株机标准化样车项目等多个问题，联合相关部门研究提出支持吉利新能源汽车推广应用、广汽三菱汽车研发中心项目建设的政策建议。加快推进新能源及智能网联汽车产业发展，申报国家新能源汽车推广应用补助和省级新能源汽车购置奖补，推荐长沙获批国内首批"智慧城市基础设施与智能网联汽车协同发展"试点城市。打造品牌会展促产业链群建设，成功主办的 2021 长沙国际工程机械展是年内全球最大工程机械行业展会，是具有真正全球意义的行业盛会。联合承办 2021 中国国际轨道交通和装备制造产业博览会，其间成功举办湖南轨道交通产业推介暨项目磋商会。作为主宾省组织参加第 20 届中国国际装备制造业博览会。主办湖南省汽车产业协作配套对接会，有力推动汽车产业协作对接。

（三）主要困难和问题

对标"国家重要先进制造业高地"和"世界级产业集群"，湖南装备制造业存在以下主要差距和问题。

1.配套基础薄弱

一是核心零部件依赖进口。受制于关键基础材料、先进基础工艺和产业技术基础的落后，高端轴承、液压件、齿轮、液气密件、链传动及联结件、弹簧及紧固件、模具、传感器等基础零部件的自主能力不足，难以满足主机发展需求。二是产业链之间协作配套能力不强。产业社会协作配套体系建设滞后，产业链企业之间技术创新、技术改造步履不一致，导致生产制造成本偏高，产业效益提升趋缓。

2.创新动力不足

一是立足自主可控的关键核心技术研发和"颠覆性创新"、"原始创新"、"集成创新"的能力不强。二是数字化水平不高，数字化仿真设计制造技术（包括数字孪生技术）、产品实验/试验软硬件平台技术、可靠性检测实验与工程化检测装备等技术手段短缺。三是重大技术装备关键、共性技术的基础研究、应用研究、开发研究创新链不畅。

3.人才问题突出

高层次研发、管理人才缺乏，一线熟练技工尤其是高级技工非常紧缺。高技能型人才的培养体系缺乏科学性和适用性，现有教育机构缺乏具有丰富实践经验的师资以及与当前实践紧密结合的课程，造成学、教、用之间的脱节。随着社会人口老龄化程度的加剧，装备制造业"招工难"问题将更为严重，特别是既掌握先进制造技术又熟悉新一代信息技术的复合型工程技术人才、既精通现代化企业管理又熟悉国际化规则具有全球视野的高级管理人才严重短缺。

4.运行压力较大

原材料、芯片、海运价格飞涨，成本不断上升，盈利空间不断收窄，导致全省装备工业利润增幅大大低于全省规模工业的平均增幅，2021年中联重科仅钢材涨价就减少利润35亿元；应收账款居高不下，企业普遍资金紧张。至2021年12月，湖南装备制造规模以上企业应收账款达3272.5亿元，较上年同期增长14.0%，总量已接近全省规模以上工业应收账款的70%，装备制造业成为全省工业"货款回收难"的重灾区。不断扩张的产能加剧了行业同质化竞争，少数企业少数产品面临无利可图而放弃订单的尴尬。

二 2022年行业展望

（一）面临的形势

2022年国际经济形势愈加错综复杂，新冠肺炎疫情的不确定性持续冲击世界经济的复苏。国际资本市场波动、大宗商品价格高位、国际商贸物流不畅、全球供应链局势仍然趋紧，加上俄乌冲突爆发，种种因素促使装备工业对外贸易环境日趋严峻。国内市场需求收缩、市场预期不稳，消费和投资增长势头减弱，这些给实现全行业稳定增长带来很大的挑战。

中央经济工作会议明确了"稳字当头、稳中求进"的总基调，政府部门先后出台诸多稳定工业经济运行、扩大内需、促进消费、适度超前开展基础设施投资的政策措施，同时"十四五"各类规划中已明确的重大战略、重大项目和重大工程已相继开工，为装备工业提供了良好的宏观经济基础和稳定向好的市场需求。此外，上年影响行业经济运行的原材料价格高涨、煤炭电力供应紧张、芯片供应短缺等不利因素，在2022年有望得到缓解和改善，这些有利因素将促进全行业实现稳定增长。

综上所述，我们预期：2022年湖南装备工业经济运行总体将实现平稳增长，全年工业增加值增长10%左右，营业收入增长12%左右，利润总额增长10%左右，外贸出口稳中有升。

（二）重点工作

2022年，湖南装备工业将主动迎接机遇与挑战，着力固根基、扬优势、补短板、强弱项，在全面落实"三高四新"战略定位和使命任务中彰显新担当，谱写新篇章，以优异的成绩向党的二十大献礼。全行业将重点抓好以下几方面工作。

1. 抓运行监测，促行业稳定增长

装备工业作为湖南支柱产业，保持稳定增长对全省工业稳增长具有非常重要的意义。全行业要认真贯彻落实中央和省委经济工作会议精神，坚持稳字当头、稳中求进，努力担负起稳增长的政治责任。要重点做好工程机械、轨道交通装备、汽车、电工电器等千亿行业的运行监测工作，力保全年装备工业增速高于全省工业增速。要扎实开展对当前装备工业"缺芯""缺工""缺电""缺柜""缺钱"等热点问题的调查研究，提出切实可行的解决办法。当前尤其要引导全行业增强风险意识，树立底线思维，把企业发展放在前所未有的复杂环境、严峻挑战当中来定位和思考，制定切实有效的政策措施，坚定信心、沉着应对，于危机中育新机，于变局中开新局。引导企业在构建新发展格局和建设国家重要先进制造业高地中找准自己的定位，奋发作为。行业管理部门要增强对经济规律、市场规律、产业规律、企业发展规律的理解、把握和运用能力，提升专业素养和创新能力。

2. 抓规划落实，促行业"两化"攻坚

要坚持统筹协调和系统观念，研究提出落实《湖南省装备制造业"十四五"发展规划》及相关行业规划和专业规划的工作思路和措施，逐项落实规划确定的重点任务和目标要求。要组织协调市州工信部门、重点园区、行业协会及骨干企业做好上述规划的宣贯，分解相关目标任务，明确推进措施，确保规划落实、落细、落地。要重点围绕"两化"（产业基础高级化、产业链现代化）攻坚战的部署要求，积极推进产业基础再造、开展先进成型、精密加工、高端模具以及绿色铸造、电镀、热处理、表面处理等关键工艺技术的攻关，突破核心零部件、基础材料、关键工艺的产业化技术瓶颈，提高产业基础水平。要高度重视产业链供应链安全稳定，重点打通生产、流通等环节，突破供给约束堵点，及时发现和研究解决影响产业发展的突出短板和瓶颈问题。

3. 抓科技创新，促发展动能提升

进一步完善政策，加大支持力度，抓好首台（套）重大技术装备研发与推广应用，搞好自然灾害防治技术装备"揭榜挂帅"，从供给侧和需求侧同时发力,引导装备制造业向新技术、新产品、新领域、新产业突破发展。要不断完善和用好"揭榜挂帅""赛马"等机制,推动关键核心技术攻关取得更多阶段性成果。要结合湖南省《支持先进制造业供应链配套发展的若干政策措施》的实施,编制工程机械、汽车制造、电力装备、轨道交通、航空航天等装备制造重点领域"补链清单""攻关清单",用好用活产业政策推动关键重点零部件技术、产品攻关,鼓励主机企业推广应用,加快相关园区建设和标准建设。加快推进先进轨道交通装备国家创新中心建设,做好工程机械国家制造业创新中心创建工作。要推动重大科研设施、基础研究平台等创新资源开放共享,着力推动现有科研平台提质升级联合,面向"卡脖子"问题、面向产业、面向市场,加强协同攻关。

4.抓数智化转型,促行业提质增效

按照《湖南省打造国家重要先进制造业高地"十四五"发展规划》《湖南省智能制造"十四五"发展规划》中明确的各项目标任务抓紧智能制造赋能工程推进工作。引导重点骨干企业探索系统化的智能化改造,鼓励有条件的中小企业加快数字化改造,在全省遴选确定一批省级智能制造标杆企业(车间),打造一批国家级智能制造示范工厂和优秀场景。推动重点产业智能化转型升级,聚焦"3+3+2"重点产业集群(产业链)建设,推进数字化、网络化改造,加快培育推广智能制造新模式。大力推动国家智能制造先行区建设,探索开展省级智能制造先行区建设。以智能制造先行区为载体,推动"五好园区"建设。继续深入开展"智能制造进园区"活动,抓好上一年进园区成果跟进工作,力争落地实施一批智能制造项目。继续发布湖南省智能制造系统解决方案供应商推荐目录,不断壮大系统解决方案供应商队伍。

5.抓"双碳"机遇,促产业绿色发展

"双碳"目标必然加速推进各行各业现有装备的更新换代。要引导企业加快绿色装备产品研发,不断满足"双碳"背景下各行各业对绿色环保装备产品的需求。要坚持中央确定的全国统筹、节约优先、双轮驱动、内外畅通、防范风险的基本原则,坚定不移地推进行业本身的碳达峰、碳中和。要注重研究"双碳"达标的政策措施，推动行业统筹有序实施绿色低碳化改造工程，狠抓技术攻关，重点从加工制造过程和产品性能的节能减排入手，制定分期达标的措施，加强技术改造，推动产品结构、生产工艺、技术装备优化升级。要密切关注"双碳"目标实施给装备工业发展模式和发展逻辑带来的深刻影响，开展前瞻性研究，坚持先立后破、稳扎稳打，指导产业健康发展。要充分运用国家政策，组织开展中小企业节能诊断，提供解决方案，开展专业人才培训。

6. 抓国际化拓展，促开放水平提高

深刻认识俄乌战争、新冠肺炎疫情和全球经贸局势对装备工业国际化的影响，认真研究采取应对之策，尽最大可能稳住产业链、稳住市场。坚持"走出去"战略，加强国际合作，增强国际国内两个市场、两种资源的黏合度，扩大湖南装备产业发展空间。进一步加强对海外工程承包项目的服务水平，扩大湖南高水平装备产品海外工程应用。按照"构建人类命运共同体"的胸怀和思维，谋划更高水平的对外开放、国际化发展的举措。充分运用我国全方位、全领域对外开放的利好政策，努力在"一带一路"建设、共建开放合作世界经济、深化多边双边经贸合作等领域有更大作为。深入研究经济全球化呈现的新特征，主动参与新一轮国际产业链重构，抢占制高点，形成湖南装备制造业的国际竞争新优势。

B.19
2021年湖南人工智能产业发展状况及2022年展望

湖南省工业和信息化厅人工智能和数字产业处

2021年，湖南省人工智能围绕"建链、补链、强链、延链"的工作要求，抬高坐标、保持定力，各项工作稳步推进，加速助推全省数字产业化、产业数字化进程，成为经济高质量发展的重要引擎。

一 2021年发展情况

2021年，湖南省人工智能产业保持快速发展，基础能力不断提升、产业规模持续壮大、融合应用走向深入。全省人工智能核心产业产值超过125亿元，同比增长25%。人工智能与主营业务相结合的企业数超过4600家。

（一）基础算力加速提升

算力成为人工智能投资重点，以数据中心为代表的算力基础设施投资建设持续活跃，有力推动了数据中心机架数和通用服务器、AI服务器、超级计算机数量的快速增长。全省建成和在建规模以上数据中心47个，总机架数达到15万架。国家超级计算长沙中心系统启动升级，同步建设通用超算算力和人工智能专用算力，升级完成后的算力水平预计将居全国前列。长沙人工智能计算中心正在建设，湘江鲲鹏发布了兆瀚AI推理服务器。总投资120亿元的中国电信天翼云中南数字产业园项目正式启动，建成后将具备40万台服务器的云资源能力。

（二）创新能力持续增强

中南大学、湖南大学、湖南工商大学等高校新建了一批人工智能相关学科专业，在权威期刊发表的新增论文数保持快速增长，有力推动了人工智能产业创新能力提升和专业人才供给。高校、企业开展协同创新，推动人工智能芯片、传感器等计算硬件研发取得突破，计算机视觉、自然语言处理、机器学习等应用技术日渐成熟。新增8个省级人工智能标志性创新产品，人工智能技术商业化落地能力进一步提升。湖南纳雷科技的"面向自动驾驶L4级智能广角雷达"等8个项目获评全省人工智能标志性创新产品。景嘉微发布了自主研发的应用于高端图形显示、通用计算等领域的第三代高性能GPU芯片。启泰传感自主研发的压力传感器芯片金属基底尺寸在全球率先进入5mm时代。

（三）重点项目稳步推进

组织实施的一批人工智能重点产业项目加快建设，成为全省人工智能产业快速发展的基础支撑。长沙长泰机器人等3个企业获评工信部新一代人工智能产业创新重点任务揭榜优势单位。21个人工智能领域企业项目被纳入全省"数字新基建"标志性项目，年内全部实现投产达效。组织实施了制造业领域100个智能化升级项目，打造了一批制造业领域智能化升级标杆。行深智能第1000台无人车量产在长沙经开区下线，产品具备L4级自动驾驶能力，能够实现厘米级精准定位。超能机器人投资3000万元建设基于居民健康大数据平台的智能健康服务机器人生产线项目，建成年产能达10000台儿童晨检机器人、20000台家庭健康服务机器人智能化生产线。长沙安牧泉智能科技投资1.5亿元建成6条FC-SIP智能封装生产线，实现年产能达1亿颗FC-SIP高端芯片的生产能力。可孚医疗投资6亿元建设智能医疗产业园项目，完成了一、二期建设并实现投产。

（四）应用场景拓展深化

人工智能在工业、医疗、交通、教育等行业领域融合应用不断深化，新增了 8 个省级人工智能示范性应用场景。人机协同正在成为主流生产和服务方式，有力推动了传统行业领域的智能化升级。制造领域，人工智能技术有力促进设计、生产、管理、服务等全过程智能化升级，智能供应链管理等智能服务模式加快推广。中联重科打造大型柔性钢板备料智能"黑灯"产线，通过攻克大尺寸物体精细量测与定位等群体实时协同优化技术和设备故障自感知、自诊断技术装备智能化关键技术，实现了人工智能技术与智能制造装备融合。同时，借助机器视觉提升对图像信息的收集和处理能力，有力促进了制造业的安全提质降本增效。医疗领域，人工智能技术有力支撑了远程医疗以及医学影像辅助判读、临床辅助诊断等应用。中南大学湘雅二医院正在打造以重大疾病为导向的示范性"一站式"人工智能医疗器械国家临床试验中心，全力构建 AI 医疗器械的临床评价技术体系。交通领域，自动驾驶和车路协同的出行服务加快落地。湖南阿波罗智行科技有限公司开展 L4 级自动驾驶清扫车技术研发及应用，形成完善的园区 L4 级自动驾驶解决方案，实现在自动驾驶清扫车上应用。教育领域，场景式、体验式学习和智能化教育管理评价加速融入公共教学体系。科大讯飞探索智慧教育模式，利用人工智能、智能识别、知识图谱等技术，在长沙县、浏阳市等市区打造智慧教育综合服务平台，为 1500 余所学校提供智慧教育服务。

（五）产业生态不断完善

商汤科技、科大讯飞、海康威视等人工智能领域头部企业和阿里巴巴、腾讯、百度、京东等互联网企业纷纷加大在湘人工智能领域投入，同本土企业一道加快构建起了较为完善的人工智能基础层、技术层、应用层产业生态体系。资本市场成为推动人工智能产业加快发展的重要力量，智能机器人、智能安防、智能医疗、智能零售和行业解决方案的投资频次与融资金额明显高于行业平均水平。世界计算大会、北斗峰会、互联网岳麓峰会等顶级盛会的举办，为全省人工智能产业发展的资源汇聚、项目落地等起到强有力的推动作用。

在全省人工智能产业加快创新发展的同时，以下几个方面的突出问题也需要关注。一是人工智能领域高端人才缺乏，高精尖人才招聘难，人才制约因素明显。二是基础支撑能力需强化，在人工智能芯片、高端工业软件等一些重点行业的核心技术和关键产品研发对标国际先进水平存在差距。三是人工智能产业缺乏龙头企业和"独角兽"企业，相关企业以中小企业为主，存在技术雷同、同质化竞争的情况。四是人工智能示范应用场景的打造需持续努力。

二 2021年工作展望

坚持以习近平新时代中国特色社会主义思想为指引，深入贯彻习近平总书记对湖南重要讲话重要指示批示精神，全面落实"三高四新"战略定位和使命任务，按照省第十二次党代会部署，以数据、算法、算力为基础，推动人工智能产业实现更高水平发展。一是认真落实省委、省政府关于省领导联系产业集群（产业链）制度，抓好抓实人工智能与传感器产业链。二是推进关键核心技术攻关，在计算机视觉、机器学习、机器人、人机协同、群体智能等核心技术研发及产业化方面实现重点突破。三是加强人工智能领域基础设施建设前瞻布局，推动网络基础设施的智能化升级，持续提升湖南省人工智能算力水平。四是推动人工智能产业发展积极融入国家战略体系，全力推动长株潭创建国家人工智能创新应用先导区。五是组织实施一批人工智能示范项目，推荐省内符合条件的企业积极参与国家人工智能揭榜挂帅。六是举办全省第四届人工智能产业创新与应用大赛，推出一批省级人工智能标志性创新产品和示范性应用场景。七是搭建交流合作平台，为企业融资、引才和重点实验室落地等创造条件。

B.20
2021年湖南智能网联汽车产业发展状况及2022年展望

湖南湘江智能科技创新中心有限公司

2016 年以来，长沙市以湖南湘江新区为重心，前瞻布局智能网联汽车产业，构建了"车、路、云、网"一体化发展格局，探索了智能网联汽车产业发展的"长沙路径"，成长为全国重要的智能网联汽车产业集聚地和创新策源地。2021 年，湖南湘江智能科技创新中心有限公司（以下简称"湘江智能"）认真贯彻落实湖南省委、省政府的战略部署，在推动湖南省长沙市湘江新区智能网联汽车产业中当先锋、担主力、树标杆，以"新基建"硬核赋能湖南省高质量发展。

一 2021年发展报告

（一）行业发展的主要成效

1. 基础设施智能化改造走在全国前列

一是建设了国内领先的封闭测试区——"国家智能网联汽车（长沙）测试区"，建成国内领先的"封闭+开放"的智能化基础设施环境，打造了国内技术最先进、场景最丰富、设施最齐全的智能网联汽车封闭测试场，以及全国首条基于"C-V2X+5G"的智能网联汽车测试与应用示范的100 公里智慧高速，并在100 平方公里范围内，打造了基于"C-V2X+5G"的智能网联汽车测试开放道路。快速推进智能化终端感知设备建设，实现数据的全面感知和自动采集。二是新型网络设施建设走在全国前列。快速推进车用无线通信5G网络建设，累计完成4万多个5G基站建设，实现重点区域全覆盖，构建了核心商圈、交通枢纽、旅游景区、产业应用的5G场景，并完成重点区域交通设施车联网功能改造和核心系统能力提升。

2. 公共服务水平走在全国前列

建设了智能网联云控管理平台，并在此基础上着力打造全国领先的国家车联网（智能网联汽车）大数据交互与综合应用公共服务平台（湖南属地数据分中心），承担车联网的云计算中心、基础数据中心、融合应用中心的"三中心"功能。同时，面向智慧交通应用，打造智能网联车辆运营服务、智慧出行服务、应用生态体系等三大方面的应用场景，构建出行即服务（MaaS）的车、路、云一体化应用服务体系。

3. 示范应用走在全国前列

以城市公交场景为重点，率先打造全国首个开放式、全长约7.8公里的L3级智慧公交示范线，累计测试里程51404公里。在核心商区、产业园区、交通及物流枢纽地区推进5G+智慧物流、5G+无人末端配送、5G+无人智慧巡逻、5G+无人工程机械、5G+智慧港口自动驾驶、5G+无人机等垂直应用场景落地，探索5G+自动泊车与智慧停车动静态融合、无缝切换的智能交通场景。

4. 产业创新走在全国前列

长沙拥有湖南大学汽车车身先进设计制造国家重点实验室、中南大学高性能复杂制造国家重点实验室等23家国家重点实验室及国家级工程技术研究中心，以及工程车辆安全性设计与可靠性技术实验室、综合交通运输大数据智能处理实验室等40家省级重点实验室，产业创新能力位居全国前列。湖南湘江新区现有两院院士40余名、大中专院校30余所、在校大学生30余万名，拥有湖南大学国家超级计算长沙中心等120余个国家级技术创新平台、40余家部（省）属科研机构，是国家重要的海外高层次人才创新创业基地和中南地区科技创新中心。

5. 智能网联产业集群走在全国前列

自2016年以湖南湘江新区为核心开展智能网联汽车产业布局以来，湖南已吸引了华为、百度、舍弗勒等 20 多家行业巨头。目前，长沙已拥有 340 余家从事智能网联汽车相关业务的重点企业，其中芯片及智能传感器企业 20 家，通信、导航及信息终端企业 26 家，动力电池及储能材料企业 37 家，识别算法企业 19 家，底盘控制及自动化企业 56 家，车联网、智能驾驶、智慧出行企业 36 家，软件大数据及云平台企业 106 家。

6. 产业链供应走在全国前列

长沙已形成较好的智能网联汽车产业发展基础。在产业链上游，布局有感知系统、决策系统、执行系统、通信系统四个领域，代表企业如景嘉微电子、湖南力研光电、长沙北斗研究院、湖南融创微电子、大陆集团、希迪智驾等；在产业链中游，已形成百度无人出租车、京东无人快递车、中车智驭智能驾驶客车、希迪智驾智能重卡等一系列自动驾驶方案和示范应用产品；在产业链下游，针对智能出行和物流服务的云端调度平台、大数据处理、智能网联汽车测试服务等已开始不断完善。

（二）主要困难和问题

1. 关键技术研发创新能力不足

湖南省智能网联汽车产业基础与技术研发相对薄弱，尤其在整车研发、计算平台、通信等领域仍处于起步阶段。湖南湘江新区在推进智能网联汽车产业发展的过程中，仍然需要解决一些关键问题：一是在控制器、执行器等智能网联汽车核心电子、车载智能化软硬件平台、智能感知部件、先进能源动力平台、车载通信系统等方面，关键技术掌控能力仍需进一步提升；二是智能网联汽车制造及配套体系仍需完善，传统汽车制造领域在智能网联汽车技术积累与产品研发方面存在局限性，适应智能网联汽车制造的新型智能化汽车制造能力尚有不足；三是传统汽车设计制造与计算、通信等能力的融合与协同还需加强，从而进一步适应快速发展的汽车智能化、网联化需求。

2. 产业发展缺乏整车企业带动

长沙市智能网联汽车领域企业有 340 余家，但整车企业大多以生产制造为主，且多处于中低端，智能化、网联化水平相对相低。缺乏能够支撑全局发展的整车企业，本土企业战略布局的拓展以及转型升级积累的优势基础资源薄弱，难以发挥整车企业对智能网联领域的带动作用。湖南湘江新区虽在智能网联汽车测试示范领域有行业领先优势，但整车企业的缺乏使得智能网联产业难以形成高规模的集聚效应，不利于人才、资本的聚集，企业难以及时得到市场的反馈，不利于智能网联汽车产业的长远健康发展。

3. 智能网联测试场景商业化运营进度有待加快

自 2018 年以来，湖南湘江新区以国家智能网联汽车（长沙）测试区为核心，吸引了大批以百度、华为、腾讯等为代表的智能网联汽车产业重点企业，但与本土整车制造企业的融合发展尚处于起步阶段，缺乏相应的技术应用产品落地，需进一步达成更深层次合作。场景落地以及智能驾驶技术的商业化落地，有利于创造社会价值和商业价值。湖南湘江新区目前落地的无人驾驶出租车和智慧公交两个项目，前者尚处于示范运营；后者是由政府投资的公共事业，智慧公交的商业回报还难以估算。未来还需推动很多已经达到技术临界点的智能驾驶应用场景尽快落地，同时探索不同商业模式和商业路径。

二 2022年行业展望

（一）打造湘江智能网联产业园

依托国家智能网联汽车（长沙）测试区、国家级车联网先导区、国家智能网联汽车质量监督检验中心和智慧城市基础设施与智能网联汽车协同发展试点等四大国家级平台，规划建设一个 24 平方公里的智能网联产业园，以创新发展为使命，以产业化为导向，将园区打造成为"全球智能网联产业高地、全国智慧双碳品质新城、湖南先进制造赋能中心、长株潭融合发展排头兵、湘江新区创新发展引擎和未来智慧生活首发地"。

（二）成立智能网联产业投资基金

产业基金一期总规模为 5 亿元，按市场化投资方式运作，瞄准以人工智能（智能网联汽车）产业为核心的新一代信息技术和智能制造领域相关企业。产业基金将抢抓国际、国内智能网联行业新一轮创新周期大发展以及投资并购整合机遇，以撬动整个产业。

（三）突出"车、路、云、网、图"一体化建设

一是进一步加强基础设施建设。继续开展长沙市开放道路智能化改造项目，实现三环线内多个路口 RSU 路侧单元和智能红绿灯的全面覆盖，数据接入车联网云平台。按照"重点补强+连线成片"的思路，实现车路协同辅助驾驶安全冗余提升，公交通行效率及准点率提升，满足整车厂计划量产车联网辅助驾驶功能示范验证和政府监管需求。

二是进一步加强网络设施建设。到 2022 年，完成全市产业基地、工业园区、高校、主要景区、主城区、县城、交通干线等区域 5G 网络全覆盖。以国内第三个车联网直连通信频率 5905–5925MHz 为依托，推进车用无线通信网络建设。利用北斗卫星导航定位基准站网，持续推动高精度时空基准服务能力建设。

三是进一步加强"车城网"综合平台建设。升级打造一个城市级智能网联云控管理大数据中心，构建标准规范、安全防护、运维管理、开源开放、支撑多类应用的综合运营平台，实现城市道路智能管理、地理信息、智慧交通、智能网联汽车测试监管、智慧出行和产业生态等六类应用，推动智慧城市管理的定量化、自动化、标准化、定位化、科学化和三维可视化，加快形成标准化示范、创新性引领和生态化推广的可持续发展能力，为建成国家级监测属地中心节点、引领智能网联汽车测试示范城市和服务公众出行及可持续运营提供强有力的保障。

四是进一步加强示范应用场景打造。融合应用 5G 网络通信及 V2X 车路协同前瞻技术，依托智慧高速与城市道路"路、云、网、图"新型基础设

施及三一重卡新一代智能重卡智能化水平，打造并实现全球首个5G-V2X端到端智慧物流整体解决方案及应用场景商业运营落地，形成5G-V2X智慧物流从新型基础设施建设、车辆到运营的全栈式技术标准规范，推动智能网联与工程机械的应用融合。以"众包采集、动态更新、属地管理"为高精度时空基准服务原则，打造开放、兼容、监管可控的城市级高精地图平台与道路交通地理信息动态服务平台。聚焦公共出行、停车和交通管控等领域，落地更多的应用场景，构建新一代车路协同智慧交通解决方案。

五是进一步加强标准化工作。在参与国家标准制定上实现突破，大力争取国家工信部等国家部委支持，进一步加强城市道路设施、智能网联汽车信息交互等方面的研究，健全智能网联汽车与智慧城市基础设施技术标准体系，更多地参与智能网联汽车国家标准建设。在智能网联汽车大数据及云平台的关键技术标准领域实现突破，推动车控云、智慧交通云、电子政务云的融合以及在智慧城市中的实际应用，形成车端大数据信息服务的相关技术标准。在路侧法规上实现突破，出台一批智能网联车辆运行测试、仿真测试、测试场地建设等相关技术标准和管理规范。

B.21
2021年湖南钢铁产业发展状况
及2022年展望

湖南省工业和信息化厅原材料工业处

2021年，湖南钢铁企业坚持以习近平新时代中国特色社会主义思想为指导，全面贯彻党的十九大和十九届历次全会精神，深入贯彻习近平总书记对湖南工作系列重要指示特别是考察湖南重要讲话精神，全面贯彻落实"三高四新"战略定位和使命任务，全面落实国家钢铁行业产能产量"双控"政策，坚决贯彻落实省委、省政府决策部署，克服原燃料价格波动带来的不利影响，主动适应钢材市场需求变化，抢抓国内用钢需求旺盛机遇，行业总体运行态势良好，产业结构进一步优化，产品质量进一步提高，创新活力进一步增强，营业收入、利润总额均创历史最好水平。

一　2021年基本情况

（一）主要指标完成情况

2021年，在铁矿石和焦炭等原燃料大幅上涨、国家取消169种钢材出口退税、钢材出口大幅下滑、产能产量"双控"的情况下，全省10万钢铁行业干部职工团结一心奋力拼搏，取得了营业收入和利润大幅增长的好成绩。全省765家规模以上钢铁企业工业增加值同比增长2.6%。全省生产（不含广东阳钢，下同）：生铁2177.35万吨、同比增长3.4%，粗钢2612.68万吨、同比持平，钢材2979.69万吨、同比增长8.3%，铁合金142.10万吨、同比增长35.8%，钢结构298.30万吨、同比下降2.7%。实现营业收入 3260.04 亿元、同比增长 35.8%，利润总额 151.48 亿元、同比增长 35.5%。2021 年湖南省粗钢产量占全国的 2.5%，营业收入占全国的 2.8%。

（二）主要工作及成效

1. 巩固钢铁去产能成果

湖南钢铁行业全面贯彻新发展理念，持续深化钢铁行业供给侧结构性改革，坚定落实钢铁行业各项政策措施，严禁钢铁新增产能，巩固提升钢铁去产能成果。一是紧盯已取缔"地条钢"企业，坚决防止已取缔的"地条钢"企业"死灰复燃"。一年来没有收到生产"地条钢"举报线索。二是迎接国家钢铁"去产能"回头看检查。从检查后国家通报中看，没有对湖南省提出具体需要整改的问题。三是做好钢铁产能产量"双控"工作。2021 年国家实施钢铁限产措施，国家下达湖南 2021 年粗钢产量不能超过 2020 年粗钢产量计划，经过湖南钢企的努力，2021 年湖南粗钢产量为 2612.68 万吨，同上年比持平。四是与省发改委一道做好麻阳金湘、宁远榕达、冷水江泰和要求复产事宜。

2. 冶金规划引领新方向

冶金工业是国民经济的重要基础产业，是国民经济建设重要的原材料保障。为全面落实"三高四新"战略定位和使命任务，支撑打造国家重要先进制造业高地，推动湖南省冶金行业高质量发展，出台了《湖南省冶金工业"十四五"发展规划》（以下简称《规划》）。《规划》聚焦"3+3+2"领域构建现代产业新体系，立足湖南省冶金行业的基础和特色，以推动高质量发展为主题，以深化供给侧结构性改革为主线，以改革创新为根本动力，进一步强化创新发展，优化提升产业与产品结构，加快数字化智能化转型，大力推进绿色低碳发展，加快建设先进钢铁材料产业集群（产业链），努力把湖南建设成为全国一流的冶金基地，为湖南省打造国家重要先进制造业高地提供基础材料保障。

3. 效益指标创历史新纪录

2021 年，湖南钢铁企业克服铁矿石、焦炭等原燃料大幅涨价、取消 169 项钢材产品的出口退税、进一步严格钢铁行业能效约束等因素，抢抓有利时机，全行业实现营业收入 3260.04 亿元、同比增长 35.8%，利润总额 151.48 亿元、同比增长 35.5%。特别是重点钢企华菱集团 2021 年实现营业收入 2190 亿元、利润总额 150 亿元，同比上年分别增长 44%、46%，创造了华菱集团发展史上新的里程碑，被冶金工业规划研究院评为 "2021 年中国钢铁企业发展质量（暨综合竞争力）极强企业"。华菱集团子公司华菱湘钢、华菱涟钢、华菱衡钢以及合资公司 VAMA，2021 年营业收入、利润总额均实现了两位数增长，华菱集团集群产业在长子公司营业收入同比增长 89%、利润总额完成预算目标的 215%。

4. 结构调整取得新突破

华菱集团大力实施 "高端+差异化" 研发策略，持续推进产品升级换代，推进 "华菱制造" 迈向产业链、价值链中高端。2021 年华菱集团 13 个大类品种有 61 个钢种替代 "进口"，全年完成重点品种钢 1400 万吨，占集团全部钢材比重为 55%，重点品种钢材相比普通钢材多创效益 27 亿元，华菱集团产品跻身钢铁产业链、价值链中高端。工艺结构升级步伐加快，华菱湘钢五米宽厚板厂回火炉、炼钢厂 RH 炉，华菱涟钢高强钢二期项目热处理线、高端家电用 2# 镀锌线快速建成达产，VAMA 二期项目建设快速推进。华菱湘钢 "数智云能中心"、华菱涟钢 "智能运维监控系统"、华菱衡钢 "管加工智能车丝线" 等 "智慧项目" 投入运营。冷钢围绕做精做细主业目标进行了多项技术改造，先后完成了四号高炉大修、"一罐到底"、喷煤改造等多项技术改造。

5. 技术经济指标大幅改善

2021 年湖南钢企克服国家调控粗钢产量造成生产操控难度加大等不利因素，精心组织生产，主要技术经济指标相比 2020 年有较大改善，部分指标进入行业先进水平。特别是重点钢企华菱集团 16 项主要技术经济指标中有 8 项改善，改善指标占比 50%。冷钢通过改善原材料结构、规范操作，炼铁焦比同比下降了30kg/t，炼钢钢铁料消耗同比下降了6kg/t。

6.绿色低碳减排稳步推进

钢铁企业按照"绿色低碳""和谐共生"的绿色发展理念，坚持走创新驱动、内生增长、绿色发展之路，采用先进节能减排工艺与技术，从源头上控制污染物排放，提高能源、资源利用率。2021年全面完成了湖南省下达的主要污染物总量减排任务，华菱集团"三钢"厂容厂貌及周边环境全面改变，有的企业成了当地的旅游工厂。同时大力推进钢铁企业超低排放改造工作，各企业正按照超低排放要求有序推进超低排放实施项目改造。2021年，与2020年同比，烟粉尘总量削减10.3%，二氧化硫总量削减0.5%，氮氧化物总量削减13.8%。冷钢通过对除尘等环保设备改造，稳步推进钢铁企业超低排放工作。

7.智能制造助推内部改革

大力推进数字化和智能化转型升级，打造华菱湘钢5G数智工厂、华菱涟钢云数据中心、华菱衡钢管加工智能车丝线，实现了"让设备开口说话、让机器自主工作、让员工更有尊严、让企业更有效率"的目标。华菱集团严格落实省属国企改革三年行动计划，省国资委下达的69项改革重点项目，完成率达到85%。全面推行经理人任期制与契约化管理，54家子公司190名经理层人员签订了"两书一协议"。"三项制度"改革成效评估获省国资委综合评述排名第1。2021年钢铁主业年人均产钢突破1500吨，继续保持行业先进水平。

8.资本运作取得新成效

2021年华菱线缆顺利实现混改上市，成为华菱集团下属第二家上市公司，湖南省实施IPO上市企业"破零倍增"计划后首家上市的国有控股企业。

（三）存在的主要问题

湖南钢铁行业虽然取得了明显进步，但仍存在一些问题，主要表现如下。

1.行业整体竞争力不强

湖南钢铁行业总量规模不大的情况尚未得到根本改变，湖南钢铁行业产量虽列全国第 13 位左右，但钢材产量和钢材品种尚不能完全满足湖南经济发展需求。铁合金产量逐年萎缩，大多数铁合金企业逐渐失去了行业竞争优势。钢结构行业与山东、安徽、江苏、浙江、广东等省份相比，总产量差距较大，甚至不及安徽鸿潞、浙江杭萧一个企业的产量。

2. 钢铁产业链短板明显

湖南钢铁行业上游原料铁矿石权益资源不足，铁矿石 80% 以上依赖进口，焦炭自给率仅为 65% 左右，废钢资源掌控能力有限，钢铁产品深加工能力不足，生产性服务业发展水平与产业链供应链现代化水平不高。铁合金行业优质资源不断枯竭，高品位优质锰矿矿山先后闭坑，优质锰矿资源供给难以支撑铁合金行业规模化发展。耐火材料行业原料匮乏，大部分原料要通过山西、河南和辽宁等外省购入。

3. 技术创新水平不高

关键领域存在不少短板，关键核心设备、核心技术、核心零部件仍然以进口为主，高品质产品生产所需工艺、装备和控制系统配套支撑能力不足。行业跟随仿制多、原始创新少，缺乏对技术进行消化和二次创新的主动意识；随着大数据、人工智能的不断发展，行业数字化、网络化、智能化改造任务繁重。技术创新能力有差距，对标先进钢企宝武，华菱集团专利授权数不及 20%、牵头或参与行业标准制定数不及 10%、国家级科技奖项获得数不及 10%、论文被国内外核心期刊收入数不及 5%。

4. 绿色发展任重道远

钢铁行业超低排放改造尚未全部完成，能源环保和碳减排管理基础相对薄弱，产品生态设计及全生命周期评价工作尚未开展，在当前碳达峰、碳中和国家政策引导下，亟须发展低碳钢铁冶金颠覆性技术。

二　2022年工作展望

2022 年，湖南钢铁行业要坚持以习近平新时代中国特色社会主义思想为指导，深入贯彻习近平总书记对湖南工作系列重要指示批示精神，持续深化供给侧结构性改革，积极推进绿色低碳发展，努力实现钢铁行业稳定运行，促进钢铁工业高质量发展再上新台阶。

（一）持续巩固钢铁去产能成果

要持续巩固钢铁化解过剩产能工作成果，要严格执行钢铁项目建设程序，严格落实钢铁产能置换、项目备案、土地、环保、能耗、安全等规定，坚决杜绝新增钢铁产能等违法违规行为，继续打击"地条钢"违法违规生产，防止死灰复燃，对钢铁产能违法违规问题始终保持零容忍高压态势，坚持露头就打绝不姑息迁就。

（二）做好钢铁行业稳运行工作

面对2021年形势，钢铁行业要按照"稳生产，保供给，控成本，防风险，提质量，稳效益"要求，切实采取有效措施，努力促进全省钢铁行业实现稳定运行。要加强上下游产业合作，发挥产业链协同效应，做好生产要素协同，保供稳价。加大技术改造，加快补齐关键技术短板，"增品种、提品质、创品牌"，提高产品供给质量。要深化开展"对标挖潜"，瞄准中国宝武等行业标杆，从质量、成本、财务、管理等方面全面对标，推动主要技术经济指标进入全国先进行列。

（三）大力推进行业科技创新工作

紧扣湖南"三高四新"战略定位和使命任务，抓住湖南深化创新型省份建设契机，加大研发投入，实施一批重大科技项目，攻克一批"卡脖子"技术难题，打造高端专用和特殊用途产品的华菱品牌，实现品种结构高端化，目标市场品种钢的市场占有率稳居国内前三。要补齐钢铁行业"卡脖子"技术短板，推进产业共性技术协同创新，加强创新生态圈建设。

（四）稳步推进行业"双碳"工作

积极推进钢铁行业碳达峰路线图和行动方案工作落实，组织企业开展能耗、碳排放对标交流，提高能耗、碳排放数据质量，组织钢企共同开展关键低碳冶金共性技术研究开发，促进钢铁行业低碳发展。建立健全绿色低碳循环发展生产经营体系以及稳定的环境保护资金投入机制，通过装备升级、先进技术推广应用，提高资源能源利用效率，推进超低排放改造和污染物综合治理，持续降低碳排放强度，实现"双碳""双控"目标，推进城企深度融合。

（五）加快数字化转型促进智能制造

紧扣新一代信息技术与制造业深度融合主线，聚焦大数据、云计算、人工智能、5G等新兴技术，通过新一代信息技术赋能湖南省钢铁行业高质量发展。深入推进钢企"上云用数赋智"行动，深耕垂直行业，打造一批在5G+工业互联网、大数据、人工智能、智能制造等新一代信息技术领域的示范标杆和示范应用场景。依托行业龙头企业，推进协同研发设计平台、个性化定制平台建设，培育制造业新模式新业态。完善钢企互联网平台，汇聚冶金生产企业、下游用户、物流配送商、贸易商、科研院校、金融机构等各类资源，强化设计、生产、运维、管理等全产业链、全流程数字化功能集成。支持重点企业通过"互联网+"满足客户多品种、小批量个性化需求。

（六）鼓励湖南钢铁企业兼并重组

国家鼓励行业龙头企业实施兼并重组，打造若干世界一流超大型钢铁企业集团。鼓励钢铁企业跨区域、跨所有制兼并重组。对完成实质性兼并重组的企业在进行冶炼项目建设时给予产能置换政策支持。到2025年，钢铁产业布局更加合理，产业集聚化发展水平明显提升。2021年以来，我国加大了钢铁企业兼并重组力度，发生了多起大型钢铁企业业内并购，国内钢铁行业兼并重组正加速推进。湖南要做大做强钢铁行业、构建强大产业链根基，就要积极推进湖南重点钢企加大对省内和省外钢铁企业兼并重组力度，千方百计支持湖南钢铁集团做大做强钢铁主业，进一步提升湖南钢铁行业的综合竞争力。

三 "十四五"展望

"十四五"期间，湖南钢铁行业企业要坚持以习近平新时代中国特色社会主义思想为指导，深入贯彻习近平总书记对湖南工作系列重要指示特别是考察湖南重要讲话精神，坚决贯彻落实党中央、国务院决策部署，坚决贯彻落实省委、省政府的发展战略和工作要求，全面落实"三高四新"战略定位和使命任务，聚焦"3+3+2"领域构建现代产业新体系，以深化供给侧结构性改革为主线，加快建设先进钢铁材料产业集群（产业链），努力把湖南建设成为全国一流的冶金基地。

到2025年，研发一批高附加值钢材新产品，高效品种钢占比达到65%；培育形成1家世界500强现代化钢铁企业；建立规范有序的多元化废钢资源保障体系，力争到2025年，全省钢铁工业的废钢比达到30%；整合铁合金企业，铁合金（不含富锰渣）产量控制在150万吨以内；到2025年，全省冶金行业实现主营业务收入3000亿元以上。

B.22
2021年湖南湘江新区发展报告
及2022年展望

湖南湘江新区党工委

一　2021年湘江新区发展形势

2021年，湖南湘江新区始终坚持以习近平新时代中国特色社会主义思想为指引，深入贯彻习近平总书记对湖南重要讲话重要指示批示精神，全面落实"三高四新"战略定位和使命任务，抬高发展坐标，强化全域统筹，大力推进高质量发展，实现"十四五"良好开局。

（一）党的建设纵深推进、持续加强

深入实施"党建聚合力"工程，推动党建向基层延伸、向纵深拓展。一是党史学习教育成效显著。围绕四大主题，采取现场参观、党员微党课、沙盘模拟等形式，组织开展专题学习、集中研讨500余场次。开展"学党史 强信念 跟党走——红色故事大家讲""百年风华正青春"党史知识大家答等活动，引导广大党员从百年党史中汲取奋进伟力。结合"我为群众办实事"活动，扎实推进"六为""五个志愿"服务，有效解决民生问题104个，三环线梅溪湖隧道噪声整治得到省纪委督导组点名表扬。二是基层基础有效夯实。围绕庆祝建党一百周年，以"百年华诞、红色引领"为主题，组织开展诵读"红色经典"、宣讲"红色故事"等"五个一批"活动。以"三级责任制"为载体，制定《党工委全面从严治党主体责任清单》，完成机关党委换届选举，编印《党务干部工作手册》，推进党建工作常态化、制度化。强力推进"党建聚合力"工程，巩固提升机关"四抓四促"、国企

"党徽闪耀、项目堡垒"、新经济"党建引领下的青年奋斗场"等品牌，58小镇党委荣获"全国先进基层党组织"称号，结对共建的金茂社区党总支荣获"湖南省先进基层党组织"称号。三是党风政风持续好转。全面从严管党治党，组织召开党风廉政建设和反腐败工作会、警示教育大会，领导班子成员带头开展"以案促改大讨论""作风纪律大整顿"。持之以恒正风肃纪，办结问题线索40件，立案9件，处理处分干部职工72人次，挽回经济损失2171万元。开展两轮政治巡察，发现交办问题57个。首创"五位一体"激励关爱干部担当作为机制，获人民日报专题推介和国家发改委表扬，入选"中国改革2021年度案例"。

（二）经济发展稳中有进、量质齐升

积极应对复杂经济形势和疫情反弹冲击，着力抓项目、促投资、稳增长、优环境，高质量发展取得新成效。一是主要指标稳步提升。全年实现地区生产总值3674.2亿元，增长8.4%；规模以上工业增加值增长9.0%，固定资产投资增长9.9%，社会消费品零售总额增长14.4%，地方一般公共预算收入增长15.6%。二是发展质量持续优化。全年新增市场主体5.1万家，总量达44.2万户；新增上市企业4家，总数达45家，占全省的34%。新增国家专精特新"小巨人"企业29家、市级智能制造试点企业115家；高新技术企业总数突破2662家。三是区市、园区提质进位。岳麓区、望城区分别列全国发展百强区第41位、第51位；宁乡市排名全国县域百强第15位。长沙高新区挺进全国产业园区竞争力百强第9位；宁乡经开区连续两年蝉联入选全国先进制造业百强园区；望城经开区获批国家知识产权示范园区；宁乡高新区获评国家外贸转型升级基地（装备制造）；岳麓高新区外资完成情况排名全省省级园区第一。

（三）现代产业加速转型、提质增效

聚焦"三智一芯"，推动制造业高质量发展，着力构建现代产业体系。一是主特产业加速壮大。强化国家级园区"两主一特"、省级园区"一主一

特"产业定位，做大做强优势产业。工程机械产业总产值突破千亿元；新材料、电子信息产业规上工业产值增速分别达 52.1%、27.4%。工业企业中年产值过 100 亿元企业 6 家、50 亿元 13 家、10 亿元 82 家，税收过亿元企业 56 家、亿元楼宇 10 栋。中伟新能源、邦普新能源、长远锂科、楚天科技等企业产值倍增。三安半导体（一期）投产，中联智慧产业城首开区建成厂房 27 万平方米，比亚迪动力电池、三一中型起重机械、智能终端产业园等一批重点产业项目加快建设。二是新兴产业加速培育。与三一集团、中联重科开展战略合作，联合腾讯、华为、中国电信、吉林大学等搭建创新平台，获批筹建国家智能网联汽车质量监督检验中心，助力长沙成为唯一获得四块国家级牌照的城市。建成全国首个"硬件+软件"华为鲲鹏生态基地，助力长沙成为实现芯片三大件设计国产自主的城市。湖南金融中心新引入各类金融机构企业 115 家，实现税收 51 亿元，同比增长 42%；湘江基金小镇共入驻基金机构 380 家，基金管理规模达 1066 亿元，创税近 6 亿元。三是招商引资加速突破。成功举办或参加 2021 岳麓峰会、港洽周、北上深推介会、2021 中部（长沙）人工智能产业博览会、2021 世界计算机大会、湘阴新片区招商推介会等重大活动。新区全域全年签约投资 5000 万元以上项目 137 个，合同引资 1300 亿元，其中 50 亿元以上项目 7 个、三类 500 强项目 10 个。

（四）城市建设全速推进、品质提升

全面落实"五区"建设、"四精五有"要求，统筹推进"人城产"融合发展，133 个基础设施项目年度投资完成率超 100%，加快打造高端品质新城。一是原有片区品质提升。梅溪湖一期片区完成文化艺术中心周边交通设施改造，麓景路隧道建成通车。滨江新城片区基础设施持续完善，"一江两岸"亮化有序推进。洋湖片区品质提升一期提前竣工。大王山片区加快路网提质改造，"六纵六横"立体交通体系日趋完善。二是重大片区全面开建。梅溪湖国际新城二期完成城市设计优化和整体开发方案，泰康湘园完成建设。大王山欢乐海洋完成主体建设。市府北片湘雅路过江通道、新湘雅健

康城加快建设。高铁西城片区站场站房及配套项目加快建设。湘江融城科技小镇首开区 1200 亩土地完成征拆。通航小镇坪塘通用机场临时起降点获军方批复，傅家洲星空飞行营地投入运营。人工智能科技城已开工 29 万平方米，入驻高新科技企业 50 余家。湘江科创基地一期投入运营。龙王港治理被列为省级突出生态环境问题整改正面典型，原长沙铬盐厂污染治理已上报省生态环境厅进行阶段销号。三是新片区蓄势待发。湘潭九华 16 平方公里、湘阴 14 平方公里等量置换被纳入新区核心区范围。出台"一共享五统筹一统一"实施意见，统筹推进两大新片区建设，九华片区 541 亩土地顺利摘牌，暮坪湘江特大桥加快建设。湘阴片区金龙先导区启动规划建设；虞公港完成港区联动开发可行性论证，正加快引进合作开发商。

（五）科技创新重点突破、成效明显

出台《关于推进科技创新高地建设的若干政策》，提质科技创新发展。一是科创引擎做大做强。以岳麓山大学科技城为龙头，加快打造湘江西岸科创走廊。充分发挥湘江科创基地、中南大学、湖南大学科创转化基地等集聚效应，新落户科创企业 600 余家，总数达 6450 家；中南大学科技园被认定为国家大学科技园，国家战略性稀有金属矿产资源高效开发与精深加工技术创新中心已上报科技部。会同长株潭高校启动人才聚合行动，举办人工智能训练营和创业就业夏令营，高端人才需求信息集中发布，入选市 ABCD 类高层次人才 1377 人，占全市的 56%。二是创新创业升级发展。编制实施《新区国家大众创业万众创新示范基地建设方案（2021—2023 年）》，兑现各类奖补资金近 1.5 亿元，参加或举办 2021 年全国"双创"周湖南分会场、2021 院士高峰论坛、"创响中国"新区站等活动 20 余场。国家级创新平台达 80 余个、省级创新平台 500 余个。三是科创成果加速转化。4 个项目入选省十大技术攻关项目，5 个项目入选市十大重大科技项目，新区实施的首批 3 个科技研发"揭榜挂帅"核心技术攻关项目正由中南大学、湖南大学教授团队牵头攻关。张尧学、钟掘、王耀南等院士团队科技成果加速转化落地。完成技术交易合同交易额 165 亿元，增长 34.3%。

（六）改革开放全面深化、激发活力

强力推进系列重大改革，加快补齐开放短板，构筑发展新优势。一是体制机制改革成效明显。积极争取中编办、省委编办重视支持，获评为正厅级单位。高效完成管理机构清理规范、雇员核查等工作，出台雇员岗位聘任制办法。建立完善统计制度，将湘阴、九华新片区纳入新区统计范畴。二是审批改革持续推进。出台《新区办事指南》等，深化"三集中三到位"改革，做到进窗、审批、制证、盖章、出窗一体化。大力推动在线审批改革，审批无纸化率达91%。与赣江新区实现25项高频政务服务事项跨省通办、全程网办。获批省知识产权综合服务湘江新区分中心。入选《中国营商环境报告2021》改革荟萃"新区实践篇"，劳动力市场监管指标在18个国家级新区中位列第二，招标投标、办理建筑许可等5个指标在全国表现优秀。三是国企改革助推发展。湘江集团加速市场转型，连续四年保持国内最高AAA主体信用等级，营收、利润总额、净利润同比大幅增长。城发集团从完善企业制度、推动企业混改等领域推进56项重点改革，超额完成营收、净利润年度任务。湘江国投完善公司法人治理结构，累计培育上市企业30家，"一库一平台"成为省市数字经济重点项目，保理公司正式挂牌运营。湘江智能健全现代企业管理制度，形成智能网联、产城开发、产业投资"一主两辅"业务布局。四是对外开放全面提升。成功获批国家中欧区域政策合作中方案例地区。海归小镇启动建设。成功举办欧美同学会第二届"双创"大赛、中非青年创新创业论坛、第八届"海归论坛"等国际性活动。实际利用外资13亿美元，进出口总额922.8亿元，同比增长24.2%。

二 2022年湘江新区发展思路及工作展望

2022年，湖南湘江新区将坚定不移地沿着习近平总书记指引的方向，认真贯彻落实党的十九届六中全会、中央经济工作会、省市党代会及经济工

作会精神，全力落实"三高四新"战略定位和使命任务，努力在强省会战略中"闯"出新路子、"创"出新特色、"干"出新成效，确保GDP增长10%，规模工业增加值增长10.5%，固定资产投资增长10.5%，社会消费品零售总额增长12%，地方一般公共预算收入增长12%，着力打造高端产业新区、前沿创新新区、开放活力新区、一流品质新区，以优异的高质量发展答卷迎接党的二十大胜利召开。

（一）强力推进重大项目建设

加快推进730个年度重大项目建设，确保2022年完成投资1600亿元，其中新区本级完成投资360亿元。一是加快重大项目建设。加快湘江智能网联产业园、中联智慧产业城、三安半导体产业园、格力冰洗等项目建设，有效扩大产业投资规模。加快长株潭城际轨道西环线、长沙高铁西站综合客运枢纽等项目建设，促进基础设施投资和民生投资稳定增长。二是提高招商引资质效。锚定数字经济、先进储能材料及新能源智能汽车、智能终端设备等，力争新引进投资1亿元（含）以上产业项目110个、50亿元（含）以上项目8个，其中新区本级分别达15个、3个以上。三是加强项目调度服务。建立领导联点制度，实施清单制管理，做好征地拆迁、规划设计、资金调配、行政审批、施工环境等精准、优质、高效服务。

（二）精准施策助企稳产发展

引导优势产业、新兴产业和未来产业做大做强做优，力争全年规模以上工业增加值增长9%。一是巩固壮大优势产业。推进盈峰中联智能化装备、星邦智能国际智造城等建设，支持中伟新能源、长远锂科达产满产。推进腾达全球智造基地、大华智造基地等建设。加快湘江数字健康产业园建设。二是大力发展数字经济。支持世界计算·长沙智谷建设，抓好中电软件园二期、北斗产业园、区块链产业园等建设。三是加大园区赋能力度。加快"五好"园区建设。落实普惠政策，组织金融机构为企业"输血"，全面赋能园区加快发展。四是培育壮大市场主体。注重解决中小微企业实际困难，加快推进个转企、企升规、规改股、股上市，新增规上工业企业70家、上市企业5家。

（三）全面提速重大片区开发

推动重点片区建设尽快出形象，打造品质城市新标杆。一是加快重大城市片区建设。高铁西城片区推进常益长铁路高铁站房站场及配套建设，梅溪湖国际新城二期抓好湘江数字健康产业园、总部服务基地等建设，大王山片区推进湘江通航小镇建设，滨江金融片区抓好环境整治并新引入各类机构100家。加快推进金洲新城、大泽湖片区、湘江融城科技小镇、智能网联汽车产业园建设。二是改善提升城市建设品质。全力推进市府片区项目建设及观沙岭旧城改造。继续推进洋湖片区、梅溪湖一期提质。三是有序推进两大新片区建设。湘阴新片区实现金龙先导区开工建设，明确支持政策并导入产业。九华新片区加速兴隆湖片建设，启动湘江路和城市展厅、科创服务中心等建设。

（四）加快建设科技创新高地

加快湘江西岸科创走廊建设，打造具有核心竞争力的科技创新高地。一是加快科技创新发展步伐。争取国家实验室等战略平台布局。升级国家超级计算长沙中心，加快岳麓山（工业）创新中心、新一代人工智能技术创新中心等建设。二是完善成果转化服务体系。推动岳麓山大学科技城与产业园区共建孵化基地，抓好中南大学、湖南大学、湖南师大科创转化基地及中建智慧谷二期、长沙矿冶院麓山科创园、湘江科创基地（二、三期）等建设。三是强化企业创新主体地位。深化创新企业培育，鼓励企业加大研发投入，联合高校、科研院所协同攻关，力争高新技术企业新增300家左右，备案科技型中小企业2000家左右。

（五）有效强化要素动力保障

努力做好全方位要素保障，进一步优化营商环境。一是强化规划引领。

编制好大王山南片、兴隆湖一期、湘潭高铁北片等规划，临江、临水、临路等城市设计和重要交通设施规划。二是深化重点改革。推进"无纸化审批、不见面审批、多测合一"、"用地清单制+告知承诺制"、相对集中行政许可权试点等改革。深化国资国企改革，统筹推进科技创新、投融资等改革，提高资源配置效率。三是强化用地保障。优先保障重大产业、基础设施建设项目及重大片区建设用地需求。加快做好高铁西城片区、市府北片、大王山南片等相关项目征地拆迁及用地报批。四是强化资金供应。实施财源建设工程，抓好税源培育及入库，加强财政资金拨付支出管理。加大专项债、预算内资金等争取力度。持续开展民营和小微金融改革试点。五是强化人才供给。加快海归小镇、麓谷人才小镇建设，实施"湘江人才回归计划""青年人才筑梦工程"，办好人工智能训练营和创业夏令营，打响"岳麓山下好创业"品牌。

B.23
2021年浏阳经开区发展报告及2022年展望

浏阳经开区管委会

浏阳经济技术开发区（以下简称浏阳经开区或园区）创立于1997年，2012年被国务院批准为国家级经济技术开发区。经过20余年的发展，浏阳经开区已形成以电子信息、生物医药、智能装备制造为主导，以健康产业、再制造为特色的"三主两特"产业格局，是长沙市显示功能器件、生物医药（含基因技术）、环境治理技术及应用三条产业链的牵头园区。

一 2021年发展情况

（一）综合实力提档进位

2021年实现技工贸总收入同比增长12.5%；规模工业总产值同比增长20.7%，规模工业增加值同比增长16.6%；固定资产投资同比增长21.2%，技改投资同比增长68.6%；税收收入同比增长14.5%。2021年6月3日，全省产业园区高质量发展推进会在园区召开。年内获评"十四五"时期重点支持的县城产业转型升级示范园区、国家外贸转型升级基地、首批国家加工贸易产业园；获评全省"五好"园区创建综合评价第一名，2021年两项工作获省政府表扬激励。2021年荣获全省商务系统"两稳一促"考核优秀单位、长沙市国家级园区绩效考核第一名，四项工作获长沙市政府督查激励。

（二）招商引资亮点纷呈

全年引进项目128个，其中50亿元以上项目1个，5亿~20亿元项目

15 个。新引进"三类 500 强"项目 3 个,新注册"三类 500 强"公司 2 个。重大项目频频落户,六顺生物湖南一类创新药转化基地项目将填补湖南省抗癌及抗老年痴呆一类创新药的空白,泽睿新材料成为现阶段唯一提供航空发动机碳化硅纤维国产企业。

(三)项目建设成效显著

88 个项目被纳入长沙市重点项目,全年完成投资 310 亿元,占年度计划的 120%。天地恒一等 4 个项目被列入省重点建设项目,豪恩声学等 3 个项目被纳入省"三高四新"战略重大产业项目,惠科光电等 2 个项目被列入 2021 年长沙市制造业标志性项目,33 个项目竣工投产。在长沙市"强省会 兴产业"项目建设现场观摩会中,园区项目考核排名蝉联第一。

(四)企业发展再上台阶

全年新增 30 家规上企业、30 家智能制造试点企业,净增 52 家高新技术企业;华纳药厂挂牌上市,A 股上市企业达 8 家,31 家企业被纳入上市后备库;11 家企业入选"长沙市企业践行'三高四新'战略百强榜"。全年完成 19 家低效闲置企业处置,盘活土地 732 亩。全年完成规模工业企业研发经费投入 39.4 亿元,同比增长 14%;全年专利授权达 1212 件,同比增长 37.9%;完成技术贸易合同登记 12.46 亿元,同比增长 91.4%。新增 2 家国家企业技术中心、1 家省级企业技术中心、2 家省级新型研发机构、3 家长沙市企业技术中心、4 家长沙市技术创新中心,市级以上科研平台达 112 家;新增专精特新"小巨人"企业 38 家,其中国家级 7 家、省级 18 家、长沙市级 13 家。

(五)营商环境持续优化

推进工程建设项目审批在线办理,全年 80% 以上项目提前开工。对所有管理权限实行清单式动态管理,确保"清单之外无审批","放管服"改革经验在长沙市作先进典型推介。暖企惠企精细精准。申报企业政策资金

3.5亿元，其中省技术改造税收增量奖补专项占全省的1/4；为中小微企业授信70余亿元，放贷40余亿元。开展"千企帮扶""企业三员""联点帮扶"活动，解决企业实际问题185个，为企业输送劳动力3.5万人以上。新增高层次人才认定35名，增长53%。

（六）产城融合蹄疾步稳

金阳新城被长沙市第十四次党代会列入"十个重大城市片区"，国土空间规划基本完成，片区规划形成初步成果。金阳新城基础工程、公共配套、重大产业、品质提升"四个十大"项目清单出台。布局优质医疗教育资源，石齐学校、长郡二小建成招生，电子职院、湘麓医药完成主体施工，浏阳市金阳医院即将启动建设。"智慧金阳"加快建设，完成智慧环保等系统建设和验收，智慧土地管理、智慧城管、智慧应急等系统上线试运行，数字化新城稳步推进。开展"扮靓金阳新城 喜迎百年华诞"城乡环境整治、交通问题顽瘴痼疾专项整治行动，市容和交通秩序、环境卫生水平全面提升。

（七）发展底线全面夯实

加强生态环境治理和保护，空气优良天数比例达到96%以上，捞刀河断面水质持续稳定达标。不断强化安全稳定保障，全年实现安全生产"零事故"，在全省2021年度安全生产和消防工作考核中排名园区类第一，同时在长沙市国家级园区中获评唯一的优秀单位。营造集中打击违法犯罪高压态势，保持社会治安持续向好。守牢疫情防控底线，组织企业员工及居民接种疫苗46.4万人次，开展核酸检测15.7万人次，全年保持"零疑似""零感染"。

（八）党建领航坚强有力

扎实推进"党建聚合力"工程，深入开展党史学习教育，突出抓好庆祝建党一百周年十大主题活动、学习贯彻党的十九届六中全会精神、园区机构改革等大事要事，广大党员干部理想信念更加坚定，党组织战斗堡垒作用和党员先锋模范作用充分彰显。全面开展"党建引领、助力千企"行动，收集并解决52家企业的63个问题，着力把党建优势转化为发展优势，涌现了一批党建强、发展强的"双强"企业以及蓝思科技党委、盐津铺子党委等一批省市先进基层党组织。坚持问题导向，以市委巡察整改为契机，推动干部队伍作风全面提升全面过硬。坚守意识形态阵地，把牢政治方向和舆论导向，有力维护了政治安全、网络清朗的良好局面。

二 2022年工作展望

（一）抓项目、促增长，不断积蓄高质量发展后劲

一是聚焦招商引资强化牵引力。坚持招大引强，力争引进投资100亿元以上项目1个、50亿元以上项目3个、10亿元以上项目10个，加快形成"百亿领航、十亿支撑、亿级集群"的招引项目矩阵，力争新注册2家"三类500强"企业。电子信息行业固本挖潜，加速玻璃基板、偏光片、液晶材料、背光模组等显示功能器件产业链上下游关键环节的优势企业引进落户，培育千亿产业集群；生物医药守正谋新，做强中药、化学药，大力发展生物药，加快布局医疗器械产业，推动医药和医疗器械产业向五百亿级进军；智能制造行业瞄准高端，全力引进智能终端、关键零部件等"专、精、特、新"项目；碳基新材料提标扩面，主攻碳化硅复合材料、碳基复合材料及其装备项目，力争打造全国领先的碳产业中心，同时加大对新基建、新能源、新材料等国家战略型新兴产业板块的招商力度。

二是加速项目建设强化支撑力。统筹实施产业投资项目150个以上，突出抓好82个续建项目，计划铺排长沙市级重点项目104个，年计划总投资283亿元，同比增长10%。扎实推进一批主导产业强链补链延链项目，推动碳化硅纤维产业化、威尔曼新药研发基地、杰维智能锂电装备生产等重点项目开工；加快润星制药、科达智能等在建项目建设，确保博大汽车锻压件生产、九典制药高端制剂研发产业园等项目严格按计划时序推进；力争中岸生

物、先施药业生产研发基地等 34 个项目竣工投产。

三是突破瓶颈制约强化保障力。全流程帮扶重点产业项目建设，持续推进"委领导联点、部门联系服务、产促局跟踪问效"的"三位一体"工作机制。全方位调度管理，对每个项目排出计划表、挂出作战图，确保签约项目早落地，落地项目快建设，建设项目早投产。突出解决项目等地的问题，根据项目铺排计划和建设需要，加快项目审批、指标争取、土地调规、征地拆迁、用地报批，想方设法提升项目的落地效率。同时加快优化投资结构，将资金和土地用在最需要的项目上，杜绝形象工程。

（二）兴产业、促升级，不断增强高质量发展动力

一是突出抓好企业转型升级。加大政策支持力度，全力推进规模以上工业企业培育，全年力争新增规模以上工业企业 65 家。聚焦 31 家上市企业后备企业，完善"绿色通道"机制，及时兑现上市奖励政策，2022 年至少新增 1 家 A 股上市企业。实施智能制造转型赋能行动，围绕开展智能制造先行区申报和创建工作，推动有条件的企业创建"5G+工业互联网"示范工厂，推荐一批成长性好的项目创建国家级、省级智能制造示范工厂，全年力争新增长沙市级以上智能制造试点企业 30 家以上。

二是突出提升科技创新水平。不断优化科技创新生态，全面塑造发展新优势、新动能。着力升级普瑞玛生物医药公共服务平台、云普电子信息检验检测中心两大主导产业公共服务平台，全力支撑科技高地建设。重点推进湖南金阳石墨烯研究院、湖南碳化硅纤维研究院建设取得实质性进展，力争全年获批 5 家长沙市级以上科研平台。大力培育以科技型中小企业、高新技术企业、创新型领军企业为矩阵的科技型企业梯队，打造一批国家技术创新示范企业、专精特新"小巨人"企业。推动产学研结合，深化与岳麓山大学科技城的战略合作，支持蓝思科技、惠科光电等创新型领军企业承担国家、省、市重大科技项目及省、市"揭榜挂帅"项目，推进关键核心技术攻关。

三是突出树立效益优先导向。以创建"五好"园区为工作导向，将亩均效益作为高质量发展的重要指标，扎实推进"亩均论英雄"改革，通过

正向激励和反向倒逼机制，着力提升亩均税收、亩均产值、亩均投资。持续盘活低效用地，分类分企制定处置措施，全年力争完成 10 家以上低效闲置企业处置。大力建设低碳园区，加大对企业绿色发展的政策奖补力度，鼓励企业节能减排、创建绿色工厂、建设分布式光伏项目，推动工业领域绿色低碳转型。

（三）优环境、促改革，不断激发高质量发展活力

一是全面提升企业服务水平。扎实开展"企业服务提升年"活动，以十大专场、十大主题活动为抓手，统筹推进精准纾困、政策宣贯、融资保障、产销对接、人才引培等工作任务，全面提振企业发展信心，确保企业放心投资、安心发展。优化工作机制，班子成员带头开展常态化走访帮扶，460 名干部全员驻企，确保"一人联一企、企企有人联"，全面落实"企业三员"、"周联系、月上门、季调度"和"四个一"服务模式，持续构建高效率、常态化企业服务机制。用心用情服务，帮助市场主体解决缺电、缺芯、缺工，融资难、融资贵及高成本等实际问题，以服务企业的实效提升企业获得感和满意度。

二是全面优化行政审批效能。深入落实省政府《深化"放管服"改革助推"五好"园区建设二十条措施》，推进相对集中行政许可权改革试点，实现"一个大厅办事、一枚印章审批"。深化"帮代办""24 小时不打烊"服务，拓展具有园区特色的"一件事一次办"事项套餐，满足企业全生命周期服务需求。全面发挥新政务大厅功能作用，优化"智慧金阳"系统应用平台，打造"一门集中、综合受理、智慧服务"模式，不断提升服务专业化精准化水平。释放政策红利，依托工业云服务平台，推动实现政策兑现、项目申报、金融服务全程网办，全面推行惠企政策"免申即享"服务，打通政策服务"最后一公里"。

三是全面深化体制机制改革。推动建立责权匹配、精简高效的园镇协同发展模式，强化招商引资、企业服务、规划建设、征地拆迁统筹管理，进一步厘清社会事务管理权责，合理匹配教育、医疗、文化、城市运营等政府管

理资源，提升社会综合治理水平。坚持将片区平衡理论融入园区开发建设中，积极争取上级专项政策扶持，统筹本级经营收益，推动区域开发实现投入、产出总平衡。深入推进国企市场化转型，建立健全国有企业市场化内部运营机制，探索国有资产证券化，全面提升国有企业市场竞争力。

（四）建新城、促崛起，不断强化高质量发展支撑

一是狠抓"四个十大"提速提效。坚持"一盘棋"思想，主动融入建设现代化新浏阳发展格局，在要素保障、人才支持、招商引资等方面争取全市资源倾斜。以金阳新城基础工程、公共配套、重大产业、品质提升"四个十大"项目清单为抓手，以实物量、可视化、高质量为导向，聚精会神、全力以赴抓项目，推动金阳新城建设实现量的聚变、质的突破。根据项目清单，逐个细化、实化工作方案，形成多方联动促项目的良好机制，全力解决项目涉及的审批、用地、资金、用工等问题，加快项目落地推进。

二是狠抓城市品质提升提档。持续提升规划设计水平，尽快推动国土空间规划落地，加快中心片区、永安临空片区、乡村振兴示范区等片区规划实施，促进各片区发挥优势、彰显特色、协同发展。加速融长、融浏道路建设，稳步推进金城大道、开元大道、洞阳和永安收费站提质改造，加快推进洞阳路、北盛大道等项目建设，畅通园区交通网络。抓紧用水保障工程、捞刀河流域综合整治、低碳园区及智慧电网项目建设，持续提升要素保障水平。加快金阳新城教育规划出台实施，着力引进一所本科院校，确保电子职院一期、湘麓医药实施搬迁，推动中协高新升格大专，启动金阳麓山小学建设。按照"四精五有"要求，有序推进主干路网、园区、厂区等品质提升项目，推进城乡一体化发展。

三是狠抓安全发展提标提质。贯彻落实习近平总书记"人民至上、生命至上"理念，围绕"一杜绝双下降"目标，抓实隐患排查整改，全面做好道路交通、建筑施工、危化、消防和生活安全工作，打好安全生产专项整治三年行动收官之战；完善应急管理指挥中心软硬件建设，统筹园区应急管理各项工作。抓实抓牢疫情防控，强化应急力量储备，持之以恒把牢"外

防输入"关口。扎实做好政府性债务风险防范工作，树牢"过紧日子"思想不动摇，强化预算刚性约束，实现园区财政资源的高效配置。加快捞刀河流域综合整治行动和三年水质提升计划实施，推进雨污分流、污水处理厂等相关项目建设；加大工业废气异味扰民监管和打击力度，持续提升空气质量；启动智慧环保二期建设，提升生态环境保护智慧管理水平。狠抓信访维稳，坚持"控新治旧"，切实做好企业、群众矛盾纠纷化解。严厉打击各类违法犯罪，保持高压态势，形成强大震慑，为园区发展营造稳定环境。

（五）强党建、促引领，不断擦亮高质量发展底色

一是旗帜鲜明讲政治。始终把学习贯彻习近平新时代中国特色社会主义思想作为首要政治任务抓好落实，以党工委自身建设为引领，以坚定理想信念和为民宗旨为重点，持续推动干部职工忠诚拥护"两个确立"、增强"四个意识"、坚定"四个自信"、做到"两个维护"。始终把政治纪律和政治规矩挺在前面，坚决扛牢做好经济工作的重大政治责任，坚持以经济建设为中心不动摇，认真贯彻落实市委对金阳新城建设、"五好"园区创建明确的战略定位、赋予的使命任务、提出的工作要求，一项一项抓落实、见成效。

二是党建引领聚合力。紧扣中心抓党建，持续深化党建聚合力工程，推动党建工作水平不断提升。抓实机关党建。持续深化党的十九届六中全会精神的学习宣讲贯彻，围绕党的二十大扎实做好精神学习贯彻宣讲工作。落实市委"堡垒提质年"要求，持续聚力党支部"五化"提质工程，充分彰显战斗堡垒和先锋模范作用。夯实非公党建。以"党建引领、助力千企"行动为切入点，扎实推进非公企业"两个覆盖"攻坚行动，切实发挥好非公企业党组织"政治引领、政企沟通、企业合作"平台作用。严实国企党建。坚持党对国有企业的领导不动摇，保证党工委重大部署在国有企业贯彻执行。

三是廉洁自律做表率。把握严的主基调，围绕"清廉园区"建设，一体推进不敢腐、不能腐、不想腐。认真落实全面从严治党"一岗双责"，严格落实中央八项规定精神，驰而不息纠治"四风"，深化项目工程建设领域

廉政风险防控，推动项目规范管理，坚决查处"提篮子""打牌子"等隐性腐败。强化警示教育，坚持严惩腐败同严密制度、严格要求、严肃教育紧密结合，引导党员干部职工守好权力边界、抵住外界诱惑，着力构建"亲""清"新型政商关系和清清爽爽、干干净净的同志关系。坚持"三个区分开来"，围绕一切为了项目干、一切为了企业转的鲜明导向，建立健全干部职工激励保护机制，鼓励干部职工积极作为担当。

B. 24
2021年宁乡高新区发展报告
及2022年展望

宁乡高新区管委会

2021年，宁乡高新区认真贯彻习近平总书记考察湖南重要讲话精神和十九届六中全会精神，全面落实"三高四新"战略任务，奋力创建"五好"园区，推动产业升级，加快争先进位。全年实现规模工业产值同比增长19.44%，规模以上工业增加值同比增长15.5%，固定投资同比增长17.5%，全口径税收同比增长48.8%，园区规模以上工业增加值增量、固定资产投资增量、新增规模以上工业企业数量、新增智能制造试点示范企业数量、内外资增速均排名长沙市省级园区第一。"五好"园区创建综合评价排名全省第10；在省科技厅发布的《湖南省高新区创新发展绩效评价研究报告2021》中，连续三年综合排名省级高新区第一名；打造国家先进制造业高地、打造科技创新高地两项工作获得长沙市2021年创新实干推进高质量发展激励。

一 2021年发展情况

2021年，园区一手抓疫情防控，一手抓经济发展，持续抓好产业转型升级、创新驱动、项目建设、体制机制改革、营商环境优化等重点工作，各项工作取得新成绩。

（一）突出现代化，在产业规划上谋篇布局

突出现代化、高端化、特色化产业定位，强化产业链建设和产业集群培育，全力构建先进制造业体系，主特优势产业集中度达到约80%。一是打

造世界级工程机械产业集群重要组团。工程机械产业抓龙头、强配套，集聚了三一汽车起重机、星邦智能等一批行业龙头主机企业和万鑫精工、福事特液压、精量重工等一批关键零部件核心零部件配套企业，全年实现产值约320亿元，成为长沙市打造世界级工程机械产业集群的重要增长极，获批商务部国家外贸转型升级基地（装备制造）。园区规划建设国内一流工程机械配套产业园，总建筑面积21万平方米，打造大型轴承、高端液压件、减速器等关键零部件生产基地。二是打造国家级先进储能材料产业集群牵头园区。先进储能材料产业主攻电芯、强链补链，集聚了比亚迪动力电池、湖南邦普、巴斯夫杉杉、中科星城石墨、中材中锂等一批行业领军企业，构建了"从前驱体到锂电池正极、负极、隔膜、电解液到电芯及 Pack，再到废旧电池回收再利用"的省内唯一的绿色循环完整产业链，全年实现规模工业产值约223亿元，同比增长122%，占到长沙市的1/3强，新型工业化产业示范基地（电池材料）被工信部评定为五星级（全省仅两个）。三是培育医疗器械战略新兴产业。医疗器械产业出政策、搭平台、促孵化，出台省内支持力度最大的医疗器械专项政策，聚焦有源医疗器械、高质耗材、诊断试剂重点领域，加快平台建设和项目引进孵化，打造湖南省医疗器械重要产业基地。规划建设500亩的专业化医疗器械产业园，项目一期获批4100万元中央预算内投资，省药监局批复园区作为湖南省药品上市许可持有人制度、医疗器械注册人制度试点区域，孵化培育了中净生物、华锐集团等一批高科技成长型企业。

（二）突出高端化，在创新创业上真抓实干

紧紧围绕打造具有核心竞争力的科技创新高地，着力搭建创新平台、培育创新主体、提升创新能力。一是搭建创新平台。建设"一园一中心"，即湖南省大学科技产业园和湖南省知识产权（宁乡）综合服务中心，总建筑面积达60万平方米，是全省规格最高、面积最大的省级双创示范基地，与中科院、国防科技大学、中南大学等20多所高校院所建立了战略合作，累计引进科技型企业近100家，吸引柴立元院士、邱冠周院士、桂卫华院士、

周祖德院士、范景莲教授（长江学者）等高校院士专家到园区创新创业。二是培育创新主体。2021年，星邦智能入选工信部智能制造试点示范工厂，巴斯夫杉杉和长高成套获批工信部绿色工厂，新获批国家级专精特新"小巨人"企业4家、省级专精特新"小巨人"企业7家、省级单项冠军企业3家、高新技术企业38家。三是提升创新能力。出台支持企业创新发展的政策，从提升创新能力、引进创新人才、推进智能制造等七个方面拿出真金白银（每年投入超过1亿元）。近年来，获得国家、省级科学奖励22项，微纳坤宸荣获中国专利银奖，华翔增量成功开发出国内首个获得三类医疗器械许可证的多孔型椎体融合器。

（三）突出优质化，在产业项目上提质增量

树牢"大抓项目、抓大项目"导向，强化产业链精准招商，强力高效抓实项目建设，为打造千亿产业园区夯实项目支撑。一是扎实推进产业链招商。2021年园区新引进项目54个，总投资额283.4亿元。其中，落地了世界500强三一"两室"项目、总投资120亿元的邦盛年产30万吨磷酸铁锂项目和投资60亿元的星邦智能高空作业平台项目等高端项目。邦盛年产30万吨磷酸铁锂项目，从招商签约到开工建设仅用时1个月，是长沙市2021年引进的单体投资额最大的投资过百亿元、产值过百亿元的先进制造业项目。此外，还引进了中科星城石墨5万吨负极材料生产基地、万鑫重工重型减速机生产基地、福事特液压、宁波天益、善康医疗、锦瑞生物等优质产业链配套项目。二是高效推进产业项目建设。推行项目建设周铺排、周通报、周督查机制，全年实现新开工项目30个、新竣工投产项目30个，比亚迪刀片电池、三一中起、星邦智能二期等重点项目全面投产，比亚迪动力电池、三一中起、三一"两室"、云轮科技入选湖南省"三高四新"引领性产业项目，邦盛项目入选湖南省2022年十大产业项目。2021年，园区成功承办长沙市"三高四新"战略奋力推动高质量发展项目开工活动，2022年2月18日，园区成功承办湖南省重大项目集中开工活动，主会场设在星邦智能国际智造城。

（四）突出市场化，在体制机制上敢闯敢试

始终坚持市场化导向，全力推动改革开放走深走实，以体制机制改革赋能园区高质量发展。一是突出平台公司市场化改革。坚持充分授权、充分担责、充分激励，授予委属集团公司7项事项决策权，支持集团公司自主运营决策，建立与市场化相匹配的快速反应机制。积极探索产业基金投资模式，成立基金公司并获批中基协颁发的基金管理人牌照，投资了1支母基金、2支子基金和4个直投项目，对外投资总额2.6亿元，投资账面浮盈6.6亿元，主要投资落地园区的拟上市高科技企业，实现国资保值增值，助力企业做大做强。二是突出干部培育机制改革。注重干部培养选拔机制创新，实行人才培育"墩苗计划"，与国家部委和省市直部门建立跟班学习制度，近三年累计有28人到各级学习锻炼；实行公开竞岗、能者居之，组织干部职工竞聘上岗2次，新任命37人。

（五）突出品牌化，在发展环境上精耕细作

全力推进效能提速、成本降低、知识产权服务等专项行动，不断优化营商环境。一是推进效能革命。企业服务中心整合8个职能部门，设置市场准入、工程建设项目、水电气等11个综合服务窗，实现42类审批事项园区一站式服务，企业开办全程电子化率达到89%。二是降低企业成本。落实"六稳""六保"要求，2021年为企业争取各级政策资金2亿元，减税降费2.2亿元，兑现园区本级政策资金4.7亿元。成立中小微企业风补基金和担保公司，为园区企业提供0.8亿元的纯信用风补基金贷款和1.5亿元的担保融资，年利率低于6%。三是做优知识产权服务。挂牌成立湖南省知识产权（宁乡）综合服务中心，为企业和高校知识产权创造、保护、运用、转化、交易提供全流程专业化服务，推动30多家企业与中南大学、湖南大学、国防科技大学等高校及科研院所达成产学研合作，2021年实现技术合同交易13.8亿元。

二　2022年工作展望

2022年，宁乡高新区经济社会发展总的指导思想是：以习近平新时代中国特色社会主义思想为指导，全面贯彻党的十九大和十九届历次全会精神、中央经济工作会议精神，深入落实习近平总书记对湖南重要讲话重要指示批示精神，全面落实省第十二次党代会精神、省委经济工作会议精神和市第十四次党代会部署要求，全面落实"三高四新"战略定位和使命任务，纵深推进强省会战略，紧紧围绕"千亿产业、百强园区"发展目标，全力推进"五好"园区建设，统筹疫情防控和经济社会发展，持之以恒兴产业、抓创新、推改革、促发展，进一步提升园区发展质量、效益和水平，在贯彻落实强省会战略中干在实处，走在前列，以优异的成绩迎接党的二十大胜利召开。重点做好六个方面工作。

（一）着力升级提质，构建现代产业体系

坚持补短板和锻长板相结合，统筹强链补链延链，打造装备制造、先进储能、医疗健康三大产业集群。一是做大主导产业。坚持以三一重起、星邦智能为龙头，加快推进配套企业向智能化、高端化转型升级，提升装备制造产业在长沙市的占比和影响力，打造世界级工程机械产业集群重要组团，2022年实现装备制造产值增长8%。二是做强特色产业。抢抓"双碳"机遇，打造国家级先进储能材料产业集群牵头园区。发力基金招商，加快引进电芯龙头项目和配套项目，支持弗迪电池、湖南邦普、邦盛新能源达产满产，力争2022年先进储能材料产值突破300亿元。三是培育未来产业。重点培育中净生物、华锐集团、宁波天益、善康医疗、锦瑞生物、涛尚等高科技企业，全年新引进医疗器械项目30个以上，打造产值湖南省医疗器械重要产业基地。四是打造"双十"梯队。加快推进企业上市进度，力争万鑫精工、星邦智能、族兴新材等3家企业上市实现突破，力促湖南邦普、弗迪电池产值突破百亿元，支持星邦智能、邦盛新能源、巴斯夫杉杉等企业向百亿产业迈进。

（二）着力"项目为王"，强化产业发展动能

深入实施先进制造业倍增计划，落地一批制造业标志性重点项目，推进一批制造业企业实现税收、产值倍增。坚持 30 万元/亩的税收门槛，紧盯"三类 500 强项目"、行业前 10 项目、产业链关键项目，发力基金招商，重点引进符合产业发展方向、投资强度大、辐射带动强的大项目、好项目，培育一批具有国际影响力的龙头企业，一批具有明显行业优势、核心竞争力的中小企业。狠抓二次招商，强化要素保障和精准服务，促进企业扩产提效、技术升级、效益提升。加快项目建设，重点加快金洲大道南部片区建设，确保 105 万平方米计容面积全部建成投产；实现三一"两室"、中科星城石墨、邦普镍豆、邦普六七期、邦盛新能源等重点项目年内竣工投产或试产；力促星邦国际智造城、万鑫重型减速机、天益医疗、善康医疗、升华微材料等项目年内开工。全年确保调度项目 90 个以上，其中产业项目 60 个，新开工项目 30 个，新竣工投产项目 35 个。

（三）着力创新赋能，全面提升创新能级

加快突破核心技术。依托三一重起、星邦智能等龙头主机企业，带动万鑫精工、福事特液压等配套企业协同创新，突破高端液压马达、液压泵、高压大流量液压阀、重型减速器等核心零部件技术；依托弗迪电池、湖南邦普、巴斯夫杉杉、中科星城石墨、中材中锂等上下游领军企业，开展高性能动力电池、无钴正极材料、硅碳负极、动力电池绿色循环等核心环节联合研发攻关，并布局固态电池、钠离子电池等未来产业。加快实施"5123 引才计划"，5 年内围绕主导产业和战略型新兴产业，重点引进培育 1 名诺贝尔奖获得者、20 名院士等国际顶尖人才、300 名博士或外籍专家。对引进的经认定的高端人才给予人才奖励、住房奖励、购房补贴、医疗保健服务、子女上学关照等优惠政策。积极融入长株潭国家自主创新示范区，依托"一园一中心"（湖南省大学科技产业园、湖南省高等院校知识产权运营服务中心），强化与岳麓山大科城的协同创新，加速中科院、国防科技大学、中南

大学等高校院所科技成果在园区转移转化，创建国家知识产权试点示范园区。

（四）着力机制改革，提升园区运营能力

对标一流国家级高新区，按照市场化、专业化、高效化原则调整内设机构、职能、人员等，推进园区机构设置和职能配置优化协同高效，推进治理体系和治理能力现代化。对标"五好"园区"体制机制好"评价实施细则，积极引入 KPI 考核机制，探索以目标为中心的考核实施办法，实现绩效考核全员参与、全程考核、全面评价。推进公司市场化改革，坚持多元化布局、市场化运作，通过做强主业、规范治理、强化能力，实现高质量、跨越式发展，由融资平台向产业投资商、物业运营商、城市综合服务提供商转型。发力产业基金投资，以"政府引导、市场主导、利益共享、风险共担"为原则，打造产业导入、产业投资、产业服务的闭环运营模式。按照运营市场化、工作专业化、人员年轻化的要求，加快提升平台公司市场化程度。

（五）着力优化环境，提升园区形象品质

完善"互联网+政务服务"一体化平台功能，一次办、网上办比例达到100%。对接"多规合一"平台，按"一张蓝图、一个系统、一个窗口、一张表单、一套机制、一套清单"，全面精简和优化工程建设项目审批流程。落实国家减税降费政策措施，完善涉企收费清单和集中公示制度，清理取消不合理的行政事业性收费，减少政府涉企经营服务性收费，规范中介组织收费。加快实施重点企业市场交易电价、蒸气直供，全力降低企业水、电、气等要素成本。完善企业服务体系，强化联点帮扶，及时解决企业困难，提供"不叫不到、随叫随到、服务周到、说到做到"的"保姆式"服务。加快金洲新城规划建设，实施一批住房、教育、医疗方面的配套项目，提升企业员工和园区居民的获得感、幸福感。全面贯彻习近平总书记关于安全生产工作的重要论述，树牢安全发展理念，突出红线意识强化、事故防控有效、责任体系健全、运行机制完善等四个工作目标，创建平安园区。

（六）着力党建引领，打造干事创业队伍

加强党对经济工作的领导，切实把党领导经济工作的制度优势转化为治理效能。充分发挥党建引领作用、支部堡垒作用和党员示范作用，进一步推广"双强双力"党建经验，深化"党建+"工作机制，将党建工作与园区产业发展、"倍增计划"、营商环境优化等各项工作相结合，培育更多的园区特色党建品牌，全力打造全国党建示范园区。深入开展党员干部联项目促进度、联企业促发展、联镇村促乡村振兴的党员"三联"活动，通过"一对一"帮扶，解决企业生产和项目建设中的各类问题。狠抓理论武装，强"根"固"魂"，提升党员干部综合素质；注重公平正义，坚持以正确的选人用人导向激励党员干部务实担当，不断深化纪律和作风建设，努力打造一支政治坚定、能力过硬、作风优良、奋发有为的干部队伍。

B.25
2021年江华高新区发展报告及2022年展望

江华高新区管委会

2021年，江华高新区坚持以习近平新时代中国特色社会主义思想为指导，深入贯彻落实习近平总书记考察湖南重要讲话精神，在县委县政府的坚强领导下，立足"一个抓手"、突出"两条主线"、建设"五个瑶都"，以创建"五好"园区为总揽，突出做好"招商引资、项目建设、企业培育、基础设施、优化环境"五大提质攻坚行动，奋力推进高质量发展，实现了"十四五"良好开局。

一　2021年工作情况

（一）经济综合实力稳中有进

2021年，江华高新区坚持稳中求进的工作总基调，大力开展"五好"园区创建，通过不懈努力，江华高新区打造中国"马达之城"的典型经验被省政府综合大督查通报表扬，园区建设、科技投入2项工作获得了省政府真抓实干表彰，在湖南省建设"五好"园区综合评价中排名第4位（省级园区排名第一），连续6年保持在全省产业园区第一方阵，是湖南省唯一连续5年获得全省真抓实干、成效明显的省级高新区。实现规模工业总产值220.05亿元，同比增长11.56%；实缴规模工业税金3.82亿元，同比增长21.66%，纳税额1亿元以上的工业企业2家，较同期增加1家；进出口总额突破8亿美元。各项主要经济指标均保持稳步增长。

（二）产业项目建设形势喜人

一是招商引资成绩显著。完善招商引资机制，充分发挥"领导招商、以商招商、产业链招商"作用，共签约引进了国梦电机、一次性丁腈手套等25个项目，其中电机电器及配套项目18个，合同引资18.19亿元。正在洽谈的还有钕铁硼磁铁项目、50万吨硅钢金属板材项目、三美铜杆项目、氧化镁项目等近10个意向项目，项目落地将进一步完善"主特"产业链体系，提升整体竞争力。二是工业企业稳步壮大。加强重点项目调度，坚持问题导向，实施挂图作战，促进了林源电子、超航电机等20余个项目投产；积极引进和培育外贸企业，新增锐毅马达、柏铭电器、协通皮具、国梦电机等以上16家外贸企业，全年外贸进出口总量居全市第一位；培育了锐毅马达、雅力德、新恒荣等12家企业入统规模以上企业。"一主一特"新材料主导产业和电机电器特色产业快速发展，产业集聚度已超过75%。

（三）科技创新成效提升明显

完成18家企业高新认定，总数达45家，其中明意湖科技、贵得科技2家企业获批国家级"小巨人"企业，实现江华县国家级"小巨人"零的突破；国家级孵化器申报已经通过省级答辩和省科技厅实地核查，相关资料正报国家科技部审核；湖南恒创新材料有限公司通过省级企业技术中心认定；"创新创业"大赛中，贵威生物科技获成长组三等奖，锐毅马达获初创组三等奖，另进入省赛并荣获省赛优秀奖的有贵威、泉想湖、金蚂蚁、运弘达、锐毅马达5家企业；进入国赛的有贵威、锐毅、泉想湖、金蚂蚁4家企业，其中金蚂蚁、锐毅马达获国赛优秀企业奖，成绩再创历史新高。

（四）要素保障服务不断增强

一是加大土地征收和报批力度。全年完成土地征收1692.05亩，土地报批348亩，有力地保障了锐毅马达、一次性丁腈手套等项目用地。已启动总投资约3亿元的振兴大道项目，该项目建成后将进一步提升园区的综合配套服务能力。投入约 10 亿元用于耀丰一期标准厂房装修工程、110KV 海联变电站、四海大道、春晓西路、机电路、库北路等基础设施及配套项目建设，进一步完善园区基础设施。二是拓宽资金筹措渠道。每季度定期召开"政银企"洽谈会，引导金融组织加大对园区重点企业的支持力度，目前，已为企业融资 4000 余万元。园区在不增加政府债务的前提下，以平台公司进行市场化运作，共筹集各类资金 5.8 亿元，极大地保障了园区发展建设和工作运转。

（五）营商环境优化持续巩固

贯彻落实"五联系五到户"主题活动要求，把营商环境作为第一竞争力、把环境优势作为第一优势来打造，不断创优经济发展环境。一是在园区设立专门部门，对园区所有企业实行"全程代办"和"全程陪办"服务，国梦电机、林源电子等十多个企业营业执照、发改立项均在 1~3 个工作日完成办理；建立驻企联络员制度，拓宽惠企政策宣传途径，为语琪光电、煜峰模具等项目协调解决用水、用电问题 100 余起；坚决兑现招商引资优惠政策 9000 余万元，营造了诚实守信的营商环境。二是制定园区突发环境事件应急预案，建立产业园区环境信息管理档案和大气环境监控预警系统，开展环保、安全生产检查 64 次，查出各类安全隐患 121 条，均整改到位。园区实行 24 小时不间断巡逻防控，全年处理各类警情 900 余起，调处矛盾纠纷651 起，办理行政案件 150 起，行政拘留 70 人；办理刑事案件 50 起，刑事拘留 44 人，抓获网上逃犯 2 人。追回被盗摩托车 5 台及其他物资一批，为人民群众和企业挽回经济损失近 20 万元，营造了安全稳定的营商环境。

（六）党的建设得到全面加强

坚持把党建引领作为推动各项工作的重要法宝抓紧抓实。一是通过开展"党史学习教育""红色教育在永州""我为群众办实事"等活动，为推动园区高质量发展注入了强大动力。2021 年江华高新区企业综合党委和海螺水泥党支部获得了"全市两新党建标杆党组织"称号，九恒工业园党支部被评为"湖南省先进基层党组织"。二是坚持把党建与企业建设同步推进，采取"单独组建、联合组建、挂靠组建"等多种形式，实现党的组织全面覆盖，并从园区机关干部中择优选派 15 名党员担任"两新"党建指导员，深入园区所有企业，加强党建工作指导。

二　2022年工作展望

2022 年是党的二十大召开之年，高新区已经吹响了"苦干实干加油干、创先争优走在前"的号角，要增强乘势而为的信心，激发"狭路相逢勇者胜"的斗志，敢于事事"走前列""打头阵"，以"开局就是决战、起跑就是冲刺"的劲头做好全年各项工作。

2022 年工作的总体要求是：以习近平新时代中国特色社会主义思想为指导，全面贯彻党的十九大和十九届历次全会精神、习近平总书记对湖南重要讲话和重要指示批示精神，全面落实中央、省、市、县经济工作会议精神，认真贯彻县第十三次党代会精神，以"五联系五到户"主题活动为抓手，突出全面推进乡村振兴、产业建设两条主线，建设实力瑶都、品质瑶都、绿色瑶都、开放瑶都、幸福瑶都，奋力建设现代化新江华，以优异的成绩迎接党的二十大胜利召开。

主要预期目标是：高新区实现规模工业总产值同比增长 20%；规模工业缴纳税金、规模工业增加值、进出口总额分别增长 18%、15%、15% 以上；新增入统规模企业 17 个以上；新建标准厂房 20 万平方米。巩固提升"五好"园区，全力争创国家高新技术产业开发区。

为实现 2022 年的预期目标，具体工作举措概括起来就是"全力抓好五项工作"。

全力抓好"五好"园区创建工作。要全面落实"园区是县域经济发展的火车头，园区发展的质量直接决定了县域经济发展的质量"的理念，做好顶层设计，高起点谋划、高标准建设、高要求推进"五好"园区创建工作。一是坚持创建国家高新区的规划定位，坚决按照县第十三次党代会

《关于以更解放的思想、更优惠的政策、更务实的作风 努力创建"五好"园区推动江华高质量发展的决议》的文件要求，把创建国家高新技术产业开发区作为承接产业转移、推动产业转型升级、特色产业县建设和县域经济高质量发展的重要抓手，把"五好"园区和国家高新区的规划变成实际成果。二是坚定"一主一特"产业发展方向。要制定出台主导产业规划，做精做深做透新材料主导产业，围绕新产业链的上下游补链、延链，打造新材料产业集群，将稀土、不干胶、先进储能材料打造成全国重要生产基地；要全面落实《江华县千亿电机产业发展规划》，做大做强做优现有电机企业，实现电机产业链条逐步本地化，推动江华高新区走向全产业链的高端制造，将其打造成为中国"马达之城"。

全力抓好产业项目推进工作。要牢牢扭住产业发展这个"牛鼻子"，加快构建"一主一特"现代产业体系，为园区高质量发展夯实基础。一是全面加大招商引资力度。要紧紧围绕"一主一特"产业链，依托省委湘南建设中西部地区内陆开发合作示范区的政策机遇，瞄准东盟、粤港澳大湾区，建立完善"人人都是招商员、人人都是江华形象"的全覆盖招商机制，有效开展专业化精准招商，灵活运用好各种"专而精"的市场化招商。要突出科技发展战略，注重引进科技含量高、产业带动力强、发展潜力优的项目，促进"工业化"向"科技化"转型升级。要坚持"以亩产论英雄"的发展意识，做到招真商、招好商、招大商。力争全年引进产业项目60个以上，投资额达到100亿元以上，落实"500强"项目2个，外商直接投资项目1个。二是深入开展"产业项目攻坚年"行动。2022年是产业强县三年行动的第一年，要按照项目建设"五个一"的工作机制，严格落实《2022年"产业项目攻坚年"活动实施方案》《江华县"清廉项目"建设手册》《重点项目建设、重点财源建设项目管理考核、招商引资工作考核办法》等文件要求，一切围着项目转、一切围着项目干，形成谋划一批、签约一批、开工一批、投产一批的项目建设格局。当前，要迅速启动优耐高新材料、林源电子等项目建设，加快推进国梦电机、锐毅马达、一次性丁腈手套、制氧机等一批续建项目建设。

全力抓好要素保障提升工作。要进一步强化园区用地保障，完善园区基础配套设施，全面提升园区承载能力。一是完善公共服务设施。要全力完善园区水、电、路、讯、天然气、污水处理、标准厂房、公租房等基本配套工程，加快振兴大道等道路新建和改造，加强城乡一体化供水、工业污水集中处理、电力"双回路"保障；要推进现代物流业深入发展，积极争取建设江华至湛江铁海联运，建设好江华粤港澳产业转移示范园、江华综合性现代物流园，降低企业物流成本。二是加大征地拆迁力度。整合好高新区、自然资源局、林业局、沱江镇、联合执法大队等各方面力量，集中时间、精力、人员，通过开展突击活动，重点推进振兴大道、2万吨永磁材料、50万吨硅钢金属板材等项目征地拆迁工作，为重点项目提供坚强的用地保障。要全面推进闲置土地处置，盘活存量土地，实现新增储备土地360亩、新增报批土地2000亩。三是认真抓好安全生产。要牢固树立"人民至上、生命至上"的理念，以如履薄冰、如临深渊、如坐针毡的心态，强化安全生产教育培训力度，狠抓安全生产责任制落实，进一步增强企业的安全责任意识，坚决杜绝无证上岗、无证操作现象的发生；对排查出来的安全隐患要求企业及时进行整改，不定期复查，确保守住安全生产这根"高压底线"。四是切实维护社会稳定。进一步加强园区治安巡逻防控，加大对涉及园区企业违法犯罪、破坏经济发展环境等行为的打击力度。同时，完善园区企业警务室配备，逐步实现园区"一企一警"格局，形成党政统筹推动、高新区保障带动、公安机关上下联动、企业自发主动的"四级联动"园区警务工作新体系。

全力抓好干部队伍建设工作。园区要不断实现后发赶超，就需要一支强有力的队伍。一是注重发挥党工委政治核心作用，进一步完善议事和决策机制，进一步加强执行力建设，不断增强领导班子的凝聚力和战斗力。同时，要认真落实党风廉政建设责任制，领导班子成员按照"一岗双责"要求，积极筑牢拒腐防变的防线，切实抓好党风廉政建设和反腐败工作。二是继续完善园区管理机制。根据园区工作职责，创新符合园区工作特点的人员管理方式，对现有部门实施"扁平化"运作，让党工委、管委会的决策高效执行；制定完善园区内部考核机制，探索全员岗位聘任制、竞争上岗制、末位淘汰制改革，构建以绩效为中心、多元化的分配制度，建立岗位工作绩效考评体系，实行基本工资与绩效工资"双轨运行"。三是坚持严字当头、全面从严、一严到底。提升日常监督实效，坚持决策部署到哪里，监督检查就跟到哪里，加强对选人用人、廉洁自律等情况的监督。严格落实中央八项规定及其实施细则精神，持续发力纠"四风"。

全力抓好营商环境优化工作。要按照"双赢""共赢"的理念，着力建立公平公正营商环境，持续构建"亲""清"政商关系，营造重商亲商、清商融商的浓厚氛围。一是根据"五联系五到户"主题活动要求，按照"五心"标准（在江华办事顺心、在江华创业安心、在江华工作开心、在江华生活舒心、在江华消费放心）、"四到"要求（随叫随到、不叫不到、服务周到、说到做到），不断完善园区驻企联络员制度，了解企业的成长性和增长点，着力保障企业用工、用电、用水、通信，保障企业员工就医、子女就学等问题，不断提升帮扶的有效性，让企业更好更实发展。二是认真开展好"纾困增效"专项行动，落实好企业减税降费、制造业增值税留抵退税等政策；积极与银行对接，建立完善"产业基金+银行信贷""风险补偿+银行信贷"等多种银企合作新模式，引导金融机构加大对园区企业经济的支持力度；持续深化"放管服"改革，深入推进"一件事一次办""园区事园区办"等改革，推行集中审批、容缺审批、告知承诺制等管理方式，提高项目落地效率。

B.26
岳阳自贸片区2021年工作情况及2022年展望

中国（湖南）自由贸易试验区岳阳片区管理委员会

中国（湖南）自由贸易试验区岳阳片区（以下简称"岳阳自贸片区"）自2020年9月24日揭牌成立以来，坚决扛牢"为国家试制度、为地方谋发展"的职责使命，坚持对标《中国（湖南）自由贸易试验区总体方案》，重点对接长江经济带发展战略，突出临港经济，发展航运物流、电子商务、新一代信息技术等产业，着力打造长江中游综合性航运物流中心、内陆临港经济示范区。特别是中国共产党湖南省第十二次代表大会召开后，岳阳自贸片区紧紧围绕会议提出的"全面深化改革扩大开放，打造内陆地区改革开放高地"的要求，加快自贸区高质量建设，努力将自贸片区打造成为全省实施"三高四新"战略定位和使命任务的重要载体、重要平台。

一 2021年工作情况

岳阳自贸片区坚决贯彻落实习近平总书记对湖南重要讲话重要指示批示精神，按照上级决策部署，在新港区党工委全面领导下，围绕片区任务目标，各项工作彰显新气象、跑出加速度。2021年，片区GDP、规模工业增加值分别达275.2亿元、166亿元，完成全口径税收18.34亿元，精准施策助力企业纾困增效等经验做法获省政府通报表扬。

（一）制度创新红利加速释放

在全省121项改革试点任务中，岳阳自贸片区针对承接的88项，将其分为长江中游综合性航运物流中心、内陆临港经济示范区、中非经贸合作先行区等模块，协同市级责任部门单位，实行一体化、集成化推进，2021年已实施76项，实施率86.4%，形成了15项"首提首批首创"制度创新成果。

为国际港口赋能抓创新。着眼于全省的唯一出海港口——城陵矶港，针对内河运费计入关税的制度障碍，在全国首创了"内河运费不征关税"案例。这项制度创新大幅降低了货物进口成本，一个粮食普柜大约节省380元，降低税负约3.1%，肉类冻柜达到950元，降低税负约1.5%，弥补了内河港口相较于沿海港口的制度短板。目前已为43家企业节省费用200多万元。这项制度创新解决了内河港口呼吁多年没有解决的难题，得到庆伟书记的关注认可。目前正在扩大试点范围和品类，形成普惠性政策，让制度成果惠及更多企业。

为特色贸易便捷抓创新。着眼于重点发展的贸易板块，针对小茴香、肉豆蔻等调味品香料进口通关烦琐的问题，在全省首推了"进口调味品通关便利化模式"。这项制度创新为企业带来了时间和费用的"双减"：进口通关时间由15天缩短至2天；按试点数量1万吨测算，节约仓储成本300万元。岳阳是全国唯一实施的内河港口，已有1327吨商品通关。这一创新举措有望带动企业批量落户，助推岳阳成为中部地区进口调味品集散中心。

为企业纾困解难抓创新。扩大第三方检验结果采信商品和机构范围改革，每年为汽车进口商节约转场检验运输费用约400万元，缩短检验时间2/3以上；跨境电商零售进口政策落地后，跨境电商商品价格比进口零售价格节省约20%、运营成本比线下业务降低约10%；区内包装材料循环利用试点落地后，每月为企业节约成本100万元以上。实施口岸查验区港一体化模式，提高通关便利化，节约查验时间1~3个工作日。

为新兴产业培育抓创新。针对现行工业用地政策难以满足新经济新业态落地需要问题，在全省首试了"新型工业用地M0政策"。该项制度创新将产业配套用房比例从15%提升到40%，契合了当前新型产业多用途、多功能用地需求，开辟了提升土地开发强度和亩均效益的新路子，目前正在自贸区 EOD 产业综合体项目上实施。400 亩土地上将入驻市场主体 2000 家以上，引进项目 30 个以上，合同引资额 100 亿元，纳税超过 5 亿元。这些制度创新释放出了"真金白银"的红利，企业和群众的获得感明显提升。

（二）自贸主导产业渐成体系

依托"三区一港四口岸"国家级开放平台，利用自贸区金字招牌，2021 年，联动引进项目 91 个，总投资额 603 亿元，电子信息、智能制造等传统优势产业与总部经济、直播电商等新经济产业呈现"双轮驱动"的良好发展势头。

坚持把现有产业"蛋糕"做大，形成聚集效应。围绕新金宝等区内龙头骨干企业，抓配套企业引进，加快主导产业延链补链强链，着力打造电子信息千亿产业。通过产业链招商，落地了鑫源链智能显示、汇川技术 1100 万台伺服电机等一批年产值超百亿元项目，进驻了中南智能、海铭德数字化工厂等一批高精特新项目。

聚焦大进大出港口特色产业，招大引强。加快发展新材料产业，引进了攀华年产 400 万吨新型薄板、岳纸 70 万吨文化纸等重大项目。开通至香港直达航线和至重庆集装箱航线，正式运营新港区松阳湖铁路专用线，打通了粤港澳大湾区至岳阳多式联运物流大通道，吸引了云贵川等地开展铁水联运业务。坚持政策赋能口岸平台，加力内陆地区开放。2021 年，完成集装箱吞吐量 80.08 万标箱（本港 60.06 万标箱），城陵矶老港完成吞吐量 2400 万吨，完成进出口总额 528.6 亿元，城陵矶综保区进出口贸易额总量居全省第 1 位，进出口增长值排全国特殊海关监管区第 14 位。

对接新经济新业态新模式，育新聚新。新增市场主体 2578 家，新增入库规上企业 52 家。引进了中再、湖南华航、上海共生鸟等企业总部。落地了全省自贸区首家内地与港澳联营律所、首个淘宝共享直播基地，进驻了 58 科创、陨石传媒等数字产业项目，获批了全省首个"双碳"服务平台——湖南省"双碳"创新服务中心。

（三）一流营商环境更加优化

坚持对标北上广等先进地区，围绕企业发展需求，做好"店小二"服务和全生命周期服务，构建可透视、可预期、可信赖的一流营商环境，着力增强企业的获得感和幸福感。

构建金融生态。新增金融机构达 8 家，融资规模较上年同比增长 110%。推出了反向保理、票据池银承、关税 E 贷等特色产品 12 个，落地了首笔 700 万元知识产权质押融资贷款业务。设立了总规模近 70 亿元的新兴产业投资基金、湘江基金小镇、小米项目专项基金。充分发挥观盛公司"一平台两机制"贸易融资创新引领作用，促进供应链金融向外贸全产业链延伸，累计为区内 109 家企业提供外贸融资 683 亿元，产生外贸业务现金流 1400 多亿元。成立了岳阳自贸区投资有限公司，为区内企业提供内外贸供应链新业务，形成一套全新的、多领域的贸易产业体系。落地了岳阳自贸法庭，构建互联网小额信用贷款逾期司法处置机制，互联网金融法务园建设加速。

推进极简审批。97 项省级经济社会管理权限已全部承接到位，累计办件超过 2600 件，在全省率先颁发了首张食品经营备案登记证、首张市场主体住所申报承诺制营业执照。推进集成式公共服务，成立全市园区首个企业服务中心，创新推出"惠企十条"，68 项行政审批实现了"一件事一次办"，落地了全省首宗"拿地即开工"项目。设立法律服务中心、国际商事巡回法庭、ADR 调解中心、司法保障协同工作联络站，实现了企业在家门口"打国际官司"。

增强区域联动。推动"三区一港四口岸"八大国家级开放平台与全市重点园区的互融互动，着力打造形成自贸试验区一体化改革叠加区、协同改革先行区、改革辐射区，增进营商合力，提升全市域综合竞争力和对外开放水平。重点推动水港空港"双港"联动合作；探索"飞地模式"，与临湘共建中非经贸产业园，打造非洲产品加工集散中心；与湘阴县、岳阳县、临湘市等开展沿江沿湖岸线资源整合；对接"七大千亿产业集群"，探索启动多业态融合发展。

二 2022年工作思路

2022 年，岳阳自贸片区将全面落实"三高四新"战略定位和使命任务，按照省委提出的"高标准建设长江经济带绿色发展示范区、奋力打造湖南高质量发展增长极、积极当好内陆地区改革开放先行者"要求，提高站位，精准发力，全力以赴抓好岳阳自贸片区建设，确保 2022 年进出口贸易总额突破 800 亿元、集装箱吞吐量突破 80 万标箱。

（一）深化差异化探索，推进高水平制度型开放

加快实施 88 项改革试点任务，确保全年完成 95%以上，力争全年推出"首提首批首创"制度创新 20 项以上，提交 1 个以上国家级案例。重点做好港口文章，继续释放"进口货物内河运费不征关税"等制度红利，推进深水深用信息化通航制度探索，往东实现武汉至岳阳万吨级绿色通航，厚植长江中游航运中心优势。继续完善铁水联运体系，探索多式联运"一单制"、铁路运单物权凭证赋能等制度，率先与 RCEP 成员国进行规则对接，往西接入西部陆海大通道，加快开通渝新欧国际班列，直接拉通"路上丝绸之路"。通过东西贯通，为城陵矶港插上双翅膀，尽快建成 100 万级以上标箱大港，成为国内国际双循环的重要节点、"一带一路"的重要腹地。

（二）加快进出口提档，打造高能级外贸生态

做强口岸平台，立足"三区一港四口岸"，加快释放国家级口岸动能，拓展铁矿石、煤炭、粮食、橡胶、平行车进口等业务板块，逐步实现贸易由代理向自营转型，推动贸易总额尽快上升到 1000 亿级规模。做大贸易平台，重点做大中非贸易，依托中非工贸产业园，加大非洲木材、橡胶等大宗商品进口，实施一批中非农副产品深加工项目，打造非洲非资源性产品全国加工集散中心。深化与中海粮油、际华集团等龙头企业合作，实施一批中非农副产品深加工项目，加快向国家争取进口生产加工增值 30%以上内销免关税

政策，探索从非洲到岳阳全链条的贸易制度创新。对接乌干达湖南工业园、科特迪瓦农产品加工项目建设，搭建岳阳自贸区中非易货贸易交易中心，破解中非结算短板，探索对外承包工程和贸易联动发展的"湖南模式"。做实联动平台，建立产业联盟、园区共同体等产业协同发展机制，推动"总部+基地"的"飞地园区"应用实践，加快建设自贸片区联动创新区，推广外贸综合服务"观盛模式"，释放自贸区政策溢出效应，带动外向经济腹地高质量发展。

（三）完善产业链服务，培育高质量产业集群

瞄准"需求端"，当好"服务员"，抓住企业最关心最直接最现实的利益问题，对照国际标准，全链条、全透明优化营商环境，力争 2022 年新引进产业项目 80 个以上，合同引资 500 亿元。壮大电子信息产业，重点聚焦产业建链延链补链强链，围绕新金宝、鑫源链、海铭德等出口型电子信息龙头企业，推进电子账册管理等通关便利化创新，拓展供应链金融服务创新，引导加工配套企业就近入园集聚。发展新能源新材料产业，围绕攀华、中创空天、复兴合力等内贸型金属新材料龙头企业，延伸深加工链条，推进产品集中代采，做大内销结算纳税中心。提升装备制造业，围绕智能制造产业建链补链，在服务好汇川技术、中南智能等标杆项目基础上，深度对接科新机电、宁德时代、比亚迪等企业，做好重点项目引进。同时，针对产业集群特色，逐步形成前期产业基金、中期设备租赁、后期订单融资的全产业链金融服务制度体系。

（四）落实便利化措施，营造高标准营商环境

深入研究 RCEP 国际准则，鼓励观盛公司等海关高级认证企业利用好经海关核准的出口商制度，做强国外市场。主动对标世界银行评价营商环境的十大标准，更大力度深化"放管服"改革，加快承接省市级权限，大力推进极简审批，推行一件事一次办，探索联合沿长江经济带重点省份、重点城市，合作推行跨省通办事项，在工程项目审批制度、商事制度、信用体系等

方面先行先试，深化改革，着力构建稳定、公开、透明、可预期的营商环境。推进"金融补链"，新引进保险、基金、证券等金融机构 6 家以上。建立"母基金+子基金"架构，探索融资租赁、商业保理、舱单质押、知识产权质押等创新，支持片区申报融资租赁、金融租赁、商业保理、汽车金融等牌照。搭建金融司法协同全链条信息化对接平台，推进互联网小额信贷案件"批量智审"创新。

专 题 篇
Topic Reports

B.27

湖南打造"三个高地"的战略重点及路径

周 婷 刘茂松*

摘 要: 湖南打造"三个高地"要注重问题意识,狠抓主要矛盾,推动战略落地。基于此,本文提出主攻产业数字化、科技基本创新、传统产业转型升级、能源保供及降碳、外向经济布局和国际化营商环境等六大战略重点与实施路径,高标准建设具有国际化和国内领先水平的先进制造、科技创新和内陆改革开放高地,支撑湖南高质量发展。

关键词: "三个高地" 高质量发展 湖南省

"十四五"期间湖南着力打造国家重要先进制造业、具有核心竞争力的

---

* 周婷,湖南师范大学旅游学院讲师,研究方向:产业经济学与旅游产业经济;刘茂松,湖南师范大学教授、博士生导师,湖南省经济学学会名誉理事长,研究方向:产业经济学与区域经济学。

科技创新、内陆地区改革开放高地，是湖南省委、省政府全面落实 2020 年
9 月习近平总书记视察湖南重要指示，实现高质量发展的重大部署。如何全
面落实好这个重大的战略定位，对此，我们通过对园区、企业、产业和部门
的调查，认为湖南打造"三个高地"已具备较好的现实基础，特别是先进
制造业和科技自主创新已取得显著成就，但对标国内外先进水平还存在一些
差距。因此，在总结成绩和优势时，要高度关注发展不平衡问题，狠抓主要
矛盾，推动战略落地，展现更大作为，向国际化和国内领先水平奋进。

一　主攻数字经济，加快推进产业数字化转型

开发数字化技术及支持能力的数字化产业经济模式，是湖南高质量打造
"三个高地"的必由之路。湖南是全国 13 个数字经济规模超万亿元的省市
之一，但数字经济占 GDP 的比重低于全国平均水平，自主创新能力偏弱，
外向依赖度较高。从结构上看，湖南省数字产业化高于全国平均水平，这是
一大优势，但产业数字化却低于全国平均水平。为此，建议在进一步发挥数
字产业化优势，高标准建设好自主可控计算机及信息安全产业、新型显示器
件产业、集成电路产业、超高清视频产业、移动互联网产业、工业互联网及
物联网产业、人工智能及大数据产业和区块链集成应用工程的同时，在全省
打一场产业数字化攻坚战，发挥现有"5G+工业互联网"先导区和 2.9 万座
5G 基站的作用，重点解决好两大问题。一是大中型企业引入数字驱动机制，
向数字化升级。聚焦工程机械、轨道交通、中小航空发动机等重点行业，推
动智能制造单元、智能生产线、智能车间、智能工厂建设。引进、培育一批
全国领先的解决方案供应商，构建企业信息流，打造多层次系统化平台体
系，构建个性化定制、网络化协同、智能化生产和服务化延伸的工业互联网
模式，进行实时动态感知的决策优化。二是全面推行中小微企业普惠性
"上云用数赋智"。目前全省只有近 40 万户中小企业"上云上平台"，占中
小企业的总数不到 10%。建议加强以区域、行业、园区为整体的区域数字
化服务载体建设，加快工业互联网应用普及，推动低成本、模块化工业互联

网设备和系统部署应用,建立湖南制造业"上云上平台"专业技术联盟,对中小微企业开展低成本、低门槛、快部署服务。同时,还应积极面向金融、交通运输、节能环保和农产品生产加工等行业,大力拓展数字技术应用场景。

二 主攻基本创新,着力开拓高科技新兴产业

基本创新包括基础研究和企业创新,是企业和大学以及政府实验室经过深思熟虑研究活动的结果。湖南先进制造业基础相对薄弱,全省27家代表性高新技术企业有260多项零部件、设备、基础材料和技术依赖美国进口,而且全省战略性高科技新兴产业增加值占 GDP 比重也低于全国平均水平。

因此,加强基本创新刻不容缓,主要路径如下。

第一,实现国家重大科技基础设置零的突破。以大科学标准建设岳麓山大学科技城,围绕电子信息、新材料、医药生物、工业母机和现代种业等开展基础研究和应用研究,从预研、新建、推进、提升等四个方面完善各专业研究中心,打造"岳麓科学城"品牌。以大科城为平台联合各方力量,从同步辐射光源、大飞机地面动力、风洞、种业和稀土等备选项目中谋划创建大科学装置,建设国家试验室,组建湖南产业技术研究院,为攻克先进制造的关键技术提供基础。

第二,着力攻克"卡脖子"技术。根据科技原理创新和科技应用创新共同演进新趋势,实现试验室与车间创新结合,以现实需求为主导,下大功夫引进国际高端人才团队,培育科技创新型"独角兽企业",做强一批高成长型"瞪羚企业",打造产业链、资金链、政策链相互联结的全科技创新链,巩固发展智能终端及配套、太阳能光伏、电池和电子材料、应用电子等特色优势产业,集中解决高端液压件、高铁轴承、核心芯片、高端数控机床、航空发动机、关键原材料等基础核心部件和"卡脖子"技术问题。

第三,做强世界级航空动力全产业链。充分发挥湖南省优势,在第四代涡轴、涡桨发动机、飞机起落架及机轮刹车系统的基础上,高质量建设中国

唯一、全球第二个大飞机地面动力学试验室，深化与中国商飞全面合作，推进关键核心技术攻关，带动配套产业发展，进一步完善飞机起降系统配套产业链，推动湖南世界级航空动力全产业链集群成圈发展。

三　主攻转型升级，全面改造传统经典产业

目前，传统产业仍是湖南制造业的主体，但效益较低。全省规模以上工业利润在我国中部地区排在后位。建议在全省推广华菱集团依靠技术进步和智能化改造、创建规模化定制模式、发展品种钢材、实现增值盈利等经验，对湖南省机械、汽车、钢铁、有色、食品、家电、服装和建材等传统产业进行技术改造升级，主攻以下两大万亿级湖湘特色经典产业。

第一，打造世界先进的有色金属新材料及制品产业链。据勘察，湖南省已探明储量的有色金属有37种，由东向西还分布着一条以金为主并与铜、铅、锌、锂、铍、铌、钽等共生的"金腰带"矿脉，金锑钨共生资源精细分离生产核心技术领先世界。建议以湖南有色金属控股集团和湖南黄金集团为主体，采取混合所有制模式整合全省3000多家探矿采矿炼矿企业，关闭和淘汰落后产能，突破数字化薄矿脉采矿技术和绿色节能减排技术，以计算机及其网络为手段，把矿山所有空间和有用数据实现数字化存储、传输、表述和深加工，创建具有自感知、自决策、自执行、自适应、自循环的绿色智慧冶炼体系，创建智能化绿色矿产经济模式。联合中国五矿集团高标准发展郴州有色金属加工贸易产业集群。发挥湖南"金腰带"矿脉优势，主打金锑钨材料及制品产业链，进一步办好"锑产品精深加工园"、"铅锌生产及精深加工园"、"铝循环再生工业园"、"稀土产业园"、"有色装备制造产业园"、"有色产品交易及服务园区"和汨罗低碳环保有色金属再生资源集散中心。特别是要强力发挥中南大学粉冶中心和博云新材的技术优势，办好"航天航空材料研发生产园"，深耕做强航空航天及新材料产业链。

第二，打造湖南特色品牌的农产品精深加工的食品工业产业链。湖南作为农业大省，现已形成有农副食品加工业、食品制造业、饮料制造业三大门

类的万亿级食品工业生产体系,当前的主要问题是散、小、差,竞争力不强。建议在全省推广宁乡食品工业园强化技术和组织创新,引进国内外知名企业,带动本地企业集成发展,创中国食品名牌产品,建智能化自动生产线,打造"中国食品硅谷",同食品科技研发机构联手,推动食品工业和农产品精深加工的智能化升级,对全省各地市食品工业园区(基地)和各县市工业集中区、农产品加工园区进行绿色化、规模化、智能化改造,运用物联网、云计算、大数据技术优化生产、仓储、销售和服务全阶段,推进规划形态、园区业态、产业生态"三态协同"发展,培育具有地方特色和优势的主导产业链和龙头企业,创造国际知名湖南食品品牌,组建湖南食品行业"航空母舰",全面促进乡村振兴。

四 主攻保能降碳,创建"新能源+储能"消纳模式

湖南省受一次能源禀赋不足、风光发电资源有限,且地处全国能源输送通道末端,能源短缺问题严重,"十四五"预计最大电力缺口超过 1000 万千瓦,面临保障能源安全和实现降碳目标的双重压力。由于碳达峰、碳中和的本质是降减化石能源碳,因而湖南保能降碳的根本出路是发展再生能源和清洁能源。为此,建议湖南省创建"新能源+储能"消纳模式,建成强交强直的特高压网,实现 500 千伏电网市州全覆盖和 220 千伏电网县级全覆盖。其主要措施如下。

一是增加省外清洁能源生产和购入。"十三五"以来湖南省累计从省外购入可再生能源电量 624 亿千瓦时,相当于省内减少调入煤炭 2446 万吨,减排二氧化碳 5112 万吨,对湖南保能降碳发挥了重大作用。目前要大力提升祁韶直流、雅江直流利用率,加快"宁电入湘"特高压直流工程的建设。为此,建议将"湖南湘投控股公司"改建为"湖南能源投资控股公司",以国有资本主导募集社会资本,专司省外能源特别是与宁夏能源领域合作建设"一线一园一基地"。

二是提高省内再生能源开发水平。目前全省可再生能源装机容量占比已

达到54%，为绿色发展提供了有力支撑。为从根本上缓解能源困境，全省还必须持续推进风电和光伏电发展，将其装机容量占比提高到30%左右。新能源的随机性和波动性较大，对电网电能质量均造成影响，因此需要发展储能技术，以新能源+储能的应用，提升电能质量和保障电网安全，并解决低峰时段弃风弃光问题。目前，湖南省风电项目已要求强配20%储能，增加了风电开发成本。为此，建议省政府出台储能政策，按储能成效给予一定补贴和奖励。

三是抓紧布局氢能和氢储能产业。氢能既是能源载体又是储能方式，是最有望达到碳达峰、碳中和目标终极解决方案的新能源产业。湖南省化石原料、工业尾气、甲醇裂解等氢气资源和下游应用场景较丰富，如利用华菱集团炼钢厂可年产7亿多立方米氢气、岳阳己内酰胺工业可年产液氢2万多吨。因此，建议湖南省抢抓"双碳目标"的重大战略机遇，抓紧布局发展氢能和氢储能产业。重点是岳化、华菱等产生工业尾气企业延长产业链，配套建设制氢装置；岳阳、株洲开展"氢经济示范城市"试点，打造"岳阳氢能产业示范园区""株洲高新区氢能源示范生态产业园"；依托株洲、湘潭的电控、电机、电堆"三电"技术与产业优势，开发氢能装备制造业、重卡重载氢能源技术及氢燃料电池汽车，办好"清水塘生态工业新城氢燃料电池汽车创新示范产业园"；利用郴州等地石墨资源研发生产储氢纳米碳材料及锂电池，延伸发展以碳纳米管为材料的纳米器件、电子器件、传感器等，打造国内重要的全氢能产业链和价值链。

五　主攻外向经济，优化全面开放战略性布局

立足"一带一部"区位优势，构建全面开放的长株潭核心区、洞庭湖前沿区、湘南湘西承接区和湘欧班列快线与国际航空快线的"三区三线"新布局，强补湖南外向经济短板。

首先，高标准建设长株潭全面开放核心区增长极。高标准建设"中非经贸深度合作先行区"，建好自贸区外联创新区。扩建长沙综合交通中心机

场,创建国际航空枢纽、国家临空经济示范区和"米"字形高铁枢纽,打造"航空+高铁+电商"极速物流通道。启动湘江长沙综合枢纽三线船闸建设,优化长沙港各港区布局,建设虞公庙 5000 吨级深水码头,打造长株潭主枢纽港,建设陆港型、空港型、生产服务型、商贸服务型国际化物流枢纽城市。

其次,做强自贸区岳阳城陵矶核心港前沿区。高位协调城陵矶至武汉段长江航道建设,拓展直达港澳和海外水运航线,推动城陵矶自贸港与华容塔市驿港和君山港联动集成发展。以湘阴曹溪港和虞公港为节点,构建长岳百公里口岸制造业廊带。整治松虎航道和华容长江岸线,建设洞庭湖西北岸外向经济廊带。以常德水运口岸和桃花源机场联通高铁,打造湖南省湘西北货物出海出境大通道。

再次,创建湘南湘西承接粤港澳大湾区走廊。发挥郴州自贸区外溢功能,创建以石墨新材料、化工新材料和矿物宝石产业开发为主的湘粤特别合作区,打造年产值千亿元的飞地经济集聚区。以怀化西铁路全国第九大编组站为基础,建设对接 RCEP 的湘西—东盟物流产业园,发展湘西与东盟国际货运和国际旅游业。建设张家界国际知名航旅融合典范机场,提高湘西公路口岸功能,建设丝绸之路国际旅游文化产业园和"一带一路"国际健康旅游目的地。

最后,打造连接"一带一路"的水陆空交通快线。提高湘欧班列效能,依托长沙北货场、铁路口岸及金霞保税物流中心等大型综合物流平台,组建湘欧快线产运网络。兴建海外货源仓、保税仓、货源配送中心,实现回程班列货载正常化。拓展中亚、中东和中欧陆路通道,培育长沙至布达佩斯班列"明星线路";建设"枢纽机场+干支线机场+通用机场"航空快线,以长沙机场为枢纽,完善全省机场布局,构成由长沙国际枢纽机场、张家界区域枢纽机场、支线机场和通用机场组成的湖南空运大格局,建成多层级一体的机场航空快线体系,发展全覆盖低空经济,打造通用航空"湖南模式";沟通湘江与珠江水系湘桂运河出海口快线,为适应打造内陆地区改革开放高地的需要,湖南在以洞庭湖为中心,以湘江、沅水为主通道骨架,以城陵矶港为枢纽的通江达海航运体系基础上，加快规划建设湘桂运河，开挖湘江永州蘋岛至广西西江水运通道，沟通长江、珠江两大水系，创建畅通、高效、平安、绿色的现代化内河水运体系，打造湖南第二个出海口大通道。

六　主攻营商环境，培育和激活各类市场主体

培育和激活市场主体是实施"三高四新"的重要举措和关键环节。湖南目前实有经营性市场主体 513 万户，在中部六省中排在第四位。特别是大企业偏少，2021 年《财富》中国 500 强湖南只有华菱钢铁、三一重工、中联重科、蓝思科技等 4 家企业上榜，比上年度减少 1 家。这是一个致命的短处，必须打一场培育市场主体的攻坚战。其关键是进一步聚焦创新、融资、用工、用地、降成本、"走出去"、产权保护、公平竞争、市场退出和诉求表达等方面，建立公平统一的支持企业发展的政策体系。要依法平等保护企业家合法权益，建立涉政府产权纠纷治理长效机制。大力提升企业登记便利度，精简申请材料和登记环节，借鉴成都高新自贸区"首证通"的做法打通"先照后证"的最后一公里，市场主体开办时在工商、环保、食药监、城管等部门申请获得的首个审批许可作为审批办理"后证"的依据，不再要求市场主体提交重复性申请材料，"后证"部门只做合规性审查后直接"发证"。贯彻落实竞争中性原则，全面实行准入前国民待遇加外商投资负面清单管理制度，保证外资企业、民营企业和国有企业在平等条件下竞争，确保对不同所有制性质企业按市场效率原则同等对待。瞄准"三类 500强"、产业链供应链龙头企业、总部经济等招大引强并加大培育力度，争取华菱集团进入世界 500 强榜单，实现零的突破。同时，还应着力保护知识产权，建立规范的产权激励制度，打造完备的知识产权资本化运营生态圈，培育支撑湖南高质量发展的战略科学家、科技领军人才和优秀企业家人才等创新型市场经济主体，采取"走出去、引进来、嫁出去"的知识产权资本化运营模式，深挖精耕国内外顶尖科技项目、技术尖端人才、科技创新团队和世界一流科技企业。

B.28
关于开发性金融支持湖南林业碳汇发展的研究与思考

宋 征[*]

摘　要： 林业碳汇在"双碳"整体进程中地位作用突出，提升林业碳汇能力意义重大。当前湖南林业碳汇面临供求错配、制度设计不完善、市场活力不够等诸多难点、痛点、堵点，发展进程受到一定程度制约，需要从优化开发方法、加强市场主体建设等方面打通"梗阻"，释放碳汇潜力。国开行湖南分行将持续提供更高质量、更有效率的金融服务，助力湖南林业碳汇高质量发展。

关键词： 开发性金融　林业碳汇　湖南省

实现碳达峰、碳中和，是党中央统筹国内、国际两个大局做出的重大战略决策。在碳中和的可行路径中，随着减排措施的发展空间逐步缩小，发展林业碳汇的必要性日益凸显。国家开发银行湖南省分行将支持林业碳汇项目作为深入贯彻习近平生态文明思想的重要举措，发挥开发性金融引领作用，针对性地设计融资模式，探索有效实现林业碳汇价值的可行路径，服务湖南绿色低碳发展。

---

* 宋征，国家开发银行湖南省分行党委书记、行长。

一 林业碳汇在"双碳"整体进程中地位作用突出，提升林业碳汇能力意义重大

从国际实践看，根据联合国政府间气候变化专门委员会（IPCC）报告，仅依靠能源、工业和消费领域减排无法实现碳中和目标，发展林业是目前已知唯一能够大规模从大气中吸收和固定二氧化碳的可行方式。从发展空间看，我国现有森林资源每年可实现碳汇约 8 亿吨。到 2060 年，我国林业通过"多种树"（大规模国土绿化）和"提单产"（实施森林质量提升，增加单位面积碳汇量乘数）两个路径可增加碳汇约 12 亿吨，每年森林碳汇总量可达 20 亿吨以上，抵销大部分能源、工业和消费领域剩余碳排放。从"双碳"进程看，"减源"和"增汇"在碳达峰、碳中和过程中的作用呈阶段性变化，林业碳汇将在后半程"发力"。碳达峰后，随着"减源"边际成本不断提升，"增汇"作用越发明显。森林作为最大的有机碳库，对中和碳排放将起到关键作用。从时间窗口看，林业碳汇蓄势关键期与国家储备林建设关键期高度契合。《国家储备林建设规划（2018~2035 年）》提出，规划期内湖南省应完成 152.88 万公顷造林任务。目前我国主要树种生长周期在 30~60 年，碳汇能力最强阶段在种植后的 20~40 年，未来 15 年内实施的林业碳汇项目可有效服务 2060 年碳中和目标。

二 碳汇收入可作为林业项目收益的重要补充，但目前尚无法平衡项目前期投入

以杉木林为例，正常种植的纯杉木林密度约 150 立方米/公顷，扣除采伐成本后利润约 940 元/米^3，木材价值可达 14.1 万元/公顷，林业碳汇收入 0.86 万元/公顷，木材采伐收益约为林业碳汇收入的 16 倍。林业碳汇收入虽可作为林业项目或储备林项目的重要补充，但仅靠碳汇收入无法平衡前期投入，项目仍需依赖木材采伐收益来保证经营效益。

作为健全碳交易体系的重要手段，林业碳汇的商业价值仍远低于其社会效益与生态效益，无法兑现其应有的经济价值。遵循抵消机制的碳汇交易在碳市场中的处境较为尴尬。一方面，林业碳汇等 CCER（国家核证自愿减排量）可抵消比例受到法律限制，当前较为边缘化；另一方面，目前市场上的配额价格低廉且供给量较为充沛，同时林业碳汇还面临可再生能源等其他 CCER 项目的竞争，其价格也难以得到进一步的提高。在未来，若 CCER 抵消比重能得到进一步的提高，或国家参考欧洲等现行市场经验逐步减少免费配额发放，林业碳汇的价值应能回归其应有的位置。

三 林业碳汇面临诸多难点、痛点、堵点，发展进程受到一定程度制约

一是供求错配。从宏观政策看，碳交易市场目前主要是基于碳排放总量控制的强制性市场，而林业碳汇交易属于自愿性市场，是不具有强制属性的补充市场，林业碳汇本身不是控排企业的履约必选。从中观碳市场供需端看，现阶段碳排放权配额的供给量相对充足，基本能够满足控排企业的履约需求，控排企业缺乏使用林业碳汇等 CCER 的积极性。二是制度设计不完善。CCER 项目审批自 2017 年起长期停滞，存量项目有限，后续新增项目落地困难。当前林业碳汇相关方法学仅在国家层面提供了粗略的数据，并未考虑各省区气候、环境的不同，可参考性较弱。同时，林业碳汇项目开发的周期长达 14~18 个月，签发程序复杂，开发成本较高。相比"木材价值"，林业碳汇的"生态价值"偏低，成本收益不匹配导致项目开发方供给林业碳汇积极性不高。三是市场活力不够。林业碳汇的开发投入大、获利周期长，项目主要现金流来源如木材收入、碳汇收入等都来自项目后期。但从我国实践来看，当前林业碳汇市场缺少期货、期权等金融衍生品的设计和应用，也缺少相关的担保措施、风险补偿等配套优惠机制，这使得商业金融机构、广大非履约企业和普通社会公众参与意愿不强，市场购买只能依赖少数特定行业企业投资，购买主体单一，产品流动性和市场金融属性不足。

四 打通湖南林业碳汇价值实现路径中的"梗阻"，释放碳汇潜力

一是摸清家底。紧密衔接湖南省碳达峰、碳中和方案，加快制定出台湖南省碳中和林业发展专项规划，为后续全省林业碳汇各项重大决策和林业生态价值产业化提供支持。二是优化项目开发方法。省内主管部门可与国家有关单位沟通，进一步细化地方碳汇方法学，提前研究灌木林碳汇、湿地碳汇、草地碳汇等未来林业碳汇方法学可能的扩展方向。三是加强林业碳汇市场主体建设。林业碳汇发展需要大型骨干企业率先破题，建议湖南省有关单位探索建立林业碳汇发展重点支持企业和试点项目名单。对试点项目进行重点培育，财政部门可根据试点工作进展给予正向补贴激励。成立碳汇合作组织，整合中小林业企业、林农的林地资源，广泛吸收林农个体、乡镇合作社等投入碳汇造林事业。加强林业碳汇信息平台建设，完善林业碳汇交易中介服务机制。四是因地制宜实施林业碳汇项目。当前，根据碳达峰、碳中和发展阶段不同，湖南省总体上可分为三类地区①。对于这三类地区，在后续实施林业碳汇项目时可采取针对性策略，确保符合当地发展阶段和资源禀赋，实现林业碳汇高标准有序开发。

五 立足开发性金融职能定位，助力湖南林业碳汇高质量发展

下一步，国开行湖南省分行将继续发挥自身优势，把林业碳汇作为业务发展的重要方向，加大产品模式创新，强化资金资源倾斜，持续提供更高质量、更有效率的金融服务。

---

① 根据省林业局的前期摸底，三类地区分别为：森林资源很好、碳排放量很低、林业碳汇已经过剩的地区，如桂东县；森林资源较为丰富、碳排放量较低、短期内可以通过自身碳汇工程实现碳中和的地区，如张家界市；森林资源较少、工业较为发达、碳排放量较高、无法通过自身碳汇工程完成碳中和的地区，如长沙市。

（一）强化银政合作

一是推动省市层面成立相关管理服务机构。兄弟省市已有先例，如2021年12月成立的浙江丽水市森林碳汇管理局，由林业局增挂森林碳汇管理局牌子合署办公，这是目前国内首个负责森林碳汇管理的市级行政机构。相关机构的成立将为企业开发林业碳汇项目提供专门的管理服务，便于企业开展项目的申报、核准及交易相关工作。二是加强与有关部门的协同联动。发挥开发性金融与政府合作的传统优势，在拟出台的湖南省碳中和林业发展规划基础上，编制专项融资规划。协同林业、生态和发改部门研究对国储林项目进行CCER开发，建立合作项目库，对重点项目按照"项目化、清单化、责任化"加大推动力度。与地方政府合作开发当地林业资源，提供融资融智服务，推动地方政府出台完善相关制度安排，降低林业碳汇项目开发的交易成本。加强与人民银行、银监部门的沟通，银政企共同探索研究项目未来林业碳汇收益的动态质押和还贷方案。

（二）系统组织推进

按照"全行统筹、系统推进"原则，搭建组织推进体系。一是在分行碳达峰、碳中和领导小组下单设林业碳汇工作组。研究部署开行支持林业碳汇的业务规划、总体思路、工作机制、实施方案等顶层设计，统筹协调行内资源，抓好落实。二是组建林业碳汇产金研联盟。与中南林科大、省林科院、有关央企与重点企业建立密切合作关系，汇聚合力共同支持林业碳汇项目，推动湖南林业碳汇市场完善和发展。三是给予适当的政策倾斜。如针对林业碳汇项目投入期长、前期收益少的问题，针对性调整还款结构，并给予一定的利率优惠。以此促进市场培育，吸引后续商业性金融和社会资本跟进。

（三）创新模式产品

一是在林业类项目建设内容中综合考虑林业碳汇。在国家储备林等项目策划时，可适当支持林业碳汇相关建设内容，并将林业碳汇收入作为项目现金流的重要补充。二是创新林业碳汇相关金融产品。充分挖掘发挥林业碳汇自身价值，探索发行林业碳汇债券等新型债券产品，创新基于林业碳汇收益权质押的贷款品种，汇集开发资金，实现林业碳汇的交易、质押、兑现等功能。

B.29
加速将湖南金融中心打造成
湖南金融的"陆家嘴"

谭 勇[*]

摘　要：　作为全省唯一的省级金融中心，湖南金融中心已入驻各类金融机构及配套企业600余家，对全省乃至中部地区的辐射带动和实体赋能作用愈加凸显。强省会战略赋予了湖南金融中心更优发展机遇、更大发展空间，务必围绕金融科技定位，加强传统金融、金融科技等各类机构及企业的招引入驻，完善金融业态，做优金融生态，加速打造湖南金融"陆家嘴"，为建设现代化新湖南贡献更多金融力量。

关键词：　强省会　区域金融中心　湖南"陆家嘴"

金融中心伴随经济中心而形成，是经济中心的最高形态。湖南省政府相关文件提出，将湖南湘江新区辖内的滨江金融中心定位为全省唯一的省级金融中心，建设成为立足中部、辐射西部的全国区域性金融中心。2021年11月25日，省委书记张庆伟在省党代会报告中明确提出，要"构建金融有效支持实体经济的体制机制，推动金融改革创新，加快建设湖南金融中心，建立多层次融资服务体系，切实降低融资成本"。2022年3月17日，湖南省委书记、省人大常委会主任张庆伟率领省"四大家"领导深入湖南湘江新区考察指导，提出"五个更"的指示要求，并

---

* 谭勇，中共长沙市委副书记、湖南湘江新区党工委副书记、管委会主任。

就金融产业发展等提出了具体要求。近年来，湖南金融中心基础夯实、发展迅猛，湘江新区、长沙市扶持力度持续加大，正在努力打造成湖南金融的"陆家嘴"。

一 湖南金融中心正在加速崛起

1. 金融承载力不断增强

2017年10月，湖南金融中心因城市设计摘得美国建筑奖中的城市设计类奖项，目前其6.8平方公里范围已形成滨江基金带和南中心、北中心"一带两中心"的空间格局。已建金融写字楼82万平方米，完成招商59万平方米，湘江FFC交付使用，长沙银行、民生银行、浦发银行、财信吉祥人寿等入驻办公。湘江基金小镇一期实现建成后21个月满园运营。长株潭城际铁路、地铁4号线均已开通，营盘路过江隧道、湘雅路过江隧道等5条过江通道无缝对接机场、高铁，"三纵十二横"车行交通路网细密、畅通。先后引进JW万豪、希尔顿、湘江豪生等国际酒店3家，云集了凯德·壹中心、湘江玖号、渔人码头等商业综合体，已建成人才公寓28万平方米，在建面积65万平方米。

2. 金融集聚力不断增强

5年多来，湖南金融中心已入驻各类金融机构及配套企业659家，包括长沙银行、三湘银行、财信吉祥人寿、长银五八、湘江资管等持牌金融机构120家，湘江盛世、海捷投资等基金管理机构400家，基金管理规模达1164亿元，专业服务机构61家。设立中部首个金融科技创业平台，吸引和培育了福米科技、中金金融科技等金融科技企业78家。湖南金融中心金融业增加值由2016年的26亿元增长到2020年的108亿元，增长超3倍；金融业税收由1.9亿元增长到52.01亿元，增长超26倍；占全市金融业税收比重由1.35％上升到24.39%。

3. 金融吸引力不断增强

省、市、新区先后出台《湖南省金融服务"三高四新"战略若干政策措施》《关于支持湘江基金小镇发展的若干意见》等政策，全力支持湖南金融中心、湘江基金小镇加快发展。上交所和深交所湖南基地、长沙市企业上市服务中心、新区金融发展服务中心、岳麓区金融事务中心落户，构建企业全流程服务机制。设立湖南金融中心政务服务超市，提供工商、税务登记一站式服务。建立国家工程实验室金融大数据安全与应用研究中心，5 年来开展风险巡查 200 余次，清退风险机构 27 家，入驻机构没有发生一起涉众型金融风险。

4. 金融影响力不断增强

湘江基金小镇基金和管理机构累计投资项目 916 个，投资金额 423 亿元，培育上市公司 51 家，入围中国最具实力基金小镇 TOP5、年度最佳基金小镇 TOP5。连续举办四届"湘江金融发展峰会"，长沙银行发起成立湘江金融科技生态联盟，开展"智汇湘江·科创新区"科技成果转化等路演活动 100 余场。至 2021 年末，湖南金融中心入驻银行机构存贷款余额分别为 10881 亿元、8667 亿元。长沙市金融专题库和金融大数据服务开放平台已与 13 家银行签订正式战略协议，累计授信 23 亿元。

二 湖南金融中心发展存在的差距和短板

1. 从体量来看，持续做大面临瓶颈

湖南金融中心落户各类持牌金融机构 120 家，与上海陆家嘴金融中心的 1000 家、深圳福田区的 300 家差距较大。2021 年末，岳麓区金融业增加值为 108 亿元，而浦东新区、深圳福田的金融业增加值分别达 3585 亿元、2025 亿元。湘江基金小镇基金管理规模为 1006 亿元，而南湖基金小镇、天府基金小镇分别达 20000 亿元、5500 亿元。目前，湖南金融中心持牌金融机构仅占全市的 24%，58 家省级以上保险公司落户湖南金融中心的仅 3 家。近年来，湖南金融中心增量机构每年约为 100 家，远低于成都交子金融梦工厂的 300 家。78 家金融科技企业中，仅有福米科技一家独角兽企业。

2. 从要素来看，金融功能还不健全

目前仅有 10 家全国性法人金融机构落户湖南金融中心，只有长沙银行一家上市金融机构。目前仅有法律服务、会计审计等金融生态机构 61 家，金融从业人员 1 万余人，而深圳仅福田就有金融从业人员 60 万人。此外，湖南金融中心的重点企业上市培育、辅导、申报、政策奖励等工作机制有待健全，缺乏金融监管职能，尚未建立健全有效的金融法规、金融管理制度、金融监管制度等。

3. 从影响来看，对外辐射能力不强

湖南金融中心目前暂未实现区域金融中心品牌在省内推广，湘江金融发展峰会与陆家嘴论坛等相比差距甚远。除争取到财政支持民营和小微企业金融综合服务试点以外，湖南金融中心暂未承接其他国家层面改革试点。湖南金融中心建成楼宇整体出租率约为 50%，亿元税收以上楼宇 5 栋，10 亿元以上税收楼宇 2 栋；而陆家嘴楼宇出租率达 86.7%，税收 10 亿元、20 亿元、60 亿元以上楼宇分别达 32 栋、20 栋、4 栋。

4. 从发展来看，面临众多现实困难

城市形态、楼宇结构、交通配套、服务功能等与设计定位还有差距，片区公司为实现收益还存在土地出让冲动。除基金行业外，省、市尚未出台扶持政策。长沙重点建设的其余五个片区均设立了 30 余人的正县级工作机构，而新区金融发展服务中心仅为正科级事业单位，核定编制 10 个但目前仅有 4 人在岗。新区成立了湖南金融中心建设推进领导小组，但在招商联动、资源共享等方面难以形成整体合力。

三　加速将湖南金融中心打造成为湖南金融"陆家嘴"的对策建议

1. 锚定目标：全力打造全国区域性金融中心

省、市层面出台《关于支持湖南金融中心发展的若干措施》等政策，进一步明确湖南金融中心是唯一省级金融中心的地位，并明确新布局的金融

创新试点、新引进的金融机构等，均要布局进驻湖南金融中心。按照打造一流区域金融中心的要求，加强对楼宇结构、片区交通、功能配套等重要标准和设施的管控优化。参照深圳前海、成都等地做法，探索设立湖南金融中心管委会或湖南金融中心监管局，负责统筹推进湖南金融中心的规划、建设、招商、运营、监管等事务。

2. 聚焦重点：做强传统金融和金融科技

鼓励支持中信银行、中信证券、中金证券、中信建投证券、中国人保、太平人寿等金融机构进驻，积极招引资产管理公司、金融租赁公司等集聚，谋划组建湖南财产保险公司，力争到2026年，湖南金融中心各类金融机构及相关企业达1300家，金融业增加值达400亿元，金融业税收突破120亿元，持牌金融机构资产规模突破2万亿元。对接工农中建交五大银行、平安集团、招商银行等，招商引进其科技子公司、科技部门落户，引进一批金融科技上市企业和独角兽企业第二总部，力争到2026年，金融科技类企业达170家以上。在湘江基金小镇引入一批私募基金及管理机构，构建私募金融体系，吸引上下游相关企业集聚，力争到2026年，湘江基金小镇入驻各类基金机构800家，管理资产规模达2000亿元。

3. 打造特色：以供应链金融赋能实体经济

立足全省20条工业新兴优势产业链、全市22条产业链，鼓励金融机构整合和共享行业供应链商流、信息流、物流及资金流，积极有效地为重点产业企业赋能。引入主办银行，致力为核心企业、上下游企业提供综合性金融服务。引入商业银行、财务公司、信托公司、小额贷款公司等金融机构，设立或参股民营银行、保险公司等，开展供应链金融业务。支持和鼓励核心企业为智能制造、智能驾驶、新材料、人工智能、健康医疗、文化旅游等产业企业量身定做金融服务产品，提供综合解决方案。

4. 把握关键：着力形成多种业态互生共荣格局

积极争取承接国家"一行两会"各类金融改革创新试点、联动自贸区金融政策等。高位协调银保监会、证监会等，协助本土银行法人申领金融租赁、理财子公司、基金管理公司等金融牌照，协调支持本土银行法人申请创新试点。积极引进银行、证券、基金、保险等领域优质国际金融资源，支持外资金融机构入驻湖南金融中心、入股金融机构。依托长沙市企业上市服务中心，打造湘企海外上市服务平台。加强与中南大学、湖南大学等高校合作，联合福米科技、湖南财信金融等企业设立湖南金融中心发展研究院，推进金融创新研究。积极举办高层金融论坛、金融大讲堂等，重点将湘江金融发展峰会打造成行业风向标，有效打响湖南金融中心品牌。

5. 强化支撑：持续做优金融发展综合环境

就金融科技、供应链金融、私募金融等领域制定出台支持政策，完善配套政策体系。扩大金融专项资金规模，优化资金用途，保持金融产业支持政策的相对竞争优势。落实省、市人才招引政策，探索建立人才引进"特事特办"机制，设立金融人才奖励扶持专项资金，加大对持有特许金融分析师、金融风险管理师、国际注册会计师、国际金融理财师等高端人才招引力度，确保到2026年湖南金融中心金融业从业人员超3万人。坚持底线思维，持续加强金融运行监测和风险预警，加强对金融机构的监管和互联网金融风险专项整治，持续管好综合性金融服务及新产品、新业务，从严从重打击高利贷、非法集资、地下钱庄等行为，坚决杜绝系统性金融风险和较大风险事件发生。

B.30
做大做强政府引导基金 长沙市推动实施
强省会战略

摘　要： 近年来，我国政府引导经济发展飞速，不仅一线城市引导基金活跃频繁，二线城市也纷纷设立引导基金。当前，全省上下落实省第十二次党代会精神，对用好用足政府引导基金这一重要政策金融工具提出了新的要求。长沙作为省会城市，要正视长沙政府引导基金发展现状，并科学处理好基金发展的四对关系，做优做强政府引导基金，充分发挥财政资金的杠杆放大效应，打造吸引要素的"强磁场"，强力推动实施强省会战略，有力带动省会高质量发展。

关键词： 引导基金　政府投资基金　强省会战略　长沙市

　　近年来，在资本招商、加速新经济发展的浪潮下，全国各地均积极探索引导基金的运行模式，各地政府引导基金发展积累了不少成功的经验，涌现出以上海、深圳、合肥等为代表的具有借鉴意义的模式。目前，全省上下落实省第十二次党代会精神，干在当下，抓在当前，以全面落实"三高"实行战略定位和使命任务的实际行动，全面实施市场主体倍增工程、产业发展"万千百"工程、新增规模以上工业企业行动、企业上市"金芙蓉"跃升行动、优化营商环境、"五好"园区建设、"四个十大"、湘商回归。这八项重

---

　　* 王启贤，国务院发展研究中心智库专家、湖南省情研究会理事。

点工作，都对用好用足政府引导基金这一重要政策金融工具提出了新的要求，必须认真研究把脉，做优做强政府引导基金，充分发挥财政资金的杠杆放大效应，打造吸引要素的"强磁场"，强力推动实施强省会战略，有力带动省会高质量发展。

一　正视长沙政府引导基金发展现状

运用资本杠杆撬动产业发展，推动高质量发展，实现争先进位，是摆在长沙市区政府面前非常迫切的现实问题。必须认真借鉴学习基金工作先进经验，重视提升基金管理能力，探索走出长沙基金发展路子。

（一）要客观看待长沙基金的良好基础

近年来，政府引导基金成为"弄潮儿"。数据显示，截至 2021 年底，国内各地政府引导基金共有 1841 支，总目标规模突破 10.27 万亿元，单支基金平均目标规模为 67.66 亿元。和全国其他发达城市一样，长沙市高度重视大力发展政府引导基金，市本级设立了市产业投资基金、科技成果转化基金、小微企业创业创新天使基金等引导基金；湘江新区设立了湘江产业发展基金和湘江天使投资基金，长沙县设立了政府投资基金，浏阳市设立了产业投资基金和工业发展基金，望城区设立了振望产业发展基金等；针对三安光电、浏阳惠科、蓝思科技、天际汽车等重大产业项目，组建了相关项目专项基金。大力建设了湘江基金小镇和麓谷基金广场两大基金集聚区，湘江基金小镇入驻机构基金管理规模超 2000 亿元，麓谷基金广场入驻机构基金管理规模超 1200 亿元。可以说，长沙这类私募基金基础较好，在支持创新创业、中小企业发展、重大产业招商引资等方面发挥了重要作用。

（二）要准确认识长沙基金的问题短板

当前，长沙和部分地方一样，政府引导基金在落地见效方面，面临着市场化程度不高、干预过度等五个方面的具体问题。一是私募基金发展水平与长沙经济地位不匹配，基金管理人数量、私募基金数量、私募基金管理规模远落后于合肥、南昌；私募机构偏小、竞争力不足，平均管理规模、平均管理基金数量均低于全国平均水平。二是对新型产业支持不足，对传统行业投资占比高，主要集中在固定资产、公用事业、房地产、原材料、交通运输等传统行业，与全国的私募基金投资方向、省市经济转型方向、"三高四新"战略定位和使命任务要求的方向有差距。三是政府投资基金数量多、规模小、绩效低、协同差，存在运行不规范、资金效率低、撬动比例小等问题。四是本土私募机构实力普遍较弱，很难为省市项目提供优质融资服务和高质量赋能服务。五是投资风格偏保守，主要集中在风险较小的中后期成熟企业，投向种子期企业的项目数量偏低，投资企业"早小高"较少，导致上市后备企业不足。

（三）要充分认识引导基金的重要作用

我们可以通过合肥的成功事例，反思长沙基金发展近几年走过的路，看到长沙基金今后发展的重要意义。在合肥市财政的支持下，市属国有企业按照"国有资本，利用科学理念，引领市场化运作"的方式，出资设立了市产业引导基金、市创业引导基金以及市天使投资基金，每个基金都有精准的投资策略定位，并匹配不同的考核评价标准。其中：市产业引导基金主要投向中后期成熟项目；市创业引导基金主要投资早中期科技型企业；市天使投资基金主要投资初创期项目。同时，通过投资"龙头企业＋产业项目"方式，引入一批战略合作方，推动战略性新兴产业在当地落地并逐步发展壮大，"无中生有"地打造出了数个千亿级别的产业集群。例如：围绕显示屏，通过京东方旗下的 TFT-LCD 六代线落户合肥，吸引了基板玻璃、偏光片、模组等企业入驻，形成了从沙子到整机的新型显示面板全产业链。合肥也从投资项目中获得了巨大的资本回报。比如，在京东方、安世半导体等项目中获取的投资收益已超过 300 亿元。目前，我国宏观经济正处于经济结构调整、传统产业升级的重要发展阶段，政府引导基金作为这一历史发展时期促进"新经济"快速发展、转变财政投入方式的重要工具，正发挥越来越重要的作用。此外，政府引导基金的快速发展，也是各地政府积极拥抱市场的表现。这是"大趋势"。实施强省会战略，长沙面临极佳的发展机遇，必须迎头赶上、站在潮头，科学运用引导基金投资，大大提高政府资金投资效益、工作效率。

二 科学处理基金发展的四对关系

在政府产业引导基金运行过程中，利用现代融资科学理念，明晰基金发展方向，引领基金行业发展，组建好、发展好、利用好各类产业基金，需要正确处理好四对关系。

（一）要处理好主办与主场的关系

用好用足引导基金，要始终把"有为政府"和"有效市场"有机结合起来，更好地发挥市场在资源配置中的决定性作用和财政资金的杠杆作用。以往，政府对企业的支持是直接给予财政补贴，近些年"拨改投"成为趋势，以引导基金的方式，通过专业机构市场化的眼光把钱投出去。在拥抱市场的过程中，政府作为引导基金的主办方，应该"补位"而不"越位"。针对市场作为竞争主体能够作为的部分，大胆放手；针对需要市场作为主战场不能解决，甚至不愿解决的问题，政府要靠前服务、主动作为。政府职能部门要重点加强宏观上的引导和实施过程的监督，基金的具体运作和管理交给专业的基金管理机构负责，减少行政化干预，协调推进基金建设。

（二）要处理好全局与重点的关系

基金的设立不能"为设而设"，也不能盲目扩大基金规模，导致大量财政预算资金"沉睡"。大家要通盘考虑，聚焦落实"三高四新"战略定位和使命任务、贯彻实施强省会战略，围绕大力推动长沙高质量发展，从全市的产业结构、园区的功能定位、市场的潜在需求出发，科学设立新的基金、不同类型的子基金，明确主攻方向，动态调整基金规模。要形成整体性、系统性的目标体系和落实制度，防止长期目标短期化、系统目标碎片化。比如，规工企业培育，建立重点企业培育库、退规风险企业库，对重点培育企业强化"升规"指导，对退规风险企业强化监测帮扶，力争多新增、少退出。比如，产业企业培育要抓重点、补短板、强弱项，分级编制千亿级、百亿级产业规划，分级制定强链补链延链方案，市级重点推动企业跃升百亿台阶、县级重点推动企业跃升十亿元门槛。

（三）要处理好引导和退出的关系

基金投资有收益，也可能有亏损。要建立科学的基金投向评价体系，针对不同类型的项目、企业、产业，分类建立基金进入的指标体系，科学决策是否进入、投入深度以及何时退出等举措。大家既要在进入端充分科学分析和决策，规避出现与民争利的现象；又要在过程中强化风险控制，密切关注管理和运营上的漏洞与潜在危机，完善止损机制，确保基金的投资活动在风险可控的前提下运行。在政府引导基金保证引导属性以及必要监管的基础上，应充分理解和尊重社会资本、市场化基金管理人（GP）的权益，发挥 GP 的专业优势和投资效率，激发基金运作的活力，使公共资源发挥最大的经济效益与社会价值。该投则投、该退就退，练就弯道超车、换道超车的真招、新招、实招甚至绝招，形成上下配套、主配协调，集聚发展的良性生态。

（四）要处理好专项与盲池的关系

政府引导基金的投资方式大概分为两类。一类是专项基金，通过专项基金引入重大项目，政府引导基金可以更加精准地培育产业；另一类是投向市场化机构，称为盲池基金，投资组合不确定，但通过返投比例等，要求被投机构支持的企业中，当地项目占一定比例。深圳的政府引导基金较集中，市级层面主要是深圳市政府投资引导基金和深圳天使母基金。深圳创业环境优于全国多数地方，只需要引导基金投向盲池机构，即能吸引到更多的投资机构投向初创企业，不需要特别设立专项基金。浙江民营经济发达，但投资机构数量相对较少、创投环境相对较弱，很多民营企业不习惯股权融资，靠盲池基金的引导基金不一定能解决问题。因此，浙江设立非定向基金，引入核心企业生产线，吸引企业围绕产业链创业，要比单独设立盲池基金投资创业企业效果更好。

三　做优做强长沙政府引导基金

基金业务的发展情况，折射出城市的营商环境和创新生态。要把发展好基金业务放到讲政治的高度上来、放到服务长沙高质量发展大局上来、放到推动实施强省会战略上来，切实为基金行业发展构建良好环境，真正让基金活起来、动起来、燃起来、强起来。

（一）做大基金盘子

一方面，要内注"动能"。结合产业发展需要和政府财力实际，量力而行，积极对接国家战略性基金、省重大项目基金等各类财政性基金。同时，通过提供政策咨询、资源嫁接、资本接洽等配套服务，连接政策资源、空间资源、产业资源、资本资源，不断放大政府引导优势。另一方面，要外引"活水"。充分拓展募资来源，丰富基金参与主体，切实将金融机构、大型央企、上市公司等作为募资的主要对象，不断撬动民间资本、信托机构和海外金融资本等社会资本滚动投入，助力基金规模做大做强。

（二）做好基金运营

主要有三个维度。一是投资决策要专业化。专业的人做专业的事。要集聚一支懂市场、熟投资的人才队伍，选优用好基金管理人，充分发挥专业化管理机构独立决策作用，避免过度行政干预。二是管理机制要科学化。加强目标约束和绩效评价，引入第三方评价机构，客观、公正地评价基金运作情况。加强绩效评价结果运用，有针对性地实施激励约束措施，提高基金整体运营效率。三是风险防控要常态化。同其他金融创新工具一样，政府引导基金一旦操作不当，就可能带来诸多负面影响。要密切跟踪基金经营和财务状况，加强各阶段的风险识别和把控，及时纠偏，严守底线。

（三）做优基金生态

基金发展离不开优良的发展环境。要花更大力气培育更有利于基金发展的"土壤"。一个区域创业土壤的肥沃与否，取决于相关的"养料"是否充足，通过政府引导基金来发展早期投资，需要同时具备三个基本要素。一是人才要素。经过大企业熏陶的高端人才，他们第一站会留在本地进行创业。上海、北京、深圳之所以适合发展早期投资，就是因为当地无论创业者还是投资人都形成了一定的集聚效应。二是资本要素。科技领域投资机构往往有一个投资区域半径，以前创投基金普遍扎根在一线城市，现在三、四线城市尽管有不错的项目，但处在发展初期，从天使轮到 A 轮、B 轮，投资机构对项目的持续支持至关重要。三是产业要素。长沙要进一步深入推进"放管服"改革，建立常态化联席制度，规范审批流程，简化审批环节，缩短审批周期。加快打造投融资综合服务平台，特别是要发挥好湘江基金小镇"政策叠加、模式创新、资本聚集"等优势，为专业基金管理机构提供一站式精心服务，让更多基金机构将长沙产业投资作为第一选择，真正实现"资金找项目、项目找资金"。要分类指导，接力培育，根据企业的不同成长阶段，予以不同的政策扶持和金融赋能。

政府引导基金业务工作灵活性强、专业度高、涉及面广，任务很重，要求很高。必须深钻细研，练就过硬本领，谋在要处、干在实处，推动长沙乃至湖南全域政府引导基金业务发展攒足强大后劲，为实施强省会战略注入强大势能。

B.31
住房公积金转型发展：
现状、路径与对策

住房公积金转型发展研究课题组 *

摘　要： 经过30年发展，住房公积金制度在推动城镇住房制度改革、提高居民居住水平、促进房地产市场稳定发展等方面发挥了重要作用，但同时也存在诸多发展不平衡、不充分问题。本文基于人口、住房和湖南省住房公积金发展现状，立足于"双循环"战略、新住房制度和共同富裕目标的内在要求，从扩大覆盖面、精准投放资金、改革公共政策配套等方面提出一系列改革思路和举措，推进制度高质量发展。

关键词： 住房公积金　转型发展　改革路径　湖南省

住房公积金制度经过30余年的探索实践，制度设计的五大目标任务：促进城镇住房建设、转换住房分配机制、支持缴存职工解决住房问题、建立政策性住房抵押贷款制度和提高城镇居民居住水平，已基本完成，但住房公积金制度发展不平衡、不充分问题突出。未来住房公积金制度改革需要在群体覆盖范围、重点保障对象和标准、资金使用方式等方面做出调整。

---

　* 课题组成员：贺国胜（益阳市住房公积金管理中心原党组书记）、张云、邓勇强、黄建忠。

一 新时代的住房公积金管理现状及问题

（一）人口现状

1. 低生育率下已建制群体购房需求不足

《湖南省 2021 年国民经济和社会发展统计公报》显示，湖南全年出生人口为 47.3 万人，出生率为 7.13‰，为 1950 年以来最低；死亡人口为 54.93 万人，死亡率为 8.28‰；人口自然增长率为-1.15‰，近 60 年来首次为负。人口是房地产长期发展趋势和市场状况的决定因素，低生育率下将出现新建住房需求不断萎缩趋势。住房公积金制度作用如何发挥，长期定位于通过大量发放低利率的个人住房贷款彰显制度政策作用应有改变。住房公积金制度的改革完善和深化发展，在支持住房消费层面需要转向租购同策支持甚至以支持租赁为主的作用定位。

2. 巨量流动的新市民①有大量的住房需求

人口和生产要素的自由流动，是市场经济活力的重要保障。随着中国特色社会主义市场经济的不断发展，国内人口流动频繁且群体数量增速明显。2020 年，我国流动人口总数高达 3.76 亿，同比增长 69.73%。其中，省内流动人口 2.51 亿，同比增长 85.70%；跨省流动人口 1.25 亿，同比增长 45.37%。如何解决好流动人口的居住问题，是其能否顺畅流动和稳定生活的重要保障。从发展现状来看，以流动人口为代表的新市民群体，是住房公积金制度长期的覆盖薄弱面和缺位处。将巨量的流动人口纳入住房公积金制度保障范围，进而解决其住房问题、提高其居住水平，是进一步发挥住房公积金制度"提高城镇居民居住水平"任务的重要方向。

---

① 新市民主要是指因本人创业就业、子女上学、投靠子女等原因来到城镇常住，未获得当地户籍或获得当地户籍不满三年的各类群体，包括但不限于进城务工人员、新就业大中专毕业生等，目前约有 3 亿人。《中国银保监会 中国人民银行关于加强新市民金融服务工作的通知》（银保监发〔2022〕4 号）。

（二）住房现状

根据任泽平团队《中国住房存量报告》研究测算，2020 年中国城镇住房套户比为 1.09，一线、二线、三四线城市分别为 0.97、1.08、1.12，住房供给总体平衡，但是区域供求差异极大；2020 年我国城镇居民家庭住房自有率约 70%，另外 30% 的人员租房居住，最低 20% 的城镇家庭户只拥有约 6% 的住房面积，而最高 20% 的家庭户拥有约 40% 的住房面积，城镇家庭住房不平衡程度较为严重。

住房公积金制度在践行"房住不炒"要求、助力城镇居民解决住房问题时，既要精准识别家庭住房拥有情况，通过精准的、差异化的供贷政策，坚决抑制投机性购房行为，部分保障改善性购房需求、全力保障刚性购房融资；又要关注存量房状况，通过精准的使用政策促进存量房流入住房买卖和租赁市场。

（三）发展现状

1. 覆盖范围不广

2020 年，湖南省住房公积金实缴人数达到 475.22 万人，同期全省参加城镇职工基本养老保险人数 1724.8 万人，住房公积金参缴人数仅占城镇职工基本养老保险参缴人数的 27.55%。同时，从参缴职工群体分布来看，64.16% 在行政事业单位、国有企业等"体制内"单位就业。从上可得，大量的非公经济组织从业人员游离于制度之外。住房公积金制度的可持续发展，需要从仅有少数人参加的"小圈子"，发展成为覆盖所有劳动者的"大制度"。

2. 业务边界不清

有观点认为，"将住房公积金视为财富的二次分配毫不为过，符合社会和谐要求的二次分配应该着眼于缩小不平等"[①]，然而，与这一目标有所背

[①] 吴义东、陈杰：《保障性抑或互助性：中国住房公积金制度的属性定位与改革取向》，《中国行政管理》2020 年第 9 期。

离的是：住房公积金贷款政策制定普遍遵循"以存定贷"和"群体差别"，低收入家庭较难通过低利率贷款融资分享制度红利；由于与商业贷款的业务边界不清晰，低利率"挤出效应"将有限的资金一部分用在了本应由市场解决的范围。如前所述，住房公积金制度"提高城镇居住水平"应着眼于中低收入人群，对公、商贷业务边界不清晰问题，应有深入研究。

3. 效益分配不优

《住房公积金管理条例》自 1999 年发布并两次修订至今，在增值收益"用于建立住房公积金贷款风险准备金、住房公积金管理中心的管理费用和建立城市廉租住房建设的补充资金"的分配表述始终没有变化。从计提和使用实际来看，湖南省住房公积金增值收益截至 2020 年已累计提取城市廉租住房（公共租赁住房）建设补充资金 171.41 亿元，当年贷款风险准备金余额 42.98 亿元。巨量的增值收益反哺参缴职工作用不明显，也与住房公积金"封闭运行、互助使用"初衷相左。另外，贷款风险准备金大量计提却基本处于"零使用"状态，不仅容易产生廉政风险，而且制约了资金经济社会综合效益的更大发挥。

4. 行业定位不明

新的住房制度要求"房住不炒"和"租购并举"，住房公积金领域需要有前瞻性的研究、有针对性的安排。"购买住房基于足够的支付能力和金融可得性，而在中国住房价格高企的情况下，低收入群体难以逾越购房门槛"[1]，"房住不炒"要求住房公积金制度对中高收入群体、购买大面积和多套住房等行为做出回应，"以存定贷"和"群体差别"等规则需要再调整。另外，行业对住房公积金制度定位仍有一定偏差，社会的普遍认知是参缴后贷款是制度最大甚至唯一作用。无差别全力保障缴存人所有贷款需求成为不少城市中心的价值追求，以致在租赁住房领域的探索少有内生动力。

---

① 吴义东、陈杰：《保障性抑或互助性：中国住房公积金制度的属性定位与改革取向》，《中国行政管理》2020 年第 9 期。

二　新阶段对住房公积金改革的路径要求

（一）紧跟国内大循环战略

房地产是国内大循环的重要支柱。在国内外环境发生显著变化大背景下，为推动我国开放型经济向更高层次发展，党中央提出"双循环"新发展格局，并明确以国内大循环为主体、国内国际双循环相互促进的战略部署。2020 年统计数据显示：我国房地产开发投资占全社会固定资产投资比重达 26.83%，间接拉动 GDP 约 7.5 万亿元，约占当年 GDP 的 7.4%。作为国民经济的重要支柱，房地产业的平稳健康发展直接关系国家"双循环"发展格局构建。

改革应聚焦房地产平稳健康发展。2021 年，全省商品房销售面积 9188.8 万平方米，同比下降 2.6%，较上年同期回落 6.3 个百分点；商品房销售额 6040.5 亿元，增长 1.6%，较上年同期回落 5 个百分点，房地产市场趋冷明显。住房公积金改革应通过践行"加强预期引导，探索新的发展模式"①，聚焦住房消费新群体（新市民）的覆盖、住房消费新领域（保障性租赁）的开发等方式释放合理住房需求、稳定住房消费。

（二）融入新时代住房制度

租购并举是新住房制度重要内容。2020 年 5 月，中共中央、国务院在《关于新时代加快完善社会主义市场经济体制的意见》中提出"要加快建立多主体供给、多渠道保障、租购并举的住房制度"。2021 年中央召开经济工作会议，又特别提到"坚持租购并举，加快发展长租房市场"。可见"租购并举"政策在新住房制度中具有重要地位。

改革应聚焦租购并举、以租为主。保障性租赁住房受制于投入大、投资

---

① 2021 年 12 月中央经济工作会议提出。

收益低、回报周期长等问题，市场开发主体在资本逐利作用下天然不会太感兴趣。应充分利用住房公积金资金体量大、使用成本低、存储周期长等优势，更加积极投放保障性租赁住房领域，以多渠道组织资金（住房公积金本金、增值收益和住房公积金债等）参与保障性租赁住房建设和投放的方式，助力我国尽快构建新型住房制度。

保障性租赁住房应按居住标准投放。建设和投放"租得起、住得好"的保障性租赁住房，是构建"租购并举、以租为主"住房制度的关键。目前，住房和城乡建设部已相继明确新的住房制度下有关居住标准（底线标准：13 平方米/人，提升标准：20~30 平方米/人，舒适标准：30~40 平方米/人）、住房类型（公租房、保障性租赁住房、共有产权房、商品房）和主要任务（大力发展保障性租赁住房）等内涵，为住房公积金制度进入保障性租赁住房领域提供了技术标准。

（三）关注共同富裕远景目标

住房是居民家庭资产的重要组成。数据表明，我国城镇居民家庭住房资产占家庭总资产的 59.1%，占家庭实物资产的 74.2%，是家庭财富的重要构成部分[①]。通过相关扶持政策让更多的中低收入家庭拥有自住住房，进而提高资产数量、优化家庭资产结构，是实现共同富裕的重要路径。

应聚焦提高无房家庭住房拥有率。如前所述，我国家庭住房拥有率呈现不平衡局面，部分中低收入城镇居民家庭尚处于无房状态，更遑论新市民家庭。实现共同富裕远景目标，其核心是提高居民家庭财富拥有量，这一过程绕不开家庭对自有住房的获取。住房公积金制度改革应聚焦该目标，通过更加精准的供贷政策（全力保刚需、部分保改善、杜绝投资投机等）、助力购买共有产权房和长租转自有（类似新加坡组屋出售）等方式，逐步提高家庭住房拥有率。

---

① 中国人民银行调查统计司 2019 年 10 月调查数据。

三 新形势下的公积金制度改革建议

（一）将新市民纳入制度覆盖范围

吸纳新市民参与，是住房公积金实现从"小圈子"到"大制度"跨越的必由之路。目前，在住建部的统一部署下，不少城市正在试点。与行政事业单位、国有企业缴存职工不同，新市民建制少有国家支持，住房公积金制度如何可持续、更广泛覆盖新市民还需有更大利益、更具刚性的制度安排。

1.出台税收支持政策引导小微企业建制

中小微企业出于经营成本等发展考虑，其配套缴存的意愿天然不足。为吸引以中小微企业为中坚力量的市场主体建制，国家在税收政策上应出台相关支持措施。在具体操作上，可参考所得税改增值税抵扣模式，由纳税企业凭借有效的住房公积金缴存凭证，按单位缴纳金额的一定比例到当地税务机关冲抵应缴税款。

2.以灵活的缴存使用政策引导个体参缴

一是发放缴存补贴。新市民个体建制缴存，可以参考精准扶贫理念，对"双困"家庭给予一定的缴存补贴。二是提供平等使用机会。新市民个体参缴后，其提取、使用与单位缴存职工同等适用相关政策。同时，考虑该群体建制目的，应探索建立缴存时间、缴存金额、贷款使用和购房情况等条件的贷款计算模型，鼓励多种路径（如按一定标准补缴）尽早和尽快进入制度范畴并取得资金使用资格。

3.鼓励较长期和高水平缴存做大资金池

新市民建制和保障性租赁住房建设，需要更多更大的资金支持。缴存人建制后长期没有提取和贷款记录的，可通过建立住房公积金"零使用"补偿机制（根据不同缴存年限分类分标准实施）吸引该群体长期缴存，进而有效做大住房公积金资金池。

（二）向缴存人更精准投放使用资金

虽然稳定住房消费是畅通国内大循环的重头戏，但住房公积金制度在稳定住房消费中应摒弃大水漫灌思维，通过更精准的资金投放助力房地产业健康发展。具体而言，是要在精准供贷已建制职工、支持新市民建制和多渠道参与保障性住房建设等三个方面，按照4：3：3的结构投放资金。

1.四成资金差异化满足已建制群体需求

改革住房公积金制度应稳住已建制群体基本盘，该群体的资金使用需求必须得到有效、精准保障。住房公积金贷款相较商业贷款有更低的利率，其挤出效应吸引已建制群体有很强的申贷意愿。如何改革公商贷业务边界必须进一步明确。

一是限制高收入群体通过低利率贷款拉大贫富差距，如不支持多套和大面积住房贷款。二是通过差别化出资（利率）引导各阶层不同程度分享制度红利。如在最高额度范围内，全力保障家庭建筑面积小于90平方米住房的首次贷款需求；其他情形统一适用组合贷款政策，根据套数、面积、贷款次数等因素，按照公商贷1：1至1：N配比出资。

以2020年湖南省住房公积金贷款资金规模（400亿元）测算，若40%（约160亿元）投放到保障已建制群体购买自住住房，加上商业配套贷款、借款人首付款支出以及后期装修费用，总计每年带动超过480亿元消费规模（"十四五"期间可达2400亿元）。

2.三成资金用于新市民参缴制造新增长点

新市民群体是我国新型城镇化的主力军，也是稳定住房消费和社会消费的重要力量。该群体住房拥有率低，通过资金和政策安排（以专项资金、定向支持、硬性指标的方式实现），可有效培育住房消费领域新的增长点。

在已建制群体同等使用政策下，若30%（约120亿元）投放到支持新市民群体购买自住住房，加上商业配套贷款、借款人首付款支出以及后期装修费用，总计每年带动约360亿元消费规模（"十四五"期间可达1800亿元）。

3. 三成资金用于保障性租赁住房建设

住房公积金有资金体量大、使用成本低、存储周期长等优势，与保障性租赁住房投资大、收益率低、回收周期长等特点高度吻合。住房公积金参与保障性租赁住房建设，既有利于弥补市场主体积极性不够问题，又能有效提高住房公积金资金使用效率。

如何创新住房公积金支持保障性租赁住房建设，重点解决包括新市民在内的中低收入家庭阶段性住房困难？一是项目贷款。按照《利用住房公积金支持保障性住房建设试点项目贷款管理办法》的规定，以项目贷款的形式支持保障性租赁住房建设。二是市场收购。由公积金中心按照公共租赁住房的标准，享受保障性租赁住房的税收和土地优惠政策在房地产市场上收购住房。特别是在当前房地产市场屡屡"爆雷"的非常时期，收购一些品质房作人才房、普通房作基本保障房，更有利于房地产市场的稳定和相关问题的解决。三是直接建设。通过住房公积金增值收益或本金直接建设保障性租赁住房，租金回报率等于或略高于住房存贷款利差即可。同时，允许公积金中心在不改变公租房性质的前提下转让产权，收回投资。

若每年投入30%左右的可贷资金（约120亿元）到保障性租赁住房领域，集中建设或购买一居室、两居室和建筑面积60平方米以内的住宅（保证租得起、买得起、住得好）投放新市民和中低收入家庭，能在培育和发展租赁市场中实现住房公积金保值增值。以2021年全省住宅销售均价（6481元/米^2）和45平方米/套测算，"十四五"期间可购买超过20万套存量住房用于保障性租赁（若部分用于建设，因其成本低于市场销售价格，房屋套数将会更多）。

4. 坚持因城施策夯实城市政府主体责任

本文提出按4∶3∶3结构支持已建制群体使用需求、新市民住房消费和保障性租赁住房建设的改革措施，应在坚持因城施策和城市政府负总责的框架内实施。具体操作中，各地应根据本地新市民人口数量、房地产市场发展程度以及保障房建设规模等指标，合理设定结构比例并动态调整。以期住房公积金制度在促进当地房地产市场健康平稳发展的同时，实现资金使用综合效益最大化。如根据住房和人口匹配关系的程度实施精准分类：人口净流入和住房套户比低的城市，其资金比例结构应向保障性租赁住房予以倾斜；人口净流出和住房套户比高的城市，按照精准扶贫的理念进行信贷投放，重点解决中低收入群体无房问题和支持存量住房的交易行为。

（三）朝向公共政策定位配套改革

随着住房公积金贷款发放额屡创新高，存量贷款规模越大，贷款管理的工作量和难度也越大。同时，随着贷款政策的精准实施，住房公积金贷款对象将绝大部分为首套房、首次贷的中低收入家庭。借款人可能更多因为收入不稳定、抗风险能力差等原因断供，贷后管理难度大。另外，住房公积金贷款抵押物，多为家庭唯一住房，逾期呆损贷款抵押资产诉讼、处置难度大。配套政策要凸显住房公积金的公共政策要义。一是通过贷款利率折扣或缴存补贴等方式，向中低收入家庭倾斜。二是正确认识灵活就业人员贷款风险，通过提高贷款风险容忍度，来对冲该群体工作不稳定、收入波动大、抗风险能力弱等群体风险。三是畅通贷款风险准备金的使用途径，探索贷款风险准备金的使用规范和审批权限下放到设区城市（可由财政部门审核，住房公积金管委会审定）。四是建立特殊情况下的救助机制，即抵押物损毁灭失，借款人意外死亡或严重伤残丧失劳动能力的，可豁免部分或全部贷款本息。

四 结语及展望

住房公积金制度在新时代实现转型发展，要求在新时代住房制度框架内，与其住房保障和住房金融属性更大程度契合，要求更大发挥其经济社会综合效益。同时，在转型发展中实现保值增值，是住房公积金经营作为金融活动的重要要求。建设或购买保障性租赁住房，通过租金和不动产资产实现保值增值；发放个人住房贷款和保障性租赁住房项目贷款，通过金融运营实现保值增值；等等，可以成为新时代住房公积金制度融入国家发展大局、实现更好经营的几个重要选择手段。

　　在当下至新中国成立 100 周年的未来 30 年发展中，住房公积金制度既要解决好五大发展任务中的不平衡、不充分问题，让更多的新市民、中低收入家庭分享发展红利；又要具备新发展理念、融入新发展格局，在融入双循环战略、共同富裕远景中彰显制度作用。新中国成立 100 周年至更远的未来，住房公积金制度可研究朝向全民福利制度发展，让住房公积金制度在深度渗透居民生活中永葆制度生命和活力。

附　　录
Appendix

B.32
参考文献

［1］李克强：《政府工作报告》，《人民日报》2021年3月13日。

［2］毛伟明：《湖南省政府工作报告》，《湖南日报》2022年1月29日。

［3］国家发展和改革委员会：《关于2021年国民经济和社会发展计划执行情况与2022年国民经济和社会发展计划草案的报告》，《人民日报》2022年3月14日。

［4］《关于湖南省2021年国民经济和社会发展计划执行情况与2022年国民经济与社会发展计划草案的报告》，《湖南日报》2022年2月2日。

［5］《中共中央国务院关于做好2022年全面推进乡村振兴重点工作的意见》，《人民日报》2022年2月23日。

［6］《关于做好2022年"三农"工作扎实推进乡村振兴的意见》，《湖南日报》2022年3月9日。

［7］张庆伟：《坚定不移沿着习近平总书记指引的方向前进　在推动高质量发展上闯出新路子　为全面建设社会主义现代化新湖南而努力奋斗——在中国共产党湖南省第十二次代表大会上的报告》，《新湘评论》2021年12月5日。

[8]《习近平论"三农"工作和乡村振兴战略（2021年）》，《乡村振兴》2022年1月15日。

[9] 李殿勋：《大力实施新阶段的创新驱动发展战略》，《学习时报》2020年11月16日。

[10] 许达哲：《在奋进新征程中展现新作为》，《人民周刊》2021年4月1日。

[11]《中国共产党湖南省第十二次代表大会关于中共湖南省第十一届委员会报告的决议》，《湖南日报》2021年11月29日。

[12]《习近平在湖南考察时强调 在推动高质量发展上闯出新路子 谱写新时代中国特色社会主义湖南新篇章》，《新湘评论》2020年10月1日。

[13] 周海兵：《关于湖南省2021年国民经济和社会发展计划执行情况与2022年计划草案的报告（摘登）》，《湖南日报》2022年2月2日。

[14]《经济运行稳定恢复"十四五"迈出新步伐——2021年机械工业经济运行情况综述》，《网印工业》2022年3月11日。

[15] 何珺：《中国机械联：2022年机械工业增加值增速或达5.5%左右》，《机电商报》2022年2月28日。

[16] 邹洁：《持续增长有基础 机械工业承压前行》，《中国工业报》2022年3月2日。

[17] 曹娴：《去年湖南省人工智能核心产业产值超过125亿元 同比增长25%》，《湖南日报》2022年1月21日。

[18] 陈德荣：《坚定信心 迎接挑战 促进钢铁工业高质量发展再上新台阶》，《中国冶金报》2022年1月12日。

[19]《常德：奋力担起推动高质量发展的历史重任》，《常德日报》2021年12月25日。

[20]《中国共产党湖南省第十二次代表大会关于中共湖南省第十一届委员会报告的决议》，《湖南日报》2021年11月29日。

[21]《湖南湘江新区 向着高质量发展进发》，《人民日报》2022年2月17日。

权威报告·连续出版·独家资源

皮书数据库
ANNUAL REPORT(YEARBOOK)
DATABASE

分析解读当下中国发展变迁的高端智库平台

所获荣誉

- 2020年，入选全国新闻出版深度融合发展创新案例
- 2019年，入选国家新闻出版署数字出版精品遴选推荐计划
- 2016年，入选"十三五"国家重点电子出版物出版规划骨干工程
- 2013年，荣获"中国出版政府奖·网络出版物奖"提名奖
- 连续多年荣获中国数字出版博览会"数字出版·优秀品牌"奖

皮书数据库　　"社科数托邦"
微信公众号

成为会员

登录网址www.pishu.com.cn访问皮书数据库网站或下载皮书数据库APP，通过手机号码验证或邮箱验证即可成为皮书数据库会员。

会员福利

- 已注册用户购书后可免费获赠100元皮书数据库充值卡。刮开充值卡涂层获取充值密码，登录并进入"会员中心"—"在线充值"—"充值卡充值"，充值成功即可购买和查看数据库内容。
- 会员福利最终解释权归社会科学文献出版社所有。

数据库服务热线：400-008-6695
数据库服务QQ：2475522410
数据库服务邮箱：database@ssap.cn
图书销售热线：010-59367070/7028
图书服务QQ：1265056568
图书服务邮箱：duzhe@ssap.cn

社会科学文献出版社　皮书系列
SOCIAL SCIENCES ACADEMIC PRESS (CHINA)

卡号：533931663614
密码：

S 基本子库
UB DATABASE

中国社会发展数据库（下设 12 个专题子库）

　　紧扣人口、政治、外交、法律、教育、医疗卫生、资源环境等 12 个社会发展领域的前沿和热点，全面整合专业著作、智库报告、学术资讯、调研数据等类型资源，帮助用户追踪中国社会发展动态、研究社会发展战略与政策、了解社会热点问题、分析社会发展趋势。

中国经济发展数据库（下设 12 专题子库）

　　内容涵盖宏观经济、产业经济、工业经济、农业经济、财政金融、房地产经济、城市经济、商业贸易等 12 个重点经济领域，为把握经济运行态势、洞察经济发展规律、研判经济发展趋势、进行经济调控决策提供参考和依据。

中国行业发展数据库（下设 17 个专题子库）

　　以中国国民经济行业分类为依据，覆盖金融业、旅游业、交通运输业、能源矿产业、制造业等 100 多个行业，跟踪分析国民经济相关行业市场运行状况和政策导向，汇集行业发展前沿资讯，为投资、从业及各种经济决策提供理论支撑和实践指导。

中国区域发展数据库（下设 4 个专题子库）

　　对中国特定区域内的经济、社会、文化等领域现状与发展情况进行深度分析和预测，涉及省级行政区、城市群、城市、农村等不同维度，研究层级至县及县以下行政区，为学者研究地方经济社会宏观态势、经验模式、发展案例提供支撑，为地方政府决策提供参考。

中国文化传媒数据库（下设 18 个专题子库）

　　内容覆盖文化产业、新闻传播、电影娱乐、文学艺术、群众文化、图书情报等 18 个重点研究领域，聚焦文化传媒领域发展前沿、热点话题、行业实践，服务用户的教学科研、文化投资、企业规划等需要。

世界经济与国际关系数据库（下设 6 个专题子库）

　　整合世界经济、国际政治、世界文化与科技、全球性问题、国际组织与国际法、区域研究 6 大领域研究成果，对世界经济形势、国际形势进行连续性深度分析，对年度热点问题进行专题解读，为研判全球发展趋势提供事实和数据支持。

法律声明

"皮书系列"（含蓝皮书、绿皮书、黄皮书）之品牌由社会科学文献出版社最早使用并持续至今，现已被中国图书行业所熟知。"皮书系列"的相关商标已在国家商标管理部门商标局注册，包括但不限于LOGO（▧）、皮书、Pishu、经济蓝皮书、社会蓝皮书等。"皮书系列"图书的注册商标专用权及封面设计、版式设计的著作权均为社会科学文献出版社所有。未经社会科学文献出版社书面授权许可，任何使用与"皮书系列"图书注册商标、封面设计、版式设计相同或者近似的文字、图形或其组合的行为均系侵权行为。

经作者授权，本书的专有出版权及信息网络传播权等为社会科学文献出版社享有。未经社会科学文献出版社书面授权许可，任何就本书内容的复制、发行或以数字形式进行网络传播的行为均系侵权行为。

社会科学文献出版社将通过法律途径追究上述侵权行为的法律责任，维护自身合法权益。

欢迎社会各界人士对侵犯社会科学文献出版社上述权利的侵权行为进行举报。电话：010-59367121，电子邮箱：fawubu@ssap.cn。

社会科学文献出版社